文春文庫

反日種族主義

日韓危機の根源

李　栄薫編著

文藝春秋

反日種族主義——日韓危機の根源

◉

目次

第1部　種族主義の記憶

第2部 種族主義の象徴と幻想

第3部 種族主義の牙城、慰安婦

日本語版　序文

李承晩《イスンマン》学堂は、大韓民国の初代大統領・李承晩（一八七五～一九六五）の一生を再評価し、彼の理念と業績を広く知らしめるために設立された機構です。このたびの『反日種族主義』（本来の韓国語版）は、その李承晩学堂が企画し刊行しました。多くの日本人がこの点を不思議に思うことでしょう。李承晩は強硬な反日政策を採った人物ではなかったか、彼を尊崇しようと設立された機構が、いったいどういうわけで彼の政策を批判する趣旨の本を刊行するというのか、と。そのことについてこの序文を借り、簡略に説明しておこうと思います。

李承晩は、近世の西ヨーロッパで発生した自由という理念を体系的に理解した最初の韓国人です。彼は、すでにあまりにも衰弱し、蘇生の可能性があるのかさえ不透明だった我が民族を「自由の道」に導くのに、その生涯をかけました。一九四五年以後の混乱期に彼が存在していなかったら、「自由人の国」大韓民国が建国できたかどうか、疑問です。

彼は当初、日本に対し好意的でした。一九〇四年、監獄で執筆した『独立精神』という本で、彼は日本民族の賢明さと勇敢さについて幾度か言及しています。一九〇五年、韓国が日本の保護国に転落したあと、さらに一九一〇年、韓国が日本に併合されて以後、日本に対する彼の態度は変わりました。彼は日本の侵略性を批判し続けました。独立運動を拋棄《ほうき》しない以上、そのような立場の変化は当然なことでした。

彼は、韓国民族が独立するという非常に稀な可能性を、いつか日本と米国が衝突する国際情勢の変化に期待しました。そのような彼の予言は一九〇五年から一九四五年まで、粘り強く続けられました。その長い期間、彼は、米国の政界と社会に向かって日本を「アジアを支配する野心を抱いた〝みかどの帝国〟」と言って批判しました。そのある部分は根拠のない煽動でした。彼の回顧によれば、彼は一生涯を煽動に生きた激烈な性格の所持者でした。ともかく、歴史は彼が煽動したように流れました。それで彼は、我々韓国人にとっては偉大な人物なのです。

李承晩は、自分がジェファーソン流の自由主義者であることを誇りに思っていました。彼は、自由な通商を通して世界が繁栄と平和の道を歩むようになる、と信じました。ただ、この点を想起すると、彼が大韓民国の初代大統領として採った強硬な反日政策は、簡単には納得しかねるところです。多くの日本人が、そのために李承晩に対しあまりよくない感情を抱いています。しかしながら一九五〇年代の記録を細密に読んで行くと、彼の強硬な反日政策は建国の草創期にはほとんど不可避な苦肉の策だった、という考えに至ります。

彼は、韓半島に相当な財産を残したまま引き揚げて行った日本が、主権を回復したあと、韓半島に再び足を踏み入れるのではないかと警戒し続けました。米国は、日本を東アジア・太平洋防衛の基地に設定し、韓国がそれに協力するよう要求しました。米国は韓国に、日本に農水産物を輸出し工業製品を輸入する方式で国家経済を再建するよう慫《しょう》慂《よう》しました。李承晩大統領はこのような米国の東アジア政策に反発し、そのような趣旨から日本との葛藤を極大化しました。

一九四八年の建国当時の韓国人の正体は、曖昧《あいまい》極まりないものでした。人口の半分以上は字が読めず、絶対的多数は伝統小農社会の構成員でした。彼らに「自由」を説き聞かせるのは不可能なことでした。毎年、数千人が貧困と混乱に嫌気がさし、日本に密航して行きました。日本語で話し、日本の歌を歌い、以前の日帝時代を肯定的に記憶している人々も少なくありませんでした。野党は、日本との迅速な国交締結と経済協力を要求しました。李承晩大統領には、そのような安易な対日政策は再度の対日従属を招来する危険としか考えられませんでした。長い歳月にわたる独立運動の過程で形成された対日不信は、簡単に拭《ぬぐ》いさられるものではありませんでした。一九五〇年代後半、日本政府が在日韓国人を北朝鮮に送還すると、彼の怒りは極に達しました。

この本で説明しているように、韓国人の反日敵対感情はその歴史的根っこが非常に深いものです。一九八〇年代以後の韓国政治史がそれを大いに助長もしました。それでも、独島《トクト》（日本で言う竹島）紛争に典型的に見られるように、李承晩大統領の反日政策が残した副作用は大きく、今も長く尾をひいています。彼の理念と業績を再評価するための李承晩学堂の活動には、彼が残した負の遺産を克服する努力も含まれています。本学堂の『反日種族主義』刊行を、そのような趣旨で納得してくだされればありがたい限りです。

『反日種族主義』日本語版の刊行に快く同意したのは、このことによって両国の自由市民の連帯が結成され強化されるならば、これ以上望ましいことはない、と思ったからです。隣国と分業し、通商し、協力し、競争することこそが自由人の真の生活姿勢であり、一国を先進社会に導く基本動力です。韓日自由市民の連帯は、北朝鮮に、さらに中国に、自由民主主義を普及させて行く堡塁《ほうるい》としても、その役割を果たすことでしょう。

『反日種族主義』日本語版の刊行には、韓国語版の企画段階からそのような提案をされて来られた産経新聞の久保田るり子記者（編集委員）の役割が重要でした。久保田氏の案内で文藝春秋の小田慶郎氏がソウルまで来られ、日本語版の自社出版を提案され、結局そのように実現しました。韓国語の原文を日本語に翻訳するに当たっては、李承晩学堂の修了生でありソウルに居住する鈴木喜久子さんと、大阪に居住する韓国人、林寿《イムス》泉《チョン》さんの多大なお骨折りがあり、紙面を借りて深い感謝の意を伝えます。

二〇一九年八月一六日

李承晩学堂校長　李《イ》栄薫《ヨンフン》

はじめに

李承晩ＴＶ注1は、二〇一八年一二月から四五回にわたって「危機韓国の根源：反日種族主義」と「日本軍慰安婦問題の真実」という二つのタイトルの連続講義をして来ました。この本は、その過程で積み重なった講義ノートを整理したものです。私たちの扱った主題は、二〇世紀前半、日本が韓国を支配した歴史と関連し、今日の韓国人が持っている通念に関したものです。私たちは、この通念が実証的にどれほど脆弱《ぜいじゃく》なものであるかを論証しようと試みました。多くの方々が私たちのこのような試みに対して不快感を持つかもしれません。日本と対立中だというのに、これでは国益に反する、と言ってです。

私たちは学問を職業とする研究者として、そのような国益優先主義に同意しかねます。

国益のためといって誤った主張に固執したり、擁護したりするのは、学問の世界では許されないことです。そのような姿勢は、結局は国益さえも大きく損ねる結果を招くでしょう。私たちがひたすら期待してやまないのは、我々が犯したかもしれない錯誤に対する厳正な学術的批判です。間違っていたと判明したら、私たちはためらわずにミスを認め、直して行くつもりです。この本の編集と出版に臨む私たちの姿勢は、これ以上のものでもこれ以下のものでもありません。読者の皆さんがその点を予《あらかじ》めご了承してくださるだけでも大変光栄に思います。

李承晩学堂に所属していない金洛年《キムナクニョン》、鄭安基《チョンアンギ》、李宇衍《イウヨン》の三人の教授が我々の企画に参与してくださったことに感謝します。企画段階から関わってくださった金容三《キムヨンサム》、朱益《チュイク》鍾《チョン》の二人の先生にも感謝します。講義の進行を手伝ってくださった鄭光斉《チョングァンジェ》先生と陰定《ウムジョン》賢《ヒョン》プロデューサーにも、その間大変お世話になり感謝します。本の出版（韓国語版）を快く引き受けてくださった未来社の高栄俫《コヨンネ》代表にも感謝します。出版を提案し編集を担ってくださった作家・朴智英《パクチヨン》先生に対する感謝の辞も、欠かすことができません。

二〇一九年七月一日

李承晩学堂校長　李栄薫

注1：李承晩学堂が2018年から行なっているYouTube（ユーチューブ）による動画配信。「反日種族主義打破」「革命家・李承晩の一生」「李栄薫の歴史批評」等が配信されている。

反日種族主義　日韓危機の根源

プロローグ　嘘の国

李栄薫

嘘をつく国民

韓国の嘘つき文化は国際的に広く知れ渡っています。二〇一四年だけで偽証罪で起訴された人は一四〇〇人です。日本に比べ一七二倍だといいます。人口を考慮すれば、一人当たりの偽証罪は日本の四三〇倍になります。虚偽に基づいた告訴、すなわち誣告《ぶこく》の件数は五〇〇倍だといいます。一人当たりにすれば日本の一二五〇倍です。保険詐欺が蔓延《まんえん》しているのは周知の事実です。二〇一四年の自動車保険、生命保険、損害保険、医療保険などの保険詐欺の総額は、四兆五〇〇〇億ウォンを超えると推定されています。ある経済新聞はアメリカの一〇〇倍だと報じています。民間に対する政府の各種支援金も、詐欺によって騙し取られています。二〇一八年の国政監査のとき明らかにされたことですが、知的財産権に対する政府支援金の三三パーセントが詐欺にあっていました。

嘘と詐欺が蔓延している中、社会的信頼度の水準はだんだん下がって行く傾向にあります。世界六十~八十国が参加する世界価値観調査において、「一般的に人を信頼できるか」という質問に対し、韓国で肯定的な答えをした人は一九八五年までは三六パーセントでした。それが二〇一〇年には約二七パーセントにまでぐっと下がりました。多人種国家であるアメリカより低い水準です。韓国は国際的な比較で低信頼度社会に属します。お互いが信じ合えないので各種の訴訟が入り乱れています。ある社会運動家は、韓国の一人当たりの民事訴訟の件数は世界最高だ、と嘆きました。国ごとに司法制度が違うので一概には言えませんが、ある程度事実であるようです。こういう話に大多数の韓国人は納得している雰囲気です。なぜか。皆がそんな社会で一日一日を苦痛を受けながら生きているからです。

嘘をつく政治

国民だけがそうなのではありません。政治が嘘つきの模範を示しています。嘘が政治の有力な手段として登場したのは二〇〇二年からではないかと思われます。その年の大統領選挙のときのことです。金大業《キムデオプ》という人が、ハンナラ党の大統領候補李会昌《イフェチャン》氏の息子が軍隊に行かずにすむようわざと体重を減らした、と主張しました。裁判の結果、あとから判明したことですが、それは嘘だったのです。しかし、その嘘によって大統領選

米国産牛肉の輸入に反対するロウソクデモ

挙の情勢が変わってしまいました。以後、この国の政治は嘘のパノラマでした。

二〇〇八年の狂牛病騒動を覚えていらっしゃることでしょう。そのとき、アメリカから輸入した牛肉は狂牛病（牛海綿状脳症：ＢＳＥ）にかかっており、その肉を食べると脳に穴がポツポツ空いて死んでしまう、という嘘が拡散しました。ＭＢＣテレビのある軽薄なプロデューサーが、その嘘をばらまく番組を製作しました。アメリカと自由貿易協定を締結した李明博《イミョンバク》政権を窮地に追い込む意図からでした。嘘はあっという間に全国を覆い尽くしました。中学生たちが「私はまだ一五年しか生きてません」というプラカードを掲げてロウソクデモを起こしました。しかし、彼らの期待に反し、今に至るまで米国産の狂牛病の牛肉を食べたことで死んだという人は、全世界のどこにも、ただの一人もいません。写真の中にいる女子中学生を煽動した教師は、今もまだ教壇に立っているのでしょう。

朴槿恵《パククネ》大統領は結局、嘘によって倒されてしまいました[注2]。セウォル号が沈没[注3]するその時間に、大統領が青瓦台（大統領府）で美容手術を受けていただの、麻薬をやっていただの、愛人と密会を楽しんでいただのと、とんでもない嘘が国中を埋め尽くしました。女性の大統領でなかったとしたらありえない、女性を蔑視し下に見る韓国人の集団心性が作り上げた嘘だったのです。続いて崔順実《チェスンシル》事件が暴露されると、全土はそれこそ嘘の狂乱状態となりました。崔順実の財産は数兆ウォンだとか、崔順実の娘は朴槿恵大統領の隠し子だったとか、人々は熱っぽく語り合いました。

　その嘘の行進は今なお進行中です。少し前に、私がソウル市内の光化門のあたりに出かけて行ったとき、セウォル号を追悼する黄色いテントがまだ張られており、「なぜ救わなかったのか」というプラカードが掲げられていました。事件が起こってもう何年でしょうか。五年は過ぎたのではないでしょうか。真相はみな明らかにされたのではないでしょうか。それなのにまだ「なぜ救わなかったのか」というのですか。未だにその時間に、大統領は青瓦台で愛人と密会をしていただの、麻薬を楽しんでいただのというのでしょうか。ところが、誰もその嘘のテントに抗議をしません。嘘のテントは人々を強迫していました。誰もが見て見ぬ振りをし、息を殺してその横を通り過ぎて行きました。みんなが死んだ魂でした。魂は死んだが肉体は生きて動くゾンビたちでした。この国の首都のど真ん中でゾンビたちが日々、行列しています。

嘘つきの学問

この国の国民が嘘を嘘とも思わず、この国の政治が嘘を政争の手段とするようになったのには、この国の嘘つきの学問に一番大きな責任があります。私が見るところ、この国の歴史学や社会学は嘘の温床です。この国の大学は嘘の製造工場です。そう言っても大きな間違いではないと確信しています。たいてい一九六〇年代から始まったので、そのような歳月がすでに六〇年も流れています。そのため、二〇〇〇年代に入ると全ての国民、全ての政治が平然と嘘をつくようになったのです。

古代史から現代史に至るまで韓国の歴史学がどのような嘘をついて来たのか、列挙すればきりがないほどです。嘘は主に、二〇世紀に入り日本がこの地を支配した歴史と関連し、誰はばかることなく横行しました。この本で争点に挙げるいくつかを列挙します。朝鮮総督府[注4]が土地調査事業[注5]を通し全国の土地の四〇パーセントを国有地として奪った、という教科書の記述は、でたらめな作り話でした。植民地朝鮮の米を日本が収奪した[注6]、という教科書の主張は、無知の所産でした。日帝[注7]が戦時期に朝鮮人を労務者として動員し奴隷にした、という主張は、悪意の捏造《ねつぞう》でした。嘘の行進は日本軍慰安婦問題に至り絶頂に達しました。憲兵と警察が道行く処女を拉致したり、洗濯場の女たちを連行し、慰安所に引っ張って行った、という韓国人一般が持っている通念は、ただの一件もその事例が確認されていない、真っ赤な嘘を土台としたものでした。

歴史学の嘘はそれらしき学術で包装されました。朝鮮王朝を滅ぼした主犯を挙げよと言われれば、誰が何と言っても当時の主権者だった国王、高宗《コジョン》[注8]です。彼は王朝を自分の家業と考えた、愚かで欲の深い王でした。王朝を日本に売り渡したのは、他でもないこの人だったのです。そのおかげで彼の王族は、日本の王公族の身分に編入され贅沢三昧《ざんまい》できました。宗廟社稷《そうびょうしゃしょく》の祭祀《さいし》は一九四五年まで綿々と受け継がれました。しかし、二〇〇〇万の人々は「亡国の民」の身の上となってしまいました。それでもなお高宗を開明君主として崇《あが》める、でたらめな学説が台頭し、いつの間にか教科書にまで載せられました。甚だしくはソウル市長だという者が、高宗が「俄館播遷《がかんはせん》」[注9]したその道を「高宗の道」として記念するショーを見せました。あまりにも世論が悪くなったので途中で打ち切りましたが、その道は朝鮮を亡国に至らせた袋小路でした。

嘘の裁判

この国の嘘をつく文化は、遂に司法まで支配するようになりました。ひたすら事実に基づいて「正義の原則」により裁判を行なわなければならない裁判官たちが、何が事実で何が嘘であるのか弁別できず、国の根幹を揺さぶるでたらめな判決を下しています。

嘘の学問が嘘の歴史を作り、若い世代を教えてすでに六〇年です。その教育を受けて育った世代が遂に大法院（日本で言う最高裁）の裁判官にまでなったのですから、この国の司法が嘘の裁判をするのも無理のないことかもしれません。

いろいろな事例がありますが、ここでは、二〇一八年一〇月末、解放以前に日本製鉄㈱という会社で働いた四人に対し大法院が、その会社を引き継いでいる新日鉄住金㈱に一億ウォンずつ慰謝料を払えと下した判決について話そうと思います。原告たちが訴訟を提起したのは二〇年前で、当初日本にまで訴訟を持って行った、その人たちではないかと思われます。幾度かの敗訴にもかかわらず、ついに勝訴に持ち込んだその執念はたいしたものです。しかし、その執念の実体は何なのでしょうか。とにかく、大法院は日本の朝鮮支配は非合法的だったという前提の上で、侵略戦争のために朝鮮人を日本にまで動員し、きちんと賃金も払わず奴隷のように酷使した、と判断しました。

大法院の判決文は、当該事件の「基本的事実関係」に対する記述で始まっています。その部分を読んだ私の所感は、一言で「これは嘘だ」でした。私はここで判決文の法理に対して論争するつもりはありません。私は法律家ではありません。私の批判の焦点はただ一つです。その「基本的事実関係」は事実ではないということです。いえ、嘘である可能性が大きいということです。大法院は原告の主張が事実であるかどうかを検証しませんでした。判決文に検証の痕跡を見出せません。私は、我々の高邁《こうまい》なる大法院の裁判官のみなさまにお尋ねします。

嘘の可能性の高い主張を検証もしない裁判が果たして有効なのか。

原告四人のうち二人は一九四三年九月、日本製鉄の募集に応じ、同社の大阪製鉄所で訓練工として働きました。日本製鉄は月給の大部分を強制貯蓄し、寄宿舎の舎監に通帳とハンコを保管させましたが、その舎監が結局、最後までお金を返してくれなかったと言います。これが原告が被《こうむ》ったと主張する被害の基本内容です。こういう事実は、歴史家としての私にとって、とても見慣れたものです。私はこれと似たケースをいろいろな人から聴取したことがあります。

私の主張は次の通りです。

日本製鉄が原告に賃金を支払わなかったという主張は成立しない。強制貯蓄云々という判決文自体がその点を立証している。賃金が原告に渡されていなかったなら舎監がその犯人である。しかし果たしてそうだったのかは、舎監を取り調べてみないことには分からない。舎監は原告に代わって原告の本家に原告の月給を送金したかもしれない。要するに当該事件は原告と舎監の間の民事事件である。

以上が判決文を読んだ私の所見です。しかし、大法院は舎監を召喚して調査したでしょうか。舎監はすでに死亡しているでしょう。そうなると訴訟は成立するのでしょうか。私の主張を明確にします。私は原告の主張を否定するのではなく、それが真実かどうかを確認する手立てがない、と言っているのです。それが真実です。

この程度の事実をもって韓国の大法院は日本製鉄の責任を追及しました。裁判官は歴史家ではありません。当時の戦時期の実態について何も知らない法律家であるというだけです。であるなら、関連の専門家を呼んで参考証言を聴取すべきではないでしょうか。しかし彼らは、その必要性すら感じないほどに当時の現実に対し無知でした。彼らは、原告たちの嘘の可能性の高い主張に対し疑いを持ちませんでした。彼らもまた、幼いときから嘘の教育を受けて来たためです。彼らは、国際人道主義を実現するという溢《あふ》れるばかりの正義感と使命感で判決を下しました。それにより、この国家と国民がどれほど大きな代価を払うことになるか眼中にもありません。「嘘をつく社会や国家は滅び行く」という歴史の法則は、こうやって少しずつ実現されて行くのかもしれません。

反日種族主義

一九三七年、日本と中国の間で戦争が勃発しました。以後、毎年一〇万人以上の朝鮮人が自発的に日本に渡って行きました。より高い所得とより良い職場を得るためにです。その数は一九四〇年に二〇万人を超えました。一九四一年、日本とアメリカの間で戦争が勃発しました。それ以後その数は減りはしましたが、それでも一九四四年まで毎年一〇万人以上が日本に渡って行きました。それとは別に、一九三九年から日本の会社の労務者募集が始まりました。一九四一年までおおよそ一七万人が募集で日本に行きました。以後、一九四四年八月まで約二五万人が総督府の斡旋《あっせん》で日本に行きました。募集であれ斡旋であれ、当事者の同意を前提にした契約関係でした。

戦争末期の一九四四年九月からは徴用が実施されます。令状が発布され、応じなければ処罰される戦時動員体制でした。徴用による動員がどれほどだったか正確には分かりませんが、おおよそ一〇万人前後だったようです。そのようにして日本に行った朝鮮人たちの労務実態に関しては、この本の李宇衍博士の三編をお読みください。そこで明らかにしているように、彼らが奴隷として強制連行されたとか酷使されたという今日の通念は、一九六五年以後、日本の朝鮮総連系の学者たちが作り上げたでたらめな学説が、拡散した結果に過ぎません。

嘘が作られ拡散し、やがて文化となり、政治と司法を支配するに至った過ぎし六〇年間の精神史を、何と説明したらよいのでしょうか。人が嘘をつくのは、知的弁別力が低く、それに対する羞恥心《しゅうち》がない社会では、嘘による利益が大きいためです。嘘をついても社会がそれに対し寛大であれば、嘘をつくことは集団の文化として広がって行きます。ある社会が嘘について寛大だと、その社会の底辺には、それに相応する集団の心性が長期にわたって流れるようになります。その流れているものは、一言で物質主義です。お金と地位こそが全ての幸福の根本だという価値観、お金と地位のためなら手段、方法を選ばない行動原理、これが物質主義です。物質主義の文化は嘘に対して寛大です。詳しくは紹介しませんが、韓国社会が特に物質主義的なのは、既にさまざまな研究者がいろいろな指標を通して指摘しているところです。

さらに長期的かつ巨視的に物質主義の根本を追究して行くと、韓国の歴史と共に長い歴史を持つシャーマニズムにぶつかります。シャーマニズムの世界には善と悪を審判する絶対者、神は存在しません。シャーマニズムの現実は丸裸の物質主義と肉体主義です。シャーマニズムの集団は種族や部族です。種族は隣人を悪の種族とみなします。客観的議論が許容されない不変の敵対感情です。ここでは嘘が善として奨励されます。嘘は種族を結束させるトーテムの役割を果たします。韓国人の精神文化は、大きく言ってこのようなシャーマニズムに緊縛されています。より正確に表現すると、反日種族主義と言えます。

韓国の民族主義は、西洋で勃興した民族主義とは別のものです。韓国の民族主義には、自由で独立的な個人という概念がありません。韓国の民族はそれ自体で一つの集団であり、一つの権威であり、一つの身分です。そのため、むしろ種族と言ったほうが適切です。隣の日本を永遠の仇《かたき》と捉える敵対感情です。ありとあらゆる嘘が作られ広がるのは、このような集団心性に因《よ》るものです。すなわち反日種族主義です。これをそのままにしておいては、この国の先進化は不可能です。先進化どころか後進化してしまいます。嘘の文化、政治、学問、裁判はこの国を破滅に追いやることでしょう。そのような危機意識を持ってこの本を読んでいただきたいと思います。この本は、体当たりで反日種族主義、その巨大な文化権力に突進します。

注2：朴槿恵は2013年2月、韓国で女性初の大統領（第18代）に就任したが、14年4月に発生したセウォル号沈没事故への対応や、友人の女性・崔順実の国政介入問題などにより国会で弾劾追訴案が可決され、17年3月、憲法裁判所の決定により大統領を罷免された。その後、一連の疑惑により逮捕・起訴され、一審で懲役24年の有罪判決が下された。21年1月に大法院で懲役20年、罰金180億ウォンの刑が確定していたが、12月末に恩赦で釈放。

注3：2014年4月16日、仁川から済州島に向かっていた大型フェリーのセウォル号が、全羅南道珍島沖で転覆・沈没、乗客乗員476人のうち修学旅行中の高校生を含む299人が死亡、5人が行方不明となった。事故への朴槿恵大統領・政府の対応、救助活動の不手際が問題視された。遺族らは光化門広場に仮設テントを立て、原因究明を求める活動を行なった。

注4：1910年から45年まで、日本が朝鮮に置いた植民地統治機関。

注5：朝鮮総督府が土地所有権の保護、生産力増進のため1910年から18年にかけて行なった土地所有権、土地価格、地形などの調査事業。土地所有権は申告によって確認し、調査の結果、山林を除く全ての土地の所有権が確定した。

注6：20世紀以降、人口増と生活向上で国産米が不足して米の輸入国になり米価も高騰した日本は、解決策として植民地米の移入に着目、朝鮮総督府は1920年に朝鮮産米増殖計画を立てて土地・農事改良事業を実施した。増産した米の多くは商取引で日本に移出された。

注7：日本帝国主義や大日本帝国の略称。韓国では植民地期を日帝強占期などと呼ぶ。

注8：朝鮮王朝第26代国王（1852～1919。在位1863～1907、1897年からは大韓帝国皇帝）。ハーグ平和会議に使者を送って日本支配の不当性を訴えようとし、日本に退位させられた。

注9：1896年2月、高宗が宮女用のかごに乗り密かに王宮を脱出、ロシア公使館に逃げ込んだ事件。97年2月まで、ここでロシアの保護下、親露政策をとった。露館播遷とも呼ぶ。

第1部

種族主義の記憶

1 荒唐無稽『アリラン』

李栄薫

警察の即決銃殺

趙廷来《チョジョンネ》注10は今日の韓国で一番よく知られた人気小説家です。彼の大河小説『アリラン』一二巻は、合わせて三五〇万部も売れたそうです。彼の小説が商業的に大きく成功したのは、二〇世紀後半の韓国の時代精神を取り入れるのに成功したからです。それが何であるか指摘するのは難しいことではありません。一言で反日種族主義です。趙廷来は、韓国人の反日種族主義を文学的に巧みに描写しただけでなく、それを促進するのに大きく寄与しました。

私は二〇〇七年、『時代精神』という季刊誌に寄稿した論文で小説家・趙廷来を「狂気を帯びた憎悪の歴史小説家」だと定義づけ、批判したことがあります。私が作家の精神世界をそのように規定したのは、作家が小説のあちこちで日帝が朝鮮人をほとんど狂的に虐殺する場面を描いており、それが歴史的には実在しないとんでもないでっち上げだからです。たかが歴史小説に何の是非を問うのか、と言われるかもしれませんが、歴史小説ではあっても、実在した歴史とあまりにもかけ離れた話を捏造してはいけません。読む人々が、それを実在した歴史だと錯覚しやすいからです。まず、次のような虐殺場面を紹介しましょう。

「え〜と。今から重大事実を公布するので、みなよ〜く聞け。あそこに縛られている車甲秀《チャガプス》はきのう地主総代に暴行を加え、致命傷を与えた。その蛮行はまさに総督府が推進している土地調査事業を悪意的に妨害し狂乱させる許されざる犯罪行為である。したがって罪人・車甲秀は警察令により射殺刑に処する!」。日本刀を抜いて立つ駐在所長の凛《りん》とした叫びだった。（中略）「射〜撃、準備!」。駐在所長が日本刀を持ち上げながら叫んだ。四人の巡査が一斉に銃を向けた。「発射〜」。銃声が鳴り響いた。車ソバン（既婚の男性の呼び方）の体がいきなり伸び硬直したかと思ったら、そのままばたりとくずおれた。そして左の胸から真っ赤な血が溢れ始めた。駐在所長と巡査たちはすぐに立ち去った。しかし村人たちは動くことができなかった。彼らは目をつぶり立っていた。「よりにもよって堂山木[注11]に」。誰かが呟《つぶや》いてがりりと歯軋《はぎし》りをした。（『アリラン』第四巻、八一〜八二頁）

図1-1　土地調査事業の過程で日本の警察によって朝鮮の農民が即決銃殺されるイメージ（金明敍作）

　総督府が一九一〇～一八年に実施した土地調査事業を背景にした一場面です。全羅北道《チョンラブクド》金堤《キムジェ》郡竹山面外里がその舞台です。車甲秀という農民が土地を申告すると、地主総代が申告書にハンコを押してくれませんでした。土地を奪われることになった車甲秀が、がまんしきれず地主総代の胸を突きました。後ろに倒れた地主総代は脊髄《せきずい》を損なう重傷を負いました。すると金堤警察署竹山駐在所の所長が、車甲秀を村の堂山木に縛り付けて即決で銃殺に処しました。右の場面です。

　このように、第一線の駐在所の警察が即決で人を銃殺する場面は、小説『アリラン』で他の村を舞台にもう一度繰り返されます。作家は、土地調査事業の期間に行なわれたこのような警察の即決による死刑は、全土で四千余件にも及ぶ、と言っています。作家によると、総督府が土地調査事業を実施した目的は土地の収奪にありました。農民たちがそれに抵抗すると、右のように、第一線の警察が即決で銃殺する弾圧をほしいままにしました。右の銃殺場面は『アリラン』を読んだ数十万の読者の胸に深く傷となり残りました。私は、大学の図書館でこの本を借りて読んだとき、ある学生がこの場面のページの余白に「あ〜、こんなことが」と書き記しているのを見ました。あの学生は作家の作り話を事実だと信じたのです。

しかしながら右のような即決銃殺刑は、土地調査事業当時ありもしないことでした。いえ、あり得ないことでした。当時の新聞と雑誌でこのような事件が報道されたことはただの一例もありません。実際起こったことであるなら、報道されないわけがありません。にもかかわらず作家は、当然あったことのように語っています。「警察令」に言及することで即決銃殺の法的根拠まで提示しています。しかし、そんな法令なども存在しませんでした。

国家権力が人を殺すには所定の手続きによる裁判を通さなければならないのは、その当時も今も同じです。例えば一九一三年の一年間に五三人が殺人と強盗の罪で死刑を宣告されましたが、みな二審裁判でした。第一線の警察が裁判を通さずに人を留置場に入れたり罰金を科す即決処分は、法で厳格に規制されており、その点は当時も今も全く同じです。当時でいえば、一九一二年三月に「警察犯処罰規則」が公布されました。そこには警察が即決で処理できる軽犯罪八七種が羅列されています。

それでも趙廷来は堂々と「警察令」を持ち出して、派出所の一介の警察が人を即決銃殺する場面を二度にわたって描いています。さらには、そのような即決銃殺が全土で四千余件に及んだ、と総括しています。趙廷来はその時代を法もない野蛮な時代と捉えています。白人の奴隷ハンターがアフリカ種族社会に入って行って思うがままに奴隷狩りをするような場面を想定しています。『アリラン』に登場する日本人は、みなが奴隷ハンターのような悪人たちです。彼らは数えきれないほど朝鮮人を殴り、奪い、辱《はずかし》め、殺します。反面、朝鮮人はアフリカの原始種族のように、されるがままに殴られ、奪われ、辱められ、虐殺されます。

奴隷ハンターは原始種族の宗教を、彼らのトーテムを破壊します。堂山木に人を縛り付け銃殺するのが、まさにその場面です。堂山木は村を悪霊から守ってくれる守護神です。奴隷ハンターはその堂山木を冒瀆《ぼうとく》しました。村人は、罪もない隣人がその木に縛り付けられ銃殺される場面を恐怖にかられて眺めるだけです。たった四人の警察官が横暴を働くそのとき、数十人の村人は抵抗する術《すべ》を知りません。愚かでひ弱な種族のようです。彼らはがりりと歯軋りをしただけです。趙廷来は、日本人はこの上なく残忍な悪人として、朝鮮人は限りなく卑怯で野蛮な種族として描写しました。

その文学的手法は優れたものでした。前で紹介したように、ある学生が小説のその場面のページの余白に「あ〜、こんなことが」という嘆きのメッセージを書き留めました。

文学評論家たちは『趙廷来大河小説アリラン研究』（ヘネム、一九九六年）という評論集を出版し、その中である論文はこの即決銃殺刑場面を指して、「土地調査事業を扱ったこの部分は歴史的意味の浮上だけでなく、小説的形象化においても一番優れた成功を収めた部分だ」と絶賛してやみません（同五〇頁）。小説家は韓国人が共有している反日種族主義の感情を、そのトーテミズムの世界を劇的に刺激し、さらにそこから大きな反響を得るのに成功しました。それで三五〇万部も売れるという商業的成功を収めたのです。

理由なき大量虐殺

『アリラン』には、このような虐殺場面が何度も描かれています。その一つ、一九四四年、日本の千島列島で起きたという虐殺場面を紹介しておきます。千島列島は、今はクリル列島と呼ばれるロシア領ですが、一九四五年までは日本領でした。一九四三年、太平洋戦争が劣勢に傾き、米軍が北から千島列島を攻略し始めました。日本軍は急いで千島列島を軍事基地化するため大規模な土木工事を始め、多くの朝鮮人労働者が工事現場に動員されました。

『アリラン』第一二巻の第四五章は、その工事現場を背景にしています。小説によると、工事は飛行場に滑走路を敷き、周辺の山の裾に飛行機の格納庫を造ることでした。一九四四年初夏、ついに工事が仕上がりました。日本軍は偽の空襲警報を鳴らし、一〇〇〇人に及ぶ朝鮮人労働者を防空壕に閉じ込めました。そうしてから三〇分間手榴弾を投げ込み、機関銃射撃を加えて彼らを皆殺しにしました。防空壕の入り口はコンクリートで塞がれていました。作家はその場面を次のように劇的に描写しました。

防空壕の入り口から何かがヌルヌルと流れ始めた。それは真っ赤な血だった。機関銃は三〇分以上乱射された。時間が経つにつれ、血は細い川のように流れ始めた。（中略）そこに徴用で連れて来られた一〇〇〇人は、結局一人も生き残ることがなかった。千島列島のいろいろな島でも、そのようにして四千余人が死んで行ったのだった。（『アリラン』第一二巻、一五八頁）

この場面は『アリラン』全編の中で一番悲惨な場面です。読者たちは、とてつもなく残酷な日本軍の蛮行に身震いするでしょう。ところが、この凄惨な虐殺は事実ではありません。私は千島列島の軍事施設工事に関連したいろいろな記録を検討してみました。関連の専門家に質問もしてみました。作業環境が劣悪で作業がきつく、多くの犠牲者が出ていました。しかし、右のような虐殺は行なわれていませんでした。そのような記録や証言は見つかっていません。

なによりも、小説の前後の文脈からしても大量虐殺の理由が分かりません。空から丸見えの滑走路と飛行機の格納庫がそれほど重大な軍事機密なのでしょうか。その程度の機密護持のために、工事に従事した労働者たちを虐殺するというのでしょうか。当時の千島列島と北海道では、一九四五年八月に戦争が終わるまで、似たような工事が進行中でした。やっとのことで動員して来た労働者を虐殺する合理的理由は何もないのです。私はこのくだりで、はたと思い至りました。小説家・趙廷来自身が虐殺の狂気に取りつかれているのではないか、と。

幻想の歴史

趙廷来の『アリラン』は商業的に大成功を収めただけでなく、文化的にも大きな成功を成し遂げました。小説の舞台となった現地である金堤に「趙廷来アリラン文学館」が建ちました。一度訪ねてみてください。虐殺と収奪の狂気の流れる小説のあらすじが、それらしい絵と写真資料で上手に展示されています。「アリラン文学村」という所もできました。二〇世紀前半、その地方では、海水の侵入と河水の氾濫を防ぐ巨大な土木工事が展開されました。あるいは、大規模な干拓事業が展開されました。その結果、韓半島で唯一の、地平線しか見えない広大な平野が造成されました。金堤平野または万頃《マンギョン》平野です。群山《クンサン》という都市も新たに開発されました。

小説『アリラン』はその実在した歴史を、幻想の歴史、つまり虐殺と強奪の狂気にすり替えました。そうして商業的に、さらには文化的に大きな成功を収めました。韓国社会に伏在した種族主義文化、そのシャーマニズムとトーテミズムの世界を巧みに形象化したからです。『アリラン』から私は、一つの社会を先進社会へと導いて行くような価値観と理念を発見することができません。そのような美徳と信仰を感じることができません。そこは狂暴な種族が弱小種族を無限に強奪し虐殺する野蛮な世界です。韓国の民族主義はそんな種族主義の特徴を持っています。小説家・趙廷来だけがそうなのではありません。植民地時代に関する韓国の歴史学自体が、そのような種族主義に基盤を置いています。外勢に押さえつけられていたとはいえ、その時代、我が祖先は本当にそんな状態だったのでしょうか。日帝の抑圧と差別の下にあっても、自身を近代的人間として開発して行った我が祖先の涙ぐましい努力の道程は、その時代の歴史ではなかったというのでしょうか。

参考文献

趙廷来『アリラン』1~12巻、ヘネム、2007年刊
〔조정래(2007),『아리랑』1~12, 해냄.〕
曹南鉉編『趙廷来大河小説アリラン研究』ヘネム、1996年刊
〔조남현 편(1996),『조정래 대하소설 아리랑 연구』, 해냄.〕
李栄薫「狂気を帯びた憎悪の歴史小説家趙廷来―大河小説『アリラン』を中心にして―」
(『時代精神』35巻〔2007年刊〕所収)

〔이영훈 (2007),「광기 서린 증오의 역사소설가 조정래—대하소설『아리랑』을 중심으로—」,『시대정신』35.〕

李栄薫「趙廷来とＭＢＣの反駁に対する再反駁」（『時代精神』36巻〔２００７年刊〕所収）
〔이영훈 (2007),「조정래와 MBC 의 반박에 대한 재반박」,『시대정신』36.〕

〈注〉韓国語の文献情報を日本語に訳して掲示した。それぞれの左に併記したのは元の韓国語。

注10：小説家（1943～）。全羅南道に生まれ、幼い頃に麗水・順天事件（215頁注52参照）や韓国戦争（朝鮮戦争のこと）を経験。小説では主に、植民地時代から解放、韓国戦争、南北分断の固定に至る時代を描く。代表的な著書に『太白山脈』（全10巻）、『アリラン』（全12巻）、『漢江』（全10巻）などがある。

注11：村の土俗信仰の木で、村を守ってくれる神が宿るとされる。しめ縄や白紙が巻かれている場合が多い。

2 片手にピストルを、もう片方には測量器を

李栄薫

韓国史教科書の四〇パーセント収奪説

一九一〇年、日帝は大韓帝国を併合したあと、すぐに全国の土地を調査し始めました。「朝鮮土地調査事業」と言います。一九一八年まで八年間行なわれたその事業によって、全国の全ての土地面積、地目、等級、地価が調査されました。総面積は二三〇〇万ヘクタールでした。そのうちの四八七万ヘクタールが人間たちの生活空間としての田、畑、敷地、河川、堤防、道路、鉄道用地、貯水池、墓地などで、残り一八一三万ヘクタールが山地でした。

一九六〇年代以来、中・高等学校の韓国史教科書は、総督府が実施した土地調査事業の目的は、朝鮮農民の土地を収奪することにあった、と教えて来ました。一九六〇年、歴史教育学会が作った教科書は、農地全体の半分が国有地として収奪された、と記しま

写真2-1　土地調査事業当時の京畿道高陽郡の一筆地測量場面
資料：『朝鮮土地調査事業報告書』277頁

した。一九六七年、ある教科書は、全国の土地の四〇パーセントが総督府の所有地として収奪された、と記しました。当時までは検認定教科書だったので、教科書によって少しずつ内容が違っていましたが、一九七四年から国定教科書に変わります。その後約三六年間、ですから二〇一〇年までの韓国史教科書は、土地調査事業によって全国の土地の四〇パーセントが総督府の所有地として収奪された、と学生たちに教えて来たのです。

ところが、どの研究者もこの四〇パーセントという数値を証明したことがありません。検認定や国定の教科書を書いた歴史学者たちが、適当に作り出した数値です。どの程度の収奪なのか具体的に説明しなければならないため、作り上げた数値に過ぎません。最初の誰かがその数値を出し、その次の人がそれを引用し、そうやって歳月が流れて歴史の真実となってしまいました。読者の皆さんはおかしいと思われるでしょう。誰も証明したことのない数値をどうやって五〇年もの間、教科書に堂々と事実であるかのように書くことができたのだろうか、と。

その教科書で学んだ大多数の国民は覚えているでしょうが、その収奪の過程をもう少し具体的に紹介します。総督府は、土地を申告するよう農民たちに申告書を配りました。ところが、農民たちは所有権の意識が薄弱で、申告が何であるかも分からない、という蒙昧《もうまい》な状態でした。それで、申告の期間が過ぎても平気でした。すると、総督府が待ってましたとばかりにそれを総督府の所有地、すなわち国有地として没収し、東洋拓殖株式会社注12や日本の移民に払い下げた、というのです。歴史の授業時間でこの部分に来ると、教える教師も教わる生徒も皆泣いたそうです。あまりにも辛《つら》く悔しいからです。大学で私の講義時間に、ある学生から高校時代に実際そんなことがあったという話を聞いたことがあります。そのように世代間に憤りの涙で受け継がれ伝承されて来たものが、私が批判しようとする反日種族主義の歴史観です。

一九一〇年代の朝鮮の農民は、申告の意味が分からなかったでしょうか。それは真っ赤な嘘です。朝鮮王朝の五〇〇年間、我が祖先は三年に一度ずつ戸籍を申告しました。清《しん》では初めのうちは申告しました。中国の明《みん》では一〇年に一度ずつ戸籍を申告しました。清では初めのうちは申告しましたが、やがて申告しなくなってしまいました。それに比べると朝鮮王朝は、初めから終わりまで、三年に一度ずつきちんと戸籍を申告しました。つまり、世界で一番申告について訓練された民族が我が祖先でした。申告が何か分からなかったなどというのは、本当にナンセンスな話です。

土地の四〇パーセントが総督府の所有地として収奪されたという学説は、少しでも深く考えれば誰もが気づく嘘です。我が祖先は土地を人の命脈、つまり命綱だと言って来ました（土地人之命脈也）。どこの誰が自分の命綱が切られようとしているのに、じっと黙って座っていられるでしょうか。妻子が飢え、家族が乞食になるというのに、黙って我慢していられるでしょうか。誰もが死ぬ思いで抵抗したことでしょう。侵略者があまりにも強暴で歯が立たなかったとしても、怒りと悔しさを忘れず、必ず取り戻す機会を狙うものです。

ついに一九四五年、解放の時を迎えました。土地調査事業が終わってまだ二七年です。土地を奪われたという人々は、大部分まだ生きていました。彼らは当然、強暴な倭賊が立ち退《の》いたので「自分の土地を返せ」と叫ぶはずです。ところが、誰一人としてそのように叫ぶ人はいませんでした。土地台帳を保管している全国の郡庁や裁判所のどこにおいても、そのような騒動や請願は起こりませんでした。全国の土地の四〇パーセントも奪われたというのに、どうしてそんなことがあり得るというのでしょうか。もともとそんな事実はなかったからです。それにもかかわらず我々の歴史の教科書は、そんな話を平然として作り出し、五〇年以上もの間、学生たちに教えて来ました。

ピストルと測量器

土地調査事業当時、一部の土地で所有権紛争がありました。全国の農地などの四八七万ヘクタールのうち一二万ヘクタールに過ぎない国有地をめぐっての紛争でした。これに関しては一九八二年、慎鏞廈《シンヨンハ》[注13]教授が『朝鮮土地調査事業研究』という本を書きました。慎鏞廈は国有地紛争について「片手にピストルを、もう片方には測量器を」という言葉を作り出しました。この章のタイトルもそこからとりました。この言葉の意味は、民間人が総督府を相手に「当該の土地は自分の所有物だ」と主張すると、総督府はピストルでそれを押さえつけた、ということです。そのように慎鏞廈は、土地調査事業をピストルが発射される暴力的過程として描写しました。

当時、土地調査局の職員は実地調査に出かけるとき、腰に拳銃を下げていました。山中深く入って行くと、山の獣に襲われる危険がありました。実際そのような事故が起きたりもしました。また、山中では匪賊《ひぞく》が活動していました。それで、護身用に拳銃を持って歩いたのです。その拳銃が農民を相手に発射されたことはありませんでした。農民たちはむしろ調査班を歓迎しました。初めのうちは調査班を警戒していましたが、次第に内容が分かって来ると、友好的な態度に変わって行きました。調査班が来ると、人々は自分の土地で、名前を書いた札を立てて待機していました。里長と隣人たちが立ち会って、その人が所有者であることを確認してくれました。土地調査局は調査を終えると、土地台帳の下書きを公開しました。人々は自身の土地と名前が書き込まれているのを喜びました。何かの錯誤があると、熱心に異議を唱えました。土地調査に対する農民の反応は積極的でした。なぜでしょうか？　土地が命だからです。

ところで、なぜ慎鏞廈は「片手にピストルを、もう片方には測量器を」というでたらめな学説を作り出したのでしょうか。彼は土地調査事業に関する本を書きながらも、郡庁や裁判所にある実際の土地台帳や地籍図を閲覧したことがありません。当時農民たちが提出した申告書を、発掘したり整理したこともありません。各地で発生した国有地紛争の来歴と判決がどうだったのか、関連資料の調査もしませんでした。土地調査事業について総督府が編纂《へんさん》した各種の月報や報告書を詳しく読みませんでした。さらには、その一部を自分の主張に合わせて捏造さえしました。土地調査事業を理解するためには、朝鮮王朝時代の土地制度に対する理解が先行しなければなりません。ところが、そのような準備が全くなされていませんでした。そのような状態で慎鏞廈は、土地調査事業に関して持っていた自身の幼い頃からの先入観を、学術の形式で包装しただけです。そんな本を韓国の学界とメディアは歓喜して迎えました。日帝の土地収奪が具体的に証明された、と言ってです。そうして慎鏞廈には輝かしい学術賞を授与しました。

私は前章で小説家・趙廷来を「虐殺の狂気に取りつかれた憎悪の小説家だ」と批判しました。彼の小説『アリラン』は土地調査事業当時、一介の駐在所の警察が朝鮮の農民を即決処刑する場面を劇的に描き出しました。さらには、四千余人の朝鮮人が全土でそのようにして処刑された、と言いました。趙廷来がそのようなでたらめな歴史像を小説の中に描き出したのは、彼だけの責任ではありません。実はそれよりも何年か前に、慎鏞廈という韓国社会学界を代表する学者が、「片手にピストルを、もう片方には測量器を」というでたらめな学説を展開していたのです。

日帝の朝鮮併合は、いくばくかの土地を収奪することが目的ではありませんでした。総面積が二二〇〇万ヘクタールになる韓半島全体を、彼らの付属領土として永久に支配するための併合でした。この地に暮らす朝鮮人全体を日本人として完全に同化させる、という巨大プロジェクトでした。それで彼らは、彼らの法と制度をこの地に移植したのです。その一環として、全国の土地がどれほどなのか、土地の形質はどうなのか、所有者が誰なのか調査したのです。それが土地調査事業でした。当時作られた土地台帳と地籍図は、今もこの国が行なおうとするあらゆる土地行政の基礎資料として重宝されています。皆さんの暮らしている家の番地や住所は、いつ付けられたものでしょうか？　他でもない一九一〇〜一八年の土地調査事業によってでした。

収奪説のルーツは伝統文化

教科書を執筆した歴史家や、でたらめな学術書を編纂した研究者は、日帝が朝鮮を支配した目的、メカニズム、結果、その歴史的意義が分からずにいます。彼らは、土地だけでなく食糧も、労働力も、果ては乙女の性も収奪された、と教科書に書いて来ました。その全てがでたらめな学説です。このことに関しては、この本に載せられている他の各編を読んでくださるようお願いします。どうしてそんなでたらめな学説がこの世の中に公然と横行しているのでしょうか。その学説の系譜を追跡すると、そのような被害者意識は日帝時代からだったことが分かります。いえ、もっと深く掘り下げて行くと、朝鮮王朝時代から続く伝統文化だと言えます。歴史家たちがでたらめな学説を作り出したのは、何かしらの邪悪な意図からというよりは、無意識による、幼い頃から彼らが呼吸して来た、祖先から受け継いで来た伝統文化に引きずられた結果だと言えます。

この本に載せられた金容三氏の鉄杭騒動に関する章も、その良い一例となるでしょう。一九九五年、金泳三《キムヨンサム》政権の時代の話です。青瓦台まで乗り出して全国の要地に打たれた鉄杭を引き抜く騒動が起きました。日帝が朝鮮の精気を抜くため打ち込んだものだから、という理由からでした。実際は、近くの村や軍部隊が何かの必要があって打ち込んだものでした。しかし、政府は数人の風水師が唱えたそんな主張に従って、そのとんでもない騒動を起こしました。我々韓国人の意識の中に綿々と流れている風水地理説の影響、まさにそのためでした。

金容三氏は非常に興味深いことに、そのような騒動は日帝時代からのことだった、と指摘しています。土地調査事業当時、総督府は全国を測量するため、釜山《プサン》から咸鏡《ハムギョン》北道まで続く三角点を設置しました。大三角点だけでも二千四百余個に達しました。それを当時の朝鮮人が、日帝が朝鮮の精気を抜き取るため朝鮮の血脈を切った、と誤解し、よく破壊したと言います。関連してある方が私に、幼い頃、母親から聞いた話を聞かせてくれました。総督府が村の裏山に三角点を打ち込んだが、夜になって村の人々が登って行きそれを壊すと、その下から血が湧き出て来た、というのです。将軍の生まれる土地だったとか。そのように朝鮮の伝統文化は、総督府の土地測量を風水への侵略と捉えました。

それだけではありません。私の読んだ全羅南道長興《ナムドチャンフン》のある両班《ヤンバン》（朝鮮の文武の官僚支配層。一一九頁注19参照）の日記には、村を通過する鉄道が敷設されたことにこの上なく慨嘆したことが記されていました。「あれが我々と一体何の関係があるというのか」と言うのです。鉄道を敷設するために多くの土地が収用され、しかも村の堂山木まで切られてしまったからです。そのように日帝が推し進めた各種の行政や施設の建設は、伝統文化、伝統風水、伝統タブーに対する破壊として考えられ、怒りの対象となったのでした。そうして生まれた被害者意識と憤怒《ふんぬ》が解放後、歴史家によって土地、食糧、労働力に対する収奪の歴史に包装され、膨らんで来たのです。

鉄杭騒動が起きたとき、私が先に批判した慎鏞廈は、次のような文を書きました。

日帝は、当時の朝鮮人たちの大多数が風水地理説を信じ、山川の精気を重視していた事実に注目し、名山の血脈にこれを遮断し無きものにするという鉄杭を打ち込んだ。もちろん日帝自身は風水地理説を信じてはいなかったが、朝鮮人が信じていたため、朝鮮人に挫折感を植え付けるよう、このような政策を取ったのだ。（慎鏞廈「日帝の民族抹殺政策と民族問題」〔『月刊朝鮮』一九九五年一〇月号、一七五頁〕から再引用）

皆さんはこれが筋の通る話だと思いますか。論理的にも実証的にも、本当にとんでもない主張です。それでも、こういう主張が堂々と容認されて来た中、青瓦台までが乗り出して鉄杭を抜くという騒動を起こしました。一九九五年当時までも韓国の精神文化が、土地に気脈が流れているという伝統風水説とその土台を成すシャーマニズムの世界に、どれほど根深くからめとられていたかを示していると言えるでしょう。

整理しましょう。一九六〇年以後五〇年間、韓国の歴史教科書は、日帝が土地調査事業を実施し全国の土地の四〇パーセントを収奪した、と書いて来ました。日本と朝鮮を、奪い奪われる、殺し殺される関係にある、野蛮な二つの種族として捉えたのです。我が祖先のことを、所有権意識を持たない、申告が何かも知らない善良な種族として捉えたのです。その善良な朝鮮の種族を邪悪な日本の種族が、片手にピストル、もう片方には測量器を持ち、手当たり次第に収奪したのです。朝鮮人は土地の測量のため日本が設置した三角点を、土地の血脈を切るものだと考え憤慨しました。歴史教科書のとんでもない土地収奪説は、このような我々の伝統文化に規定された低い水準の歴史意識、つまり反日種族主義にその基礎を置いたものだ、と言えるでしょう。

参考文献

愼鏞廈『朝鮮土地調査事業研究』知識産業社、1982年刊

[慎鏞廈（1982），『朝鮮土地調査事業研究』，知識産業社.]

慎鏞廈『日帝植民地政策と植民地近代化論批判』文学と知性社、２００６年刊

[신용하（2006），『일제 식민지 정책과 식민지근대화론 비판』，문학과 지성사.]

李栄薫「土地調査事業の収奪性再検討」（『歴史批評』22巻〔１９９３年刊〕所収）

[이영훈（1993），「토지조사사업의 수탈성 재검토」，『역사비평』22.]

李栄薫「国史教科書に描かれた日帝の収奪像とその神話性」（『時代精神』28巻〔２００５年刊〕所収）

[이영훈（2005），「국사 교과서에 그려진 일제의 수탈상과 그 신화성」，『시대정신』28.]

李栄薫「憶断と独善の植民地収奪論」（『時代精神』33巻〔２００６年刊〕所収）

[이영훈（2006），「억단과 독선의 식민지수탈론」，『시대정신』33.]

注12：１９０８年に朝鮮で設立された、農業拓殖を主とする国策会社。「東拓」と略称された。当初は日本人農民を朝鮮に移住させることを主要目的としたが、次第に土地を買収して朝鮮人小作農に貸し付ける地主経営が中心となって行き、敗戦時は朝鮮最大の地主だった。

注13：社会学者・歴史学者、ソウル大名誉教授、独島学会会長（１９３７〜）。朝鮮半島分断の原因を日本の侵略と規定し、民族運動や竹島（独島）領有権問題などを研究。『独立協会研究』『韓国近代民族運動史研究』『独島の民族領土史研究』などの著書がある。近年では、古朝鮮が東洋文明の起源とする著書を出している。

3

食糧を収奪したって？

金洛年

日帝の植民地支配に対する批判の中で最も多く耳にする話の一つが、日帝が朝鮮を食糧供給基地にし朝鮮の米を収奪して行った、ということです。高校の韓国史の教科書でも、教科書によって差がありますが、日本が米を「収奪して行った」と表現したり、ただ「持って行った」または「搬出した」と表現しています。「持って行った」や「搬出した」という表現は、「収奪」に比べると強制性を排除したように見えますが、その代価を支払ったのかどうかを意図的に隠している点で、大きな差がないと考えます。そして、米を大量に「収奪」または「搬出」した結果、朝鮮人の米消費量は大きく減少し、人々は雑穀で延命しなければならなかった、と記しています。そうなると、朝鮮人は米を増産してもその恩恵を受けられず、生活水準は当然下落するしかなかった、ということになります。

このような教科書の記述、また、その影響を受け形成された韓国人の通念は、果たして事実に立脚したものでしょうか？　朝鮮の米を日帝が「収奪」したのでしょうか？　そうではなくて朝鮮が日本に米を「輸出」したのでしょうか？　もし「輸出」したのなら、それによって朝鮮人の暮らしが悪くなった、という論理は成立しません。それでは、解放前の朝鮮の小作農民たちの貧しい生活は、どのように説明できるのでしょうか？　ここでは、以上の点を一つひとつ検討していこうと思います。

米の「収奪」なのか「輸出」なのか？

米を「収奪」されたのと「輸出」したのとでは、天と地ほどの差があります。「収奪」は、日本が強制的に奪って行ったということであり、「輸出」は、日本が代価を払って購入したということです。当時の表現では日本に「移出」したことになりますが、それは「輸出」と同じ意味です。当時朝鮮と日本の間の取引を、外国との取引である「輸出入」と区別して「移出入」と呼んだだけのことで、全ては朝鮮との貿易に含まれます。総督府は『朝鮮貿易年表』という統計書を毎年発行しており、そこには、朝鮮の米をはじめとした各品目が、どの港を通してどの国にどれほど輸出あるいは輸入されたのか、その数量と共に金額統計が記されています。ここで言う金額とは、取引がなさ

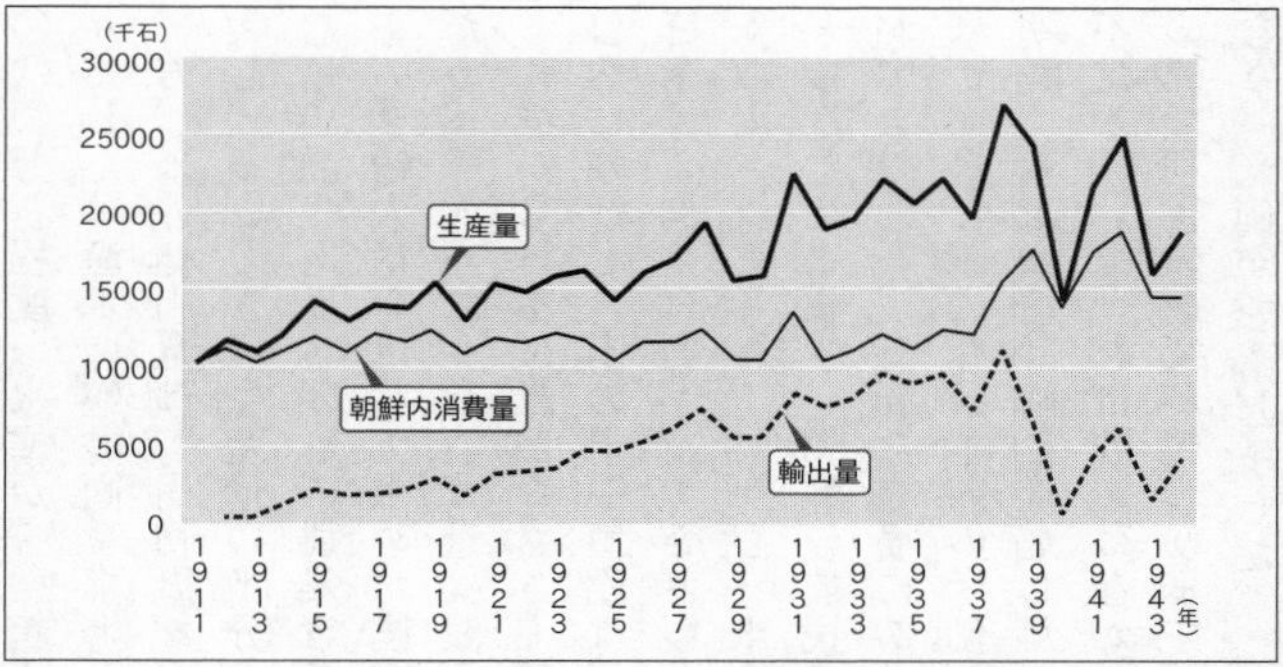

資料：『韓国の長期統計』（2018年）

図3-1　米の生産量・輸出量・朝鮮内消費量

れた金額を意味します。この統計には年間単位で集計した実績が記されていますが、米の輸出動向や米の作況などは、発表されるたびに新聞で扱われています。特に米価の動向は、農民はもちろんのこと、穀物商や米を消費する都市民の主な関心事だったため、全国各地（やがて日本）の米の相場が、株式相場と共にほとんど毎日報道されていました。

当時の資料や新聞を少しでも読んだことがある人ならば、米は通常の取引を通して日本に輸出されたことがすぐに理解できます。教科書の記述が想定しているように、もし誰かが、汗水流して生産した米を強制的に奪って行ったのなら、バカでない限り黙って我慢する農民もいないだろうし、それはすぐさま新聞に報道されるニュースの種になったと思います。

当時の米の生産量と輸出量の推移を図3-1を見ながら説明します。米の生産量は、当初一〇〇〇万石程度の水準から、起伏がありますが二〇〇〇万石を超える水準に二倍に上がりました。産米増殖計画を推進し、水利施設を整備し、肥料の投入を増やした結果です。一方、米の輸出量は、当初微々たる水準から出発し、やがて一〇〇〇万石近くにまで拡大し、多いときは生産量の半分が輸出されています。この時期、朝鮮では米は一番重要な輸出品であり、朝鮮の農業は輸出産業になったと言えるでしょう。生産量から輸出量を引き輸入量を足して求めた国内消費量は停滞していましたが、その間、人口が増えたため、一人当たり米消費量は減少しているのが分かります。

朝鮮から日本に米がたくさん輸出されると、二つの地域の米市場は一つに結ばれます。自然に朝鮮と日本の米の値段は接近し、また、緊密に連動するしかありません。当初朝鮮米は、例えば石がたくさん混じっているなどの品質の問題があって、日本の米より安く取引されました。しかし、米の乾燥状態や加工方式が改善され、日本の米価にほとんど接近して来ます。朝鮮の農民の立場からしてみると、日本という大規模な米輸出市場ができたため、有利な立場にあったと言えるでしょう。その反面、日本の農民は、朝鮮米が大量に流入し日本内の米価が下落圧力を受けたため、不満を持つようになります。朝鮮で産米増殖計画を推進したのは、日本の米不足を解消するためでした。しかし、米不足が続いていれば問題はなかったのですが、そうでない状況になると、朝鮮と日本の間で利害の衝突が起こります。例えば一九三一年には、二つの地域で共に米が豊作となり、米価が急落しました。このような状況でどのような葛藤が生じたかを、当時の

『東亜日報』の記事がよく示しています。当時の雰囲気を生き生きと伝えるため、少し長めですが引用します。

朝鮮の立場としては、その方法の如何《いかん》を問わず、移入を制限し雀の涙ほどでも朝鮮米の日本流出を妨害するならば、これは絶対に受け入れることはできない。（中略）今日において日本の米価を圧迫した最大の原因が朝鮮米の日本流入にあるという事情は、朝鮮の農民も知らないわけではない。しかし、それは朝鮮が自ら進んでしたことではなく、日本が日本の食糧問題を解決するため、朝鮮内で必要以上に膨大な産米増殖計画を実施したためである。したがって、今になって朝鮮米の移入を止め、産米増殖計画の結果として出ている損害をみな朝鮮農民にだけ転嫁する理由はないことを、日本の農民も知らなければならない。（中略）とにかく、朝鮮農民の立場としては、法律の制定による移入制限にはもちろんのこと（中略）朝鮮米流出の自由を束縛するいかなる措置にも絶対反対するしかない。（「朝鮮米移入制限に絶対反対」『東亜日報』一九三一年六月一六日付）。文章を現代語に手直しした）

この記事から読み取れることは、朝鮮米の日本流入が日本の米価を圧迫して来たという点、そして、日本の農民が朝鮮米の日本流入を制限しようとする動きを見せ、それに対し『東亜日報』が朝鮮農民の立場で断固として反対しているという点です。もし朝鮮米の日本輸出が制限されると、販売先を失った朝鮮米の価格が大きく下がり、朝鮮の農民が莫大な損害を受けることがはっきりしていたからです。これを反対に見ると、日本という米の大規模な輸出市場がすぐ横にあったため、朝鮮で米の生産量が大きく増えても米の価格は不利にならず、それが朝鮮の農民の所得増加に大きく寄与したことが分かります。このことは当時を生きた朝鮮の農民や言論人には、あまりにもよく知られていた常識だったのです。

これに対し、日帝が朝鮮の米を「収奪した」とか「持って行った」と批判する教科書の論理でいくと、朝鮮米の日本移入を制限しようとする措置は、朝鮮人であるなら大歓迎するはずです。米をこれ以上持って行かないのですから。しかし事実は、これとは正反対だったのです。このような矛盾に陥ったのは、当時の資料に一度でも目を通していたならすぐに分かるはずの米の「輸出」を、「収奪」と強弁しているためです。

朝鮮人の米消費減少は生活水準の下落を意味する？

米を奪われたのではなく、自発的に取引したのだとしたら、朝鮮人の米消費がどうして減ったのかについては、他の論理で説明する必要があります。最近は所得が増えても一人当たりの米消費が減っていますが、当時は毎食米のごはんを食べることが富の象徴でした。ふつうの農民は大部分の食事に、粟《あわ》をはじめとした雑穀を当てていました。農民たちが米を生産しても米を満足に食べることが難しかったのは、米を大量に輸出したため米が足りなくなり、価格が上がったためです。特に小作農の場合は、生産した米から小作料や必要経費を差し引くと、自分たちの食糧が不足します。そのため、高い米を売って安い雑穀で腹を満たすしかなかったのです。

そうだからといって、米を輸出したことが生活水準の下落をもたらした原因ではありません。例を一つ挙げます。近頃、松茸は少なく高価なので、ふつうの人々はなかなか食べられなくなりました。その理由の一つが日本への大量輸出です。日本の人々の松茸好きは特別で、日本でも価格はかなりなものです。韓国の松茸採取農家が生産量をいくら増やしても、それ以上に多くを輸出すれば、松茸の韓国内消費量は減るでしょう。だからといって、韓国の生活水準が落ちたとは言いません。松茸を売った代金で他のものを買ったり、貯蓄を増やしたりできるからです。松茸は米に比べずっと生産量が少なく高価ですが、二つの話は論理上、何の違いもありません。

当時の農民たちはどうして貧しさから脱け出せなかった？

もしも米が「収奪された」のではなく「輸出した」のであり、むしろ農民の所得の増加に寄与したのなら、この時期の農民、特に小作農はなぜそんなに貧しかったのでしょうか？

まずは、当時の農業生産性の水準自体が低かったためです。土地面積当たりの米の生産量を比較してみると、当時の朝鮮は日本の二分の一程度に過ぎません。現在の水準と比較すればさらに低かったのです。当時は人口の半分が農業に従事し米を生産していましたが、現在、米作りに従事するのはその一〇分の一です。ところが、当時の米の生産量は現在の生産量に達しません。農業の生産性が低いということは、結局、一人当たりの所得がそれだけ低かったということです。

二つ目の理由は、土地の所有があまりにも少数者に集中していたことです。小作農の地位が特に劣悪でした。図3-2から、田の小作地率が六五〜六八パーセントと高いことが分かります。すなわち田の三分の二が小作農に任せられ耕作されていました。畑の場合はそれよりは比率が低いのですが、全体として見れば、この時期の耕地の大部分は小作農が耕作していたことが分かります。自分の土地が皆無である純小作農が、一九三〇年代には半分以上でした。そしてこれらの小作農は、地主に生産量の半分以上を小作料として納付しなければなりませんでした。この時期、農村の人口は増え続けていたため、耕地をめぐる小作人の間での競争は激しくならざるを得ず、地主制が強固に維持されていました。このような状況は植民地期にさらに悪化しましたが、歴史的には一七〜一九世紀の朝鮮王朝後期から続いて来たものなのです。

全農家のうち地主の比重は三・六パーセントに過ぎませんでした。それなのに地主らは、小作料の収入を通して全体の米生産量の三七パーセントを取得していました。自家

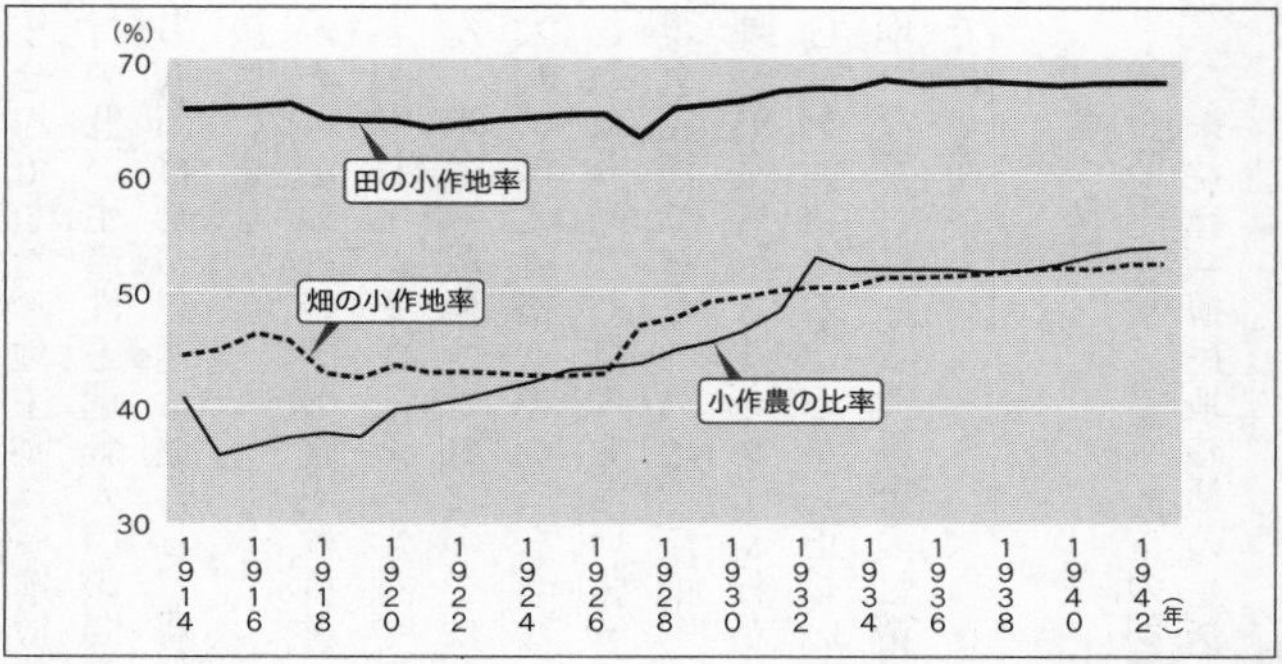

資料：『朝鮮総督府統計年報』

図3-2　小作地率・小作農比率の推移

消費を除いた商品化した米を基準にすると、地主の取り分は五〇パーセント以上に増えます。先に、米が輸出商品になり朝鮮の農民たちが有利になったことに言及しましたが、その恩恵は米販売量が多い地主や自作農に集中し、小作農が得られたのは微々たるものに過ぎませんでした。

結び

話をまとめます。当時の朝鮮の農民、特に小作農が貧しいままでとどまっていたのは、結局、農業生産性が低く、土地に比べ人口が過剰で、小作農に不利な地主制が強固に存続していたという、伝統社会のくびきから脱け出ることができなかったためです。産米増殖計画が米の増産をある程度もたらしたとはいえ、このような従来からの桎梏《しっこく》を打ち破るほどの影響力を持ち得ませんでした。地主制は、解放後になされた農地改革を通し解体されました。そして農村の低い生産性と過剰人口の問題は、高度成長期を経て、農業から第二・第三次産業への人口移動が急速に進行し、農村の人手不足で機械化が進展することにより、やっと解決されました。

それなのに韓国の歴史教科書は、的外れにも農民の窮乏を日帝が米を収奪したためだと強弁しています。その影響で形成された一般人の通念も、これと大きく違っていません。米は「収奪」されたのではなく「輸出」したのにもかかわらずです。生産と輸出が大幅に増え価格も不利にならないのなら、所得が上がるのは経済の常識ですが、これをこねくり回し、無理を言い張っているのです。教科書が「収奪」とか「搬出」という表現を放棄できないのは、「輸出」という表現に変えたとたん、自分たちの日帝批判の論理が混乱に陥ることがよく分かっているためだと思います。彼らは嘘を作り出してでも日帝を批判することが、正しい歴史教育だと錯覚しているのです。こんなでたらめな論理でなされている教科書の日帝批判が、果たして世界の人々の共感を得ることができるでしょうか?

参考文献
*金洛年『日本帝国主義下の朝鮮経済』東京大学出版会、2002年刊
朱益鍾「植民地時期の生活水準」(朴枝香他編『解放前後史の再認識』1(冊世上、

２００６年刊〕所収)
[주익종 (2006),「식민지 시기의 생활수준」, 박지향 외 편,『해방 전후사의 재인식』1, 책세상.]
*李栄薫『大韓民国の物語—韓国の「国史」教科書を書き換えよ』文藝春秋、２００９年刊
金洛年・朴基炷・朴二沢・車明洙編『韓国の長期統計』Ⅰ・Ⅱ、図書出版海南、２０１８年刊
[김낙년・박기주・박이택・차명수 편 (2018),『한국의 장기통계』Ⅰ・Ⅱ, 도서출판 해남.]

〈注〉頭に*印がついたものは日本語文献。

4 日本の植民地支配の方式

金洛年

教科書の間違った記述

韓国史の教科書が植民地期をどのように扱っているのかを見ると、民族運動の展開を記述するのに紙面の大部分を割いています。植民地統治と経済に関しては「日帝の植民統治と経済収奪」という章を設けて扱っていますが、全てのところで収奪が強行されたと記述しています。例えば、日帝は土地調査事業を通し朝鮮人の土地を「収奪」し、産米増殖計画を推進し米も「収奪」して行った、としています。その他にも、朝鮮会社令を実施し朝鮮人民族資本が成長しないように抑圧した、と強調しています。甚だしくは、我が国の国史学界を代表する学会の会長まで務めたある研究者は、この時期に朝鮮から「流出」した、あるいは「収奪」された資金の規模は、国内総生産（GDP）の八〇パーセントを超えた、というとてつもない主張まで展開しています。もしそのようなことになっていたら、朝鮮の経済は見る影もなく萎縮し、朝鮮人の生存自体が不可能だったことでしょう。このような主張には、この時期、朝鮮人の死亡率が大きく下落し、平均寿命も延び、人口も大幅に増えたという事実を想起すると、深刻な疑問を提起せざるを得ません。

このような教科書の記述やそこから形成された社会的通念は、大部分が事実に依拠しない虚構です。間違った認識の根を掘り下げて行くと、日帝の植民地支配がどのような方式でなされたのかを、正しく理解していないところに原因があるように思えます。それで、ここでは日帝が植民地朝鮮をどのように支配しようとしたのか、植民地経済に実際、どのような変化が現われたのか、それと対照して、我々の通念にどのような陥穽《かんせい》（落とし穴）があるのかを概観したいと思います。

日本は植民地朝鮮をどのように支配しようとしたのか？

日本の植民地支配は同化主義を追求していました。植民地に日本の制度を移植し、できるだけ二つの地域を同質化させ、究極的には日本の一つの地方として編入しようとしたのです。朝鮮を、完全に永久に日本の一部に造り上げようとしたのです。このような方針は当時、日本列島の西側にある二つの島の名前を取って、「朝鮮の四国・九州化」と表現されたりもしました。政治面から見ると、朝鮮人の政治的権利が認められず、朝鮮人に対する抑圧と差別が続いたため、このような同化主義は植民地支配を合理化するための掛け声（スローガン）に過ぎませんでした。しかし経済面から見ると、日本の制度がほとんどそのまま朝鮮に移植され、地域統合が成される段階まで進んだと言えます。その内容を簡略に見て行きます。

まず、貨幣が統合されました。朝鮮の貨幣制度は、朝鮮銀行券を日本銀行券と一対一で交換できるよう運営されました。二つの貨幣の価値に開きが出ないようにするため、朝鮮銀行券がむやみに発行できなくなりましたが、それは朝鮮の物価安定に寄与したと言えます。その代わり、朝鮮は通貨供給を調節する裁量的な金融政策を行なうことができない、という制約が生じました。

二つ目に、市場が統合されました。朝鮮と日本の間ではほとんどの関税が廃止されました。何種類かの品目は例外とされましたが、それも次第に廃止されました。そして、朝鮮と日本以外の地域間の貿易には、日本の関税率がそのまま適用されました。その結果、朝鮮と日本の市場は完全に統合されたと言えます。

三つ目に、日本の法制度が朝鮮に移植されました。日本に施行される法令が全て朝鮮でも実施されたのではなく、選別的に実施されました。例えば、代表的な法令として一九一二年に実施された「朝鮮民事令」を挙げることができます。それによると、一部の例外条項を置きながらも、日本の民法、商法、各施行令、民事訴訟法など二三の法律を、朝鮮にそのまま適用するようになっています。当該法令が日本で改正されると、その改正された内容も自動的に朝鮮に拡大適用されます。これを通して、経済活動を日本と朝鮮のどちらで行なっても差が出ないように、二つの地域の法的環境を接近させたのです。一方、朝鮮人の政治的権利に関連したこととして「衆議院選挙法」を挙げることができますが、これは朝鮮では実施されませんでした。このように見て行くと、日本の同化主義は、政治的権利を抑圧しながら経済面では同化を指向する、便宜主義的接近だったと言えます。

このような地域統合は、日本帝国全体に拡大されました。現在のヨーロッパ連合であるＥＵと似ているため、これと比較できます。ＥＵは参加国が自国の経済主権に対する制約を自発的に受け入れた結果ですが、日本の地域統合は、植民地に対する帝国主義的支配の一つの形態という点で決定的な差があります。しかし経済的に見ると、域内の各地域が完全に開放され、商品と資本と労働がより自由に移動できるようになったと言えます。その結果、域内の経済変化が急速に促進されたという点では、ＥＵと同一の効果をもたらしたと言えます。

植民地朝鮮経済にはどのような変化が起きたのか？

このような制度的環境の中で、植民地朝鮮経済は大きな変化を辿《たど》って行きます。長期統計を推計した最近の研究成果（『韓国の長期統計』）に基づいて、いくつかのグラフを見ながら説明します。解放前に現われた変化を解放後の変化と比べれば、解放前がどの程度のものだったのか見当がつくだろうと思い、一〇〇年間の推移を提示しました。

まず、図4-1は、輸出と輸入が国民総所得（GNI）との対比でどの水準なのかを見せています。輸出または輸入の依存度を表わす指標だと言えます。それによると、植民地期に一〇パーセントから三〇パーセントまで急速度で高くなっているのが分かります。これは解放後の高度成長を牽引する役割を果たしたことはよく知られています。解放後は工業製品の輸出が高度成長期の輸出依存度の上昇に匹敵するものでした。解放前は農産物の輸出の比重が高かったという差はありますが、輸出の主導で経済成長が成されたというパターンは、解放後と違いがありません。

図4-2は、産業構造の長期的変化を表わしています。解放前、農林水産業の比率が七〇パーセントから四〇パーセントにまで下落している反面、鉱工業やサービス、電気及び建設業などの他の産業の比率が急速に上がっているのが分かります。このような推移は、解放前後の混乱期に多少逆転したりもしますが、現在まで繋がっていることが分かります。

ところで、このような産業構造の変化は、教科書で想定されているように、朝鮮人とは関係のないことなのでしょうか。七二頁の図4-3は、朝鮮人と日本人の会社・工場がどれほど増えたかを示しています。それぞれ朝鮮人は薄い線、日本人は濃い線で表示しました。まず、工場数の推移を見ると、併合初期の朝鮮人工場数はとるに足らないも

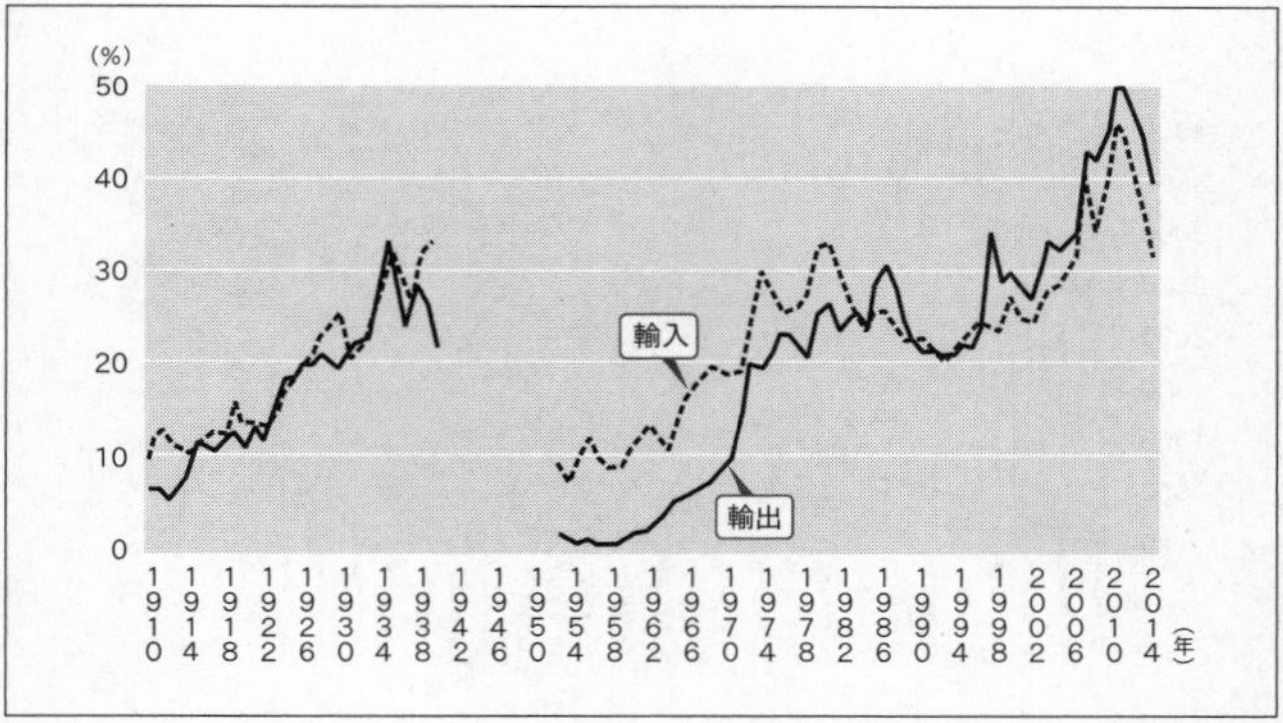

資料：『韓国の長期統計』(2018年)

図4-1　輸出と輸入の国民総所得(GNI)対比の比率

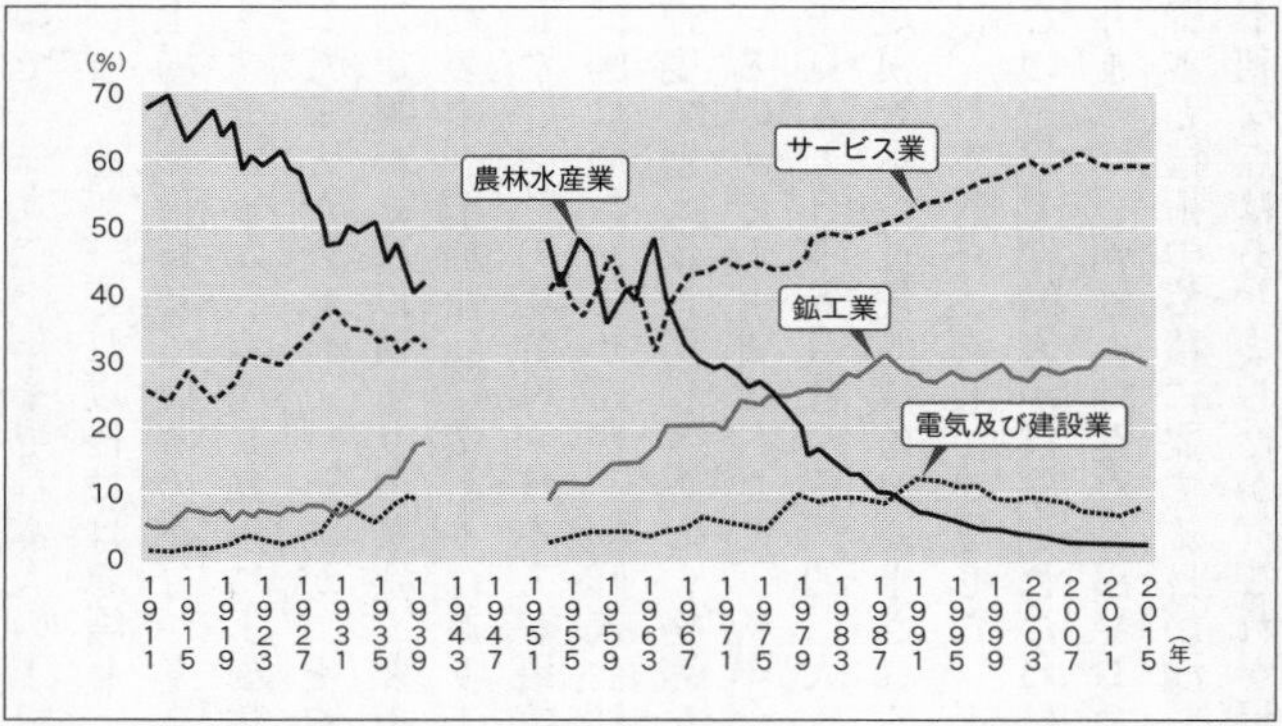

注：解放後は南韓(大韓民国)、解放前は南北韓全体(韓半島全体)をカバー
資料：『韓国の長期統計』(2018年)

図4-2　産業構造の推移

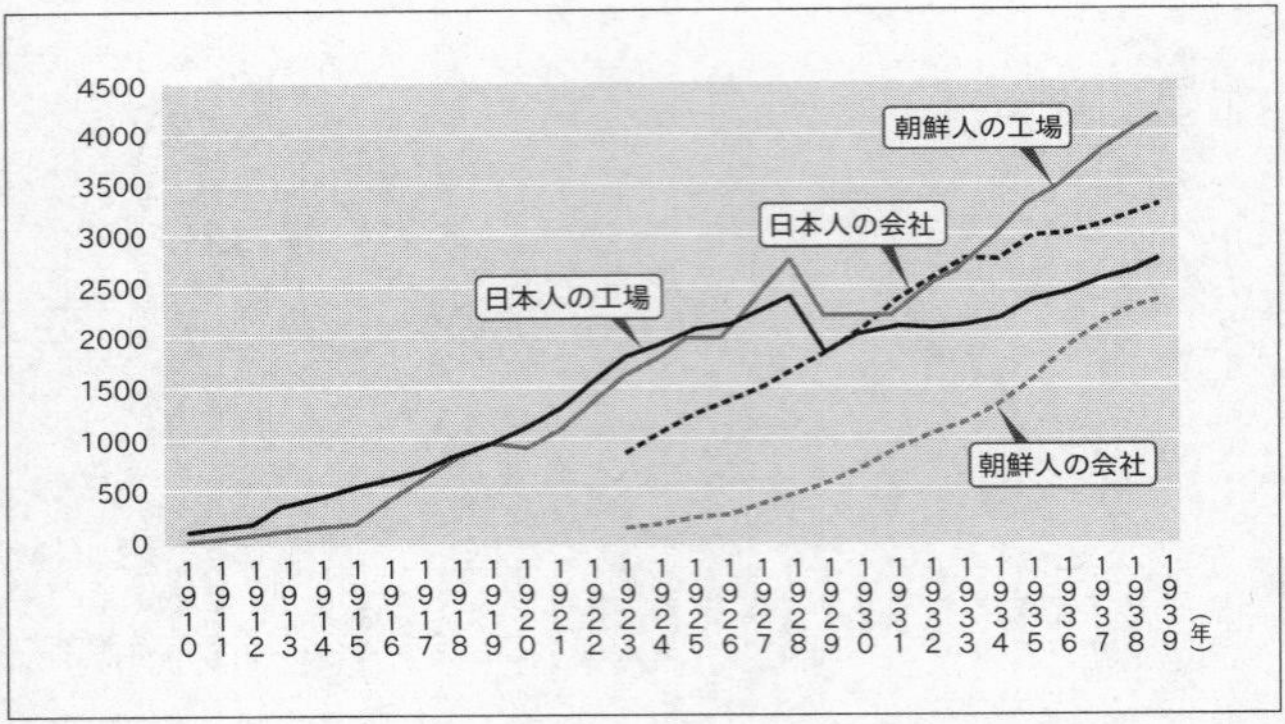

注：1928～29年の工場数の減少は、工場の定義がより狭く変更されたため

資料：『朝鮮総督府統計年報』

図4-3　朝鮮人と日本人の会社数及び工場数

ので、一九二〇年まで日本人の工場数に及びませんが、それ以後には急増し、日本人工場数を凌駕《りょうが》しているのが分かります。グラフでは一九二八～二九年に工場数が下落したことが表われていますが、それは工場の定義がそれ以前より少し狭く変更されたためで、増加傾向に変わりはありませんでした。会社の場合は、日本人が優位にある構図は変わりませんが、朝鮮人会社数も急速度で増え続け、日本人との格差を縮めているのが分かります。ただ、資本金の規模で見ると日本人会社が圧倒的に大きく、大規模資本や近代的技術が要求される産業では、日本人が主導していました。しかし、この過程で朝鮮人が排除されたわけではありません。朝鮮人は遅れて出発したため、資本と技術の蓄積に要する日が浅いという不利な点はありましたが、これを早くに克

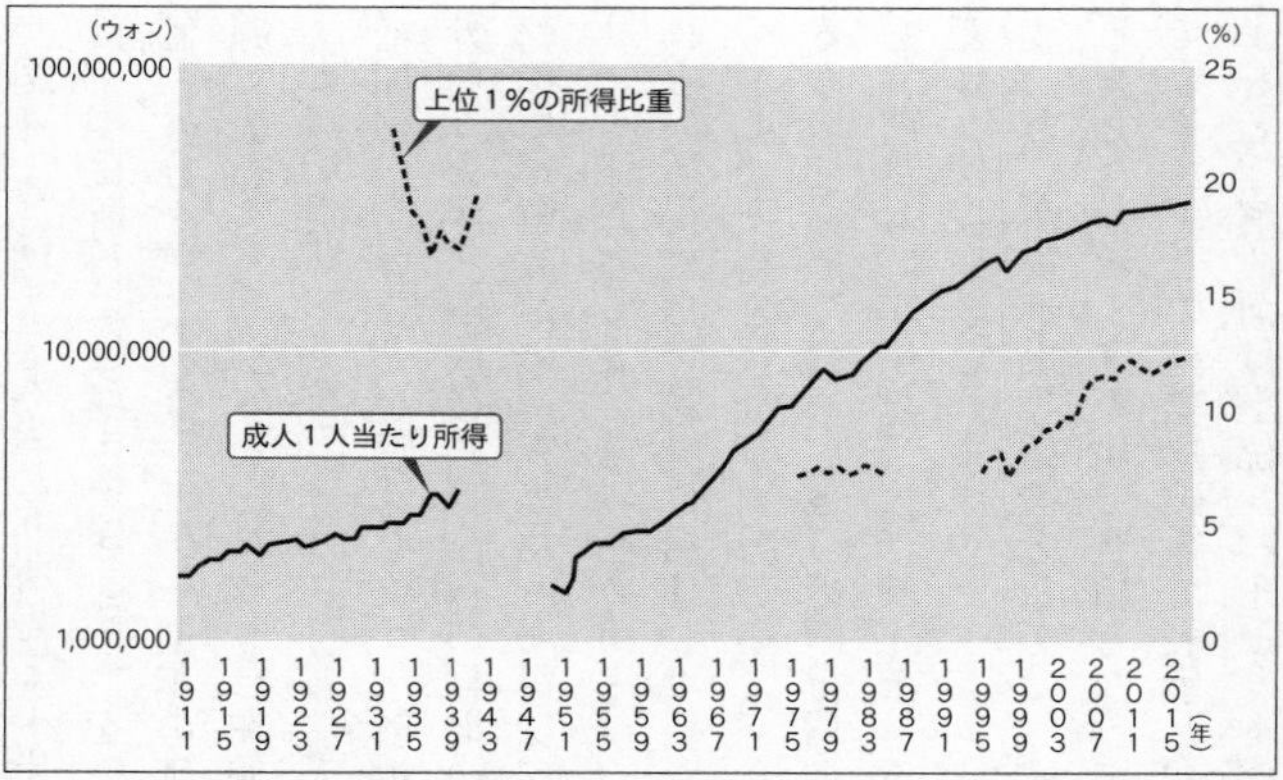

注：成人1人当たり所得は左のログ目盛り、上位1%の所得比重は右の目盛り
資料：『韓国の長期統計』(2018年)；
World Inequality Database (https://wid.world/)

図4-4　成人1人当たり所得と上位1%の所得比重の推移

服していたと言えます。

ところで教科書は、一九一一年に施行された「朝鮮会社令」で日帝は朝鮮人資本が成長できないように抑圧した、と記述しています。朝鮮会社令は会社の設立を許可制に規定したもので、中告制になっている日本の民法の朝鮮適用において例外を認めたものです。ところが教科書は、会社令は朝鮮人だけを規制したのではなく、日本人の朝鮮での会社設立も同様に規制したということに言及していません。実際に会社設立が許可されていない事例を見ると日本人も多く、彼らの反発で一九一四年以後には規制が緩やかになりました。結局、会社令は一九二〇年に廃止され、二つの地域で制度の差はなくなりました。

図4-4は、一人当たり所得と不平等の指標を提示したものです。一人当たり所得とは、国民所得（National Income）を二〇歳以上の成人人口で割って求めたものです。物価上昇分を差し引き、二〇一七年の価格で表示してあります。一人当たり国民所得は実線で表わされています（目盛りは左側の、一〇〇万ウォン、一〇〇〇万ウォン、一億ウォンと一〇倍ずつ上がって行くログ目盛り）。この場合、一人当たり所得の傾きが急なほど増加率が高いことを意味します。解放後、特に高度成長期の傾きは非常に急であるのが分かります。解放後の、全体の期間の増加率を出すと四・九パーセントになります。それに比べ解放前の一人当たり所得は、推計期間の間に一・八倍に増え、年平均二・二パーセント増加したことが分かります。すなわち解放後の二分の一程度の水準でした。これらの所得には、朝鮮に居住していた日本人の所得も含まれています。資料上の制約から、この所得を民族別に分けることは困難ですが、日本人の人口に占める比率は微々たるものであったため、彼らの所得増加率が相当高かったと仮定しても、朝鮮人の一人当たり所得も、年平均二・二パーセントより低くはなっても、依然として増加したことに変わりはないと思います。

一方、所得不平等指標としては、成人人口上位一パーセントが占める所得比重を提示しました。データ不足で空白となっている時期がありますが、概略的推移は見ることができます。この指標は破線で表示し、右側の目盛りを見るようになっています。それによると、解放前は上位一パーセントが全体所得の二〇パーセント前後を占めるほど不平等だったことが分かります。解放後には七パーセント程度に急落し、最近また上昇して一二パーセントの水準になりました。不平等指数は、解放前に比べると解放後に大きく下落しましたが、その原因としては、所得の多かった日本人が皆撤退したことと、農地改革によって地主階級が没落したことを挙げることができます。

要約すると、解放前の朝鮮経済は日本を中心にした地域統合体制に編入されており、そのため域内貿易が活性化され、産業構造も急速に変わって行きました。この過程は当初、資本と技術で先行していた日本人が主導していましたが、朝鮮人が排除されたわけではなく、朝鮮人の工場と会社も急速に成長していたことが分かります。解放後と比べると、日本人と朝鮮人の間、または朝鮮人内部では地主と小作人の間に、甚だしい不平等があった社会であり、経済成長率もまた解放後の二分の一の速度と遅かったため、その成長の効果が底辺にまで行き渡ってはいなかったと言えます。

結び

まとめに入ろうと思います。日本は旧韓国政府の主権を強制的に奪い、植民地として支配しました。一国の主権を文字通り「強奪」したと言えるでしょう。日帝はまさにこの点において批判され、責任を免れることはできないと思います。しかし、教科書は、個人の財産権まで蹂躙《じゅうりん》し、朝鮮人が持っていた土地や食糧を手当たり次第に「収奪」したかのように記述していますが、それは事実ではありません。当時の実生活では、日本人が朝鮮人を差別することは数えきれないほどたくさんあったでしょうが、民族間の差別を制度として公式化してはいませんでした。当時の朝鮮経済は基本的に自由な取引の市場体制であり、民法などが施行され、朝鮮人、日本人の区別なく個人の財産権が保護されていました。もし「収奪」が日常化され「差別」が公式化されている体制だったとしたら、朝鮮人の反発で植民地統治自体が不可能だったでしょう。さらには、朝鮮を日本の一つの地方として永久に編入しようという植民地支配の目標にも反することになったでしょう。

先に見た通り、日本が朝鮮に施行した各種制度と、朝鮮で実際に起こった経済的変化を照らし合わせてみると、教科書の記述は初歩的な常識にも合わないだけでなく、当時の実情を大きく歪曲《わいきょく》しているのが分かります。私の講義を受講した学生たちに感想を聞くと、だいたい次のような反応を見せます。「今まで教科書で習って来たことが事実ではないという点を受け入れると、日帝をどのように批判したらいいのか分からなくなる」、あるいは「日帝の植民地支配を正当化してしまうのではないかと怖くなる」と言うのです。嘘とでたらめな論理で日帝を批判して来て、また、大多数の韓国人がそのことにあまりに慣れてしまったため、それが虚構であることが明らかにされると、日帝をどのように批判したらよいのか分からず、当惑させられるのです。

虚構を作り上げ日帝を批判することは、国内では通用して来たかもしれませんが、それで世界の人々を説得できるでしょうか？　日本人を含んだ世界の人々が納得できる常識と歴史的事実に基づいて日帝を批判できる能力も育てられない教育、これが我が国の民族主義の歴史教育がおちいっている陥穽であり、逆説だと言えます。

参考文献

＊金洛年『日本帝国主義下の朝鮮経済』東京大学出版会、２００２年刊
金洛年「植民地朝鮮経済の制度的遺産」（『精神文化研究』33巻４号〔２０１０年刊〕所収）
[김낙년 (2010), 「식민지 조선경제의 제도적 유산」, 『정신문화연구』 33 (4).]
金洛年「植民地時期の工業化再論」（朴枝香他編『解放前後史の再認識』１〔冊世上、２００６年刊〕所収）
[김낙년 (2006), 「식민지 시기의 공업화 재론」, 박지향 외 편, 『해방 전후사의 재인식』 1, 책세상.]
金洛年・朴基炷・朴二沢・車明洙編『韓国の長期統計』Ⅰ・Ⅱ、図書出版海南、２０１８年刊
[김낙년・박기주・박이택・차명수 편 (2018), 『한국의 장기통계』 Ⅰ・Ⅱ, 도서출판 해남.]

5 「強制動員」の神話

李宇衍

歴史歪曲の出発

今から記述する内容は植民地末期、一九三九年九月から一九四五年八月一五日までの約六年間、戦争中に日本に渡って働いた七二万余人の朝鮮人労務者に関するものです。学界ではこれを「労務動員」と呼びます。韓国の研究者たちは、動員された朝鮮人たちは大部分、日本の官憲によって強制的に連れて行かれた、つまり「強制動員」された、と主張しています。また、日本で奴隷のように酷使された、つまり「奴隷労働」をさせられた、と主張しています。「夜寝ているところに、田で働いているところに憲兵や巡査が来て、日本に連れて行かれて死ぬほど仕事だけさせられ、動物のように虐待され、一銭も貰えずに帰って来た」という主張です。

一九六五年に日本の朝鮮総連系の朝鮮大学校の教員・朴慶植《パクキョンシク》注14が、初めてこのような主張をしました。「日帝が残酷に朝鮮人を搾取した」と煽動しました。当時進行していた韓日国交正常化交渉を阻止するためでした。両国の国交が正常化されると、北朝鮮が包囲されるからです。

このような主張を強制連行説と言います。朴慶植の本の題名も『朝鮮人強制連行の記録』です。そこから始まったこの主張は、今に至るまで最も強力な学界の通説となって残っています。またそれは、韓国の政府機関、学校などの教育機関、言論界、文化界の全てに甚大な影響を与え、我々国民の一般的常識として根づくまでに至りました。しかし、これは明白な歴史の歪曲です。「強制動員」という歴史歪曲は、反日種族主義を作り出すのにとても重要な役割を果たしました。また、反日種族主義はこのような歴史歪曲をさらに深刻なものにし、広範に拡散させました。

「強制徴用」という虚構

研究者たちは、日本の労務動員を「強制動員」としてひとまとめにして話しますが、その中で一番広く知られている動員方法は「徴用」、または、韓国人が通常使う表現の「強制徴用」というものです。この強制徴用に対し二〇一八年一〇月三〇日、大法院は日本の企業に、韓国人一人当たり一億ウォンの慰謝料を支払え、という判決を下しました。しかし、この判決もやはり、明白な歴史歪曲に基づくでたらめなものです。

まず徴用は、一九四四年九月から長く見て一九四五年四月頃までの約八カ月間、短期間実施されました。その後はアメリカ軍が玄界灘の制海権を握り、朝鮮人を日本に輸送できなくしました。そのため、徴用で日本に行った朝鮮人は一〇万人以下だったと推定されます。徴用は法律が規定する強制的な動員方法でした。徴用を拒否すれば一年以下の懲役、もしくは一〇〇〇円以下の罰金に処せられました。徴用以前には、一九三九年九月から実施された「募集」と、一九四二年二月から始められた「官斡旋」という方法がありました。

募集と官斡旋には、法的強制性がありませんでした。朝鮮人が応じなければそれまでのことで、その朝鮮人を処罰することはできませんでした。募集では、日本から来た企業の社員に朝鮮人が「私が行きます」と意思表示をし、審査を経て日本に行きました。つまり、朝鮮人たちの「自発的な選択」に任せられていました。官斡旋は募集とは少し違って、朝鮮総督府が行政組織を利用し、朝鮮人の日本渡航をより積極的に支援しました。

徴用が実施されたときもそれ以前と同様、多くの朝鮮人がブローカーに大金を握らせ、小さな船に命を任せ日本に密航しようと試みました。当時の朝鮮の青年たちにとって日本は、一つの「ロマン」でした。また、徴用が実施される以前もそうでしたが、徴用された朝鮮人の多くが、勤労条件のより良い所へ逃亡しました。日本の青年の大部分が戦場に連れ出されていたので、日本では労働力が非常に不足していました。特に炭鉱のような鉱山において問題は深刻で、朝鮮人のうち六四パーセントがそこに配置されました。しかし、朝鮮人は大部分が農村出身で、鉱山の地下労働をとても恐れ、多くが建築現場のような所に逃げて行ったのです。つまり、朝鮮人労務動員を全体的に見ると、基本的には自発的であり、強制的ではありませんでした。強制連行だったとは言えません。

当時は「強制連行」とか「強制徴用」という言葉すらありませんでした。特に強制徴用という言葉、今回大法院の判決にも登場したこの言葉が、一体どのような理由で出て来たのか知っておく必要があります。まず、強制徴用という言葉、そのような概念は、もともとあり得ないものです。徴用自体が強制だからです。強制徴用という言葉は、我々韓国人がたびたび使う「駅前《えきぜん》の前《まえ》」と同じです。「駅前」に「前」の字が入っているので、後の「前」は必要ないのです。同じく強制徴用という言葉にも「強制」という言葉は必要なく、徴用だけでよいのです。

それなのになぜ一九六五年以来今に至るまで、韓国の研究者、政府、言論、市民団体は強制徴用という言葉に執着し、それを使って来たのでしょうか？　徴用は戦争が終わるまでの数カ月間だけ実施されました。それを明確に認めてしまうと、反日種族主義の歴史学に困った問題が生じます。一九三九年九月から一九四四年九月までの、より数の多い労務移動が、労務者の自発によるものになるからです。反日感情を広く伝播《でんぱ》させるためには、徴用実施以前にも朝鮮人が自身の意思とは関係なく強制的に連れて行かれ、労務移動の全てが日帝の強制だった、と主張する必要がありました。

つまり、徴用のような強制性を一九三九年まで遡《さかのぼ》って、その時期からの全ての移動は強制だったと主張したかったのが、彼らの腹の内だったのです。こうして作られたのが「強制徴用」です。したがって、この言葉には、単なるミスだとする言い訳では見逃すことができない、巧みな歴史的事実の誇張と歪曲が含まれています。私は、こんなにも深刻な概念的操作を研究者という人たちがなぜ行なえたのか、どうしても理解できません。

韓国史の教科書の歴史歪曲

日本に渡った朝鮮人の多くは、自発的にお金を儲けるために日本に行きました。その朝鮮人の労働に対して、我々韓国人はどんな考えを持っているのでしょうか？　やはり誰もが、それは奴隷労働とか強制労働だった、と言うのです。もちろんこのような奴隷労働とか強制労働という言葉も、当時はありませんでした。それが事実ではなかったからです。たんに韓国人の持つ歪曲された歴史認識に過ぎません。

誠信女子大教養学部に徐敬徳《ソギョンドク》教授という人がいます。この人の主な仕事は韓国を世界に広報することです。その中には、日帝が植民地期に朝鮮人をどれほど残酷かつ悪辣《あくらつ》に支配し収奪したのかを世界に広報する仕事も含まれます。二〇一七年に封切られた「軍艦島」[注15]という映画があります。徐氏はアメリカのニューヨークで一番の繁華街であるタイムズ・スクエアで、大規模電光掲示板を利用してこの映画を宣伝しました。そのために彼は、国民から二億ウォンの募金を集めました。

また、二〇一五年に開館した国立日帝強制動員歴史館注16という所が釜山にあります。この歴史館の入り口に立つと、労働者として動員され命を失った朝鮮人たちを追悼する高い塔を見ることができます。写真5-1と同じ写真が、筆者がミスを指摘するまで、その追慕塔の後ろに掲げられていました。先に徐氏がニューヨークで宣伝に使った写真も同じものです。肋骨が浮き出るほど痩せこけ、それこそ奴隷のように働かされた朝鮮人が、どれほどの苦難を経験したのか、広く知らしめようと掲げたのです。

しかしこの写真は、労務動員された朝鮮人とは全く関係がありません。一九二六年九月九日、日本の『旭川新聞』に掲載されたものです。北海道を開拓する過程で土木建設現場に監禁されたまま、強制労働に苦しんだ日本人一〇人の写真です。最近の韓国で言うなら、「塩田奴隷」注17のような人々です。特に、肋骨が浮き出ている右側から二番目の人物に注目してください。

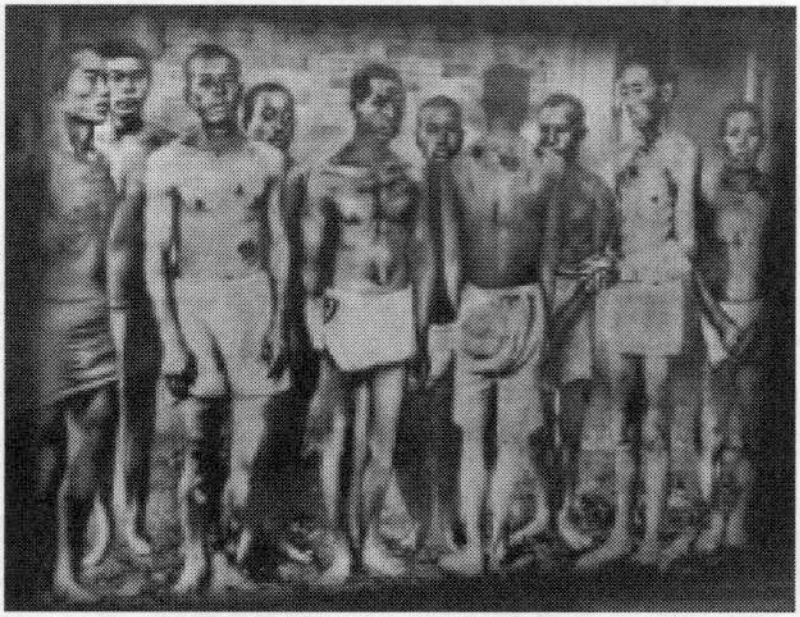
写真5-1　教科書に載った「強制動員された我が民族」
資料：2019年の初等学校6年『社会』54頁

もちろん事業者は検挙されました。写真はその際、記者が被害者たちを撮影したものです。

つまり徐教授は、アメリカに行ってまでして日本人を韓国人だと言い広め、我々はこんなにひどいめにあって来たのだ、と第三者に的外れな広報をした結果となりました。このような韓国の反日種族主義をアメリカの人たちがどのように受け取ったのかを考えると、恥ずかしい限りです。

さらに深刻なことは、このように歪曲された歴史が生徒たちに体系的、持続的に注入され、そのことによって反日種族主義が代を継ぎ、時間が経つほどにその深刻さが増しているという事実です。二〇一二年から、日本の歴史歪曲に対応するという目的で、韓国史は再び高校の必須科目になりました。新しい教育課程で全八種の教科書が出版されました。そのうちの七種の教科書に、図にあるような虐待される日本人たちの写真が、強制徴用された、または強制労働をさせられた朝鮮人というタイトルで載っています。ついに二〇一九年には、この写真が初等学校六年生の社会科教科書に掲載されるようになりました。

「強制徴用労働者像」とは何か？

二〇一七年からは、社会団体も歪曲運動に乗り出し始めました。いわゆる「強制徴用労働者像」という銅像を設置しようという運動です。これは全国民主労働組合総連盟（民労総）と韓国労働組合総連盟（韓労総）、韓国挺身隊問題対策協議会[注18]（略称「挺対協」）などが主導する「日帝下強制徴用労働者像設置推進委員会」によって行なわれています。この銅像は二〇一七年にソウルの龍山《ヨンサン》駅前に初めて建てられた（次頁の写真5-2）ほか、同じ年に仁川富平《インチョンプピョン》駅、済州《チェジュ》、その後、昌原《チャンウォン》にも建てられました。二〇一八年には釜山にある日本の総領事館の前にも設置しようとし、警察によって百余メートル離れた所に追いやられました。

推進委員会は、北朝鮮と連帯してソウルには二〇一七年に、平壌には二〇一八年に労働者の銅像を設置する、という計画を発表しました。ソウルでの設置場所は、日本大使館の前にある慰安婦像のすぐ横だと言います。この銅像のモデルもやはり、一九二六年の『旭川新聞』のあの日本人によく似ています。先に言及した、写真の中で特に肋骨が浮き出ている右側から二番目の人物、まさにその人だと思われます。結局、推進委員会は、日本人と思われる銅像を全国各地に建てて、それを虐待を受けた朝鮮人だと主張しているのです。韓国人が崇拝するもう一つのトーテムを建てているわけです。そこから我々が得るものは何なのでしょうか。学校だけでなく国民皆に反日種族主義を鼓吹《こすい》する以外に何もありません。本当にバカバカしい妄想です。

盧武鉉《ノムヒョン》政権は国務総理室所属の「日帝強占下強制動員被害真相糾明委員会」という機関を設置し、日本に動員された韓国人に被害補償をしました。補償を受けようとすれば

写真5-2　ソウルの龍山駅前に建てられた「強制徴用労働者像」

写真5-3　朝鮮人勤労者の記念写真
資料：日帝強占下強制動員被害真相糾明委員会『強制動員寄贈資料集』100頁

証拠を提出しなければなりませんが、その中で一番よく使われたのが写真でした。写真5-3は、一九四一年に北海道にある尺別《しゃくべつ》炭鉱で働いた鄭成《チョンソン》得《ドゥク》氏が、同僚たちと一緒に撮った記念写真です。二番目の列にいる腕組みをした人たちや、前の列であぐらをかいて座ったり、椅子に腰かけたりしている人たちの姿には、余裕が感じられます。一九三九〜四五年の戦争中に日本に来た炭坑夫や鉱夫たちの団体写真がたくさんありますが、だいたいがこれと似たりよったりです。朝鮮人は大部分、会社が提供する無料の寮で同じ故郷出身者たちと共に生活しており、その記念写真です。簡単に探せる他の写真は、友だちと一緒に写真館に行って服を借りて撮影したものです。そのたくさんの写真から私たちが見て取れるのは、一様に丈夫で堂々とした朝鮮の若者たちの姿です。数百枚の写真がみなそうです。そのどこにも「奴隷」の姿は見出せません。

参考文献
日帝強占下強制動員被害真相糾明委員会『強制動員寄贈資料集』２００６年刊
［일제강점하 강제동원피해진상규명위원회 (2006),『강제동원 기증자료집』.］
＊朴慶植『朝鮮人強制連行の記録』未來社、１９６５年刊
李宇衍「戦時期日本への労務動員と炭鉱の労働環境」（『落星垈経済研究所ワーキングペーパー２０１５ＷＰ－10』〔２０１５年刊〕所収）
［이우연 (2015),「전시기 일본으로의 노무동원과 탄광의 노동환경」,『낙성대경제연구소 워킹페이퍼 2015WP−10』.］

注14：在日朝鮮人の歴史研究者（1922～98）。朝鮮中高級学校、朝鮮大学校の教員を務める。朝鮮近現代史、在日朝鮮人史を研究し、在日朝鮮人運動史研究会を組織した。著書に『朝鮮人強制連行の記録』『朝鮮三・一独立運動』『解放後在日朝鮮人運動史』などがある。

注15：朝鮮人労働者が強制連行や甘言により長崎県の軍艦島（端島）で過酷な炭鉱労働を強いられた姿と、その脱出劇を描く。描写に対し端島の旧島民らから反論声明が出された。

注16：植民地時代に日本に労務動員された労働者、徴兵された兵士、従軍慰安婦（これらを強制動員と捉えている）に関する展示を行なっている博物館。

注17：違法斡旋業者により各地の天日塩生産地に送られ、劣悪な条件で製塩労働に従事していた労働者のこと。主に知的障害や身体障害をもつ人々が人身売買の形で送り込まれ、監禁・暴行・賃金未払いなどの状況下、奴隷的労働を強いられた。２０１４年に事態が発覚し報道されたが、現在もその状況が続いていると見られる。

注18：１９９０年から日本軍従軍慰安婦問題をめぐり、日本政府による謝罪と賠償を求めて在韓日本大使館前でのデモや慰安婦像設置運動などを行なっている団体。２０１８年、「日本軍性奴隷制問題解決のための正義記憶財団」と組織統合し「日本軍性奴隷制問題解決のための正義記憶連帯」となった。

6 果たして「強制労働」「奴隷労働」だったのか？

李宇衍

「日本に連れて行かれた朝鮮人たちは奴隷のように働いた」

植民地期の末期に少なからぬ朝鮮人が労働者として動員され、日本に行きました。右の小見出しは、それに関する我々韓国国民の一般的理解を代弁しています。よく強制連行説と言われます。強制連行説を最初に主張した朴慶植は、「多くは一日一二時間」仕事をしたが、賃金は「現金でくれず、みな貯金」させられ、「送金などとても考えられない水準であって、一人で食べて暮らすのも大変な水準」だった、と主張しました。また、賃金自体が「日本人労働者の半分程度」にしかならなかった、と言いました。彼によると、朝鮮人たちは炭鉱の坑内労働のような「一番過酷な労働」に苦しみ、殴打、集団リンチ、監禁などが日常的に行なわれたそうです。結局、強制労働、または奴隷労働だった、というのが強制連行説の核心でした。

今日においてもほとんどの研究者が、同じ主張を繰り返しています。「日帝強占下強制動員被害真相糾明委員会」の委員長を務めた全基浩《チョンギホ》教授は、「日本人が避けたい、辛く危険で汚い仕事」を朝鮮人たちがするよう強制的に配置し、「賃金から少額のこづかいだけ渡し、残りを皆強制的に貯金させた」と書いています。また、明らかに「民族的賃金差別」があった、と主張しました。それと共に「鞭と暴力」、そして「監禁」によって「自由と自律が全くなく」、朝鮮人を「監獄的」に「奴隷的」に処遇した、と言いました。

右のような韓国で行なわれた大部分の研究は、歴史的事実とは全く違ったものです。誇張を超えて歪曲、率直に言って捏造だと言えます。賃金は基本的に正常に支給されました。強制貯蓄は確かにありましたが、それは日本人も同じでした。そして二年の契約期間が終わると、利子と共に貯蓄をみな引き出しました。朝鮮にいる家族に送金することもできました。賃金は基本的に成果給でした。日本人も同様です。したがって、日本人よりも賃金が高い場合も多かったのです。日本人より賃金が低い場合の大部分は、朝鮮人たちに作業の経験が無く、生産量が少なかったからでした。

業務中に殴る蹴るなどの前近代的労務管理がなされることが、全くなかったわけではありませんが、それは日本人に対しても同じことでした。生活は非常に自由なものでした。一晩中花札をして夜を明かしたり、勤務後に市内に出て呑み過ぎ、次の日出勤できなかったりすることも多く、中には、酒が呑め朝鮮の女性がいる「特別慰安所」という所に行き、月給をみな使い果たしてしまう人がいたほどでした。それくらい彼らは自由に過ごしたのです。

写真6-1は、前章で取り上げたケースと同様、誠信女子大の徐敬徳教授がニューヨークのタイムズ・スクエアの電光掲示板に映し出し、映画「軍艦島」を宣伝するのに利用したものです。腹ばいになって石炭を掘る朝鮮人の姿だ、と宣伝したものです。「作業上または作業配置上の民族差別」を主張する研究者たちの視角をよく表わした写真です。この写真もまた、国立日帝強制動員歴史館に展示されています。中学校の教科書にも掲載されています。ところが、この写真もやはり、戦争中に日本に行った朝鮮人の写真ではありません。この写真は実際には、日本の写真作家・斎藤康一氏が一九六〇年代初め、貧しい日本の庶民の暮らしを写すという目的で、筑豊炭田地帯のある廃鉱、つまり作業をしていない廃鉱で日本人が石炭を盗掘している場面を撮影したものです。斎藤氏はこのフィルムを所蔵しています。

韓国の研究機関と徐敬徳氏は、日本人の肖像権や著作権を無視したわけです。また、アメリカにまで行って、無理やり日本人を韓国人に仕立て、我々はこんなふうに虐待されて来たのだ、と見当違いな写真を使って宣伝したことになります。国際的に大恥をかいたと言えるでしょう。

作業配置から朝鮮人を差別？

写真６-１のような採炭方式は一九世紀後半、日本の炭鉱で行なわれていたものです。しかし、日本の鉱業は二〇世紀に急速に発展しました。写真６-２は、つるはしではな

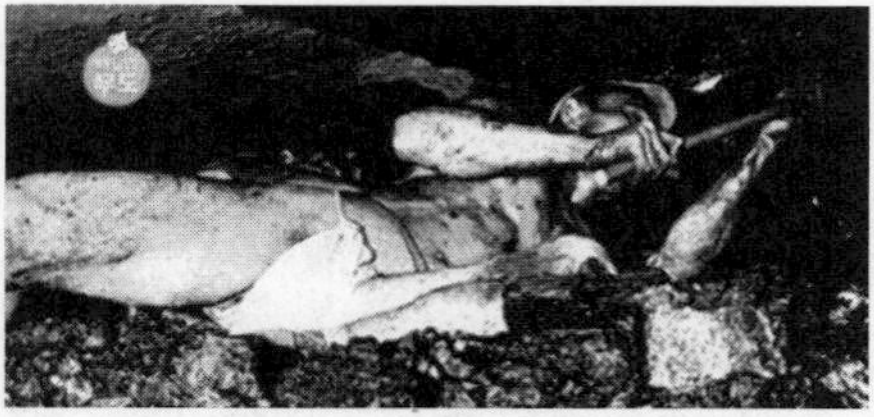

写真6-1　「朝鮮人徴用労働者」と誤認されている1960年代の日本人
資料：『産経新聞』2019年4月4日付

写真6-2　空気圧縮式削岩機を使用する炭坑夫（1934年）
資料：福岡県大牟田市『年表と写真で見る大牟田市の100年』89頁

く、空気圧縮式削岩機（coal pick）を使って採炭している姿で、一九三四年のものです。一九三〇年代に入ると炭鉱の坑道の大部分は、人の背丈を遥かに超える高さと、五メートル以上の幅を維持しているのが一般的になりました。それなのに、敢《あ》えて腹ばいになり、寝そべって石炭や鉱石を掘る理由がどこにあるのでしょうか？　何の根拠もない宣伝と煽動で歴史を歪曲した、と言うしかありません。

反日種族主義の学者たちは、日本人は朝鮮人たちを意図的に辛く危険な作業に配置した、と主張しています。例えば、炭鉱では坑外よりは坑内、坑内でも一番難しく危険な仕事、つまり石炭を掘る採炭夫、坑《あな》を掘り進める掘進夫、坑道が崩れないよう木材などで構造物を作る支柱夫のような仕事に朝鮮人を強制的に配置した、と言うのです。しかし、このような作業現場での民族差別論は、事実と全く違っています。

まず、多くの人々が、朝鮮人炭坑夫は日本人と同じ所で作業をした、と証言しています。朝鮮人と日本人が、それぞれ四人と三人、三人と二人のような方式で作業班を組み、一緒に仕事をした、というのです。日本人と朝鮮人が一緒に仕事をするのに、どうして朝鮮人だけ辛く危険な仕事ができますか？　炭鉱の労働実態について何も知らない人でなければ言えない不合理な話に過ぎません。

鉱業技術の歴史を見ても、作業配置における民族差別という主張は、全く根拠のないものです。一九三〇年頃から日本の炭鉱では、二つの大きな技術革新がありました。一つは長壁式採炭という技術です。それ以前は、少数つまり二〜三人が一つの班を組み、いくつかの班が鉱脈に沿ってやみくもに掘って行く、という方式でした。そのため、多くの石炭が採掘されないまま残ってしまいました。ところが長壁式の採炭法だと、大きな坑道を鉱脈に沿って並んで長く掘ります。その長さが二〇〇メートル以上になることもありました。その際、朝鮮人と日本人の五～七人が一つの組になり、各組が五～六メートル程度の間隔に並んで一斉に作業をするのです。この方法によって以前よりずっと効率的に、鉱脈全体の石炭をみな掘り出せるようになりました。

二つ目の技術革新は機械化でした。一九二九年に起こった世界大恐慌以後、日本の鉱業でも、人件費を減らすため機械化を急速に推進しました。先に空気圧縮式削岩機を使っている写真を紹介しましたが、一九三〇年代に入ると、石炭裁断機（coal cutter）と石炭を運ぶ機械式コンベアも広く使用されるようになりました。朝鮮人が配置された一九三九年以後、大規模な炭鉱では、このような機械化が大きく進展していました。

長壁式採炭法下で、仮に朝鮮人だけで作業班を組んだとしましょう。このとき、朝鮮人作業班が高い熟練度を要求されたり、または危険な切羽《きりは》（採掘現場）に出会ったりしたら、朝鮮人だけで組まれた作業班が担当する切羽は、他の作業班の切羽より作業効率が落ちるようになります。そうなると、作業班全体で一つの大きなコンベアを使用しているのに、朝鮮人が担当する切羽だけが突出してしまい、一直線上に置かれているコンベアを同時に鉱脈に沿って動かすことができなくなります。ひいては、一つの朝鮮人作業班のために全体の採炭作業に大きな損失が生じます。このような理由から、必ず朝鮮人と日本人を一つの組にして作業班を編成するしかありませんでした。

また、機械化自体が、朝鮮人による独立的な作業班の編成を不可能にしました。それまで農業しかやったことがなかった朝鮮人が、機械式ドリル、圧縮式削岩機、小型ショベル、コンベアを操縦するには、長時間の訓練と機械に対する知識が必要でした。機械化により火薬、ダイナマイトの使用効率も大きく上がりました。鑿《のみ》と槌《つち》の代わりに機械式ドリルで穴を空けるようになりました。その結果、以前よりよほど深い穴を空け、そこに爆薬を仕掛け、一挙に大量の石炭を粉砕できるようになりました。これをブラスト式採炭と言います。このような技術が急速に浸透するにつれて、熟練した鉱夫の必要性もさらに大きくなりました。なぜなら、爆薬が広範囲に使われるようになると、坑道が崩壊したり天井が落ちたりする、切羽での落盤事故が起きる可能性も同時に高まるからです。そして、そういう場合、多くの炭坑夫が死亡したり大けがをしたりする可能性もまた高まるからです。これを防ぐには、熟練した日本人と経験のない朝鮮人とを一つの組にし、一緒に作業をさせるしかありませんでした。

「労働環境における民族差別」という主張は、多くの経験者たちの証言に反します。そのような主張は、石炭鉱業に対する無知によるもので、事実にも論理にも合っていません。結局、「労働環境における民族差別」という主張は、想像の産物であり、歴史歪曲に過ぎません。

朝鮮人の産業災害率

「労働環境における民族差別」についての、反日種族主義の研究者たちが提示するもう一つの根拠は、産業災害率、つまり作業中の死亡率と負傷率が朝鮮人のほうが日本人より高かった、という点です。これは事実です。一九三九年一月から一九四五年一二月まで、サハリンを含んだ日本本土の炭鉱で死亡した炭坑夫は、日本人と朝鮮人を合わせて一万三三〇人でした。

一九四三年における日本の主要炭鉱での死亡率を見ると、朝鮮人が日本人より二倍ほど高くなっています。その年、炭坑夫のうち朝鮮人は十二万四千余人で、日本人は二十四万一千余人でした。軍人として徴兵された日本人は皆青壮年層であり、このことは炭鉱でも同じでした。炭鉱で働いていて徴兵された日本人は、坑外夫よりは坑内夫、坑内夫でも比較的強い腕力を持ち、より危険な作業に従事した採炭夫、掘進夫、支柱夫出身者が多かったのです。

この空席を埋めたのが、まさに朝鮮から来た青年たちでした。日本の本社から人集めに朝鮮に派遣された日本人職員が、当然、腕力があり危険な仕事もやり遂げ得る丈夫な朝鮮青年を募集したからです。その結果、炭鉱での作業配置、つまり職種分布は朝鮮人と日本人の間で大きな差が生じました。一九四三年、日本人は六〇パーセントが坑内夫だったのに対し、朝鮮人はなんと九二パーセントが坑内夫でした。坑内夫の中でも採炭夫、掘進夫、支柱夫の三種の最も危険な職種が占める比率は、日本人の場合三八パーセントに過ぎませんが、朝鮮人は七〇パーセント以上でした。この三種の職種を任せられた朝鮮人の比率は日本人より一・九倍も高く、その結果、朝鮮人の死亡率も日本人より二倍ほど高くなりました。

今まで説明した状況を考慮すると、朝鮮人の災害率、つまり死亡率や重傷率が日本人より高かったのは、朝鮮人が行なう作業と朝鮮人の肉体的特性が作用した結果でした。戦争以前も日本の大規模炭鉱会社では、朝鮮で炭坑夫を募集し、採用しました。このときも、朝鮮人の坑内夫比率や、坑内夫の中でも三種の重要職種を担当する炭坑夫の比率は、後の戦時中と同じく、日本人よりずっと高かったのです。若く丈夫な朝鮮の青年が、お金を儲けるため日本に行ったからです。

一九四一年における北海道の六カ所の主要炭鉱についても、同じことが言えます。六カ所の炭鉱での死亡率を朝鮮人と日本人で比べると、朝鮮人が日本人より、最低一・三倍から最高三倍まで高くなっています。A炭鉱とF炭鉱の場合、朝鮮人の死亡率は日本人より一・四倍ほど高くなっています。死亡率と重傷率の合計でも、似たような結果が見られます。それは朝鮮人の坑内夫が坑外夫より一・四倍多かったからです。そのように、朝鮮人の坑内夫の比率が高ければ高いほど、また坑内夫でも三種の重要職種従事者が占める比率が高ければ高いほど、死亡や負傷のような災害が発生する比率が高くなります。

要するに、朝鮮人の災害率が高いのは、人為的な「民族差別」ではなく、炭鉱の労働需要と朝鮮の労働供給が作り上げた不可避な結果でした。相対的に高い朝鮮人の災害率に対して日本人の責任を問うためには、朝鮮人を危険なところに故意に配置した、と主張するのではなく、なぜ戦争を起こしたのかの責任を問うべきでしょう。

参考文献

*朴慶植『朝鮮人強制連行の記録』未來社、1965年刊

全基浩『日帝時代在日韓国人労働者階級の状態と闘争』知識産業社、2003年刊
[전기호 (2003),『일제시대 재일 한국인 노동자 계급의 상태와 투쟁』, 지식산업사.]

李宇衍「戦時期日本への労務動員と炭鉱の労働環境」(『落星垈経済研究所ワーキングペーパー2015WP－10』(2015年刊) 所収)
[이우연 (2015),「전시기 일본으로의 노무동원과 탄광의 노동환경」,『낙성대경제연구소 워킹페이퍼 2015WP－10』.]

7 朝鮮人の賃金差別の虚構性

李宇衍

政治的目的の賃金差別論

ここでは「朝鮮人を賃金で差別した」という主張について調べて行きたいと思います。高校の必須科目となった韓国史の教科書は、この問題に対して次のように書いています。「賃金もきちんと支払わずに酷使した」「賃金は日本人労働者の半分程度で、そのうちの多くが控除され、実際に受け取った金額はわずかなものだった」。簡略に要約すればこういうことですが、しかしながら、このような記述は事実と違っています。もう一つの歴史歪曲です。

日本人と朝鮮人には、分け隔てなく正常に賃金が支給されました。賃金の平均値を計算してみると、日本人より朝鮮人が低い場合がしばしばありますが、日本人よりずっと多くの賃金を貰う朝鮮人も少なくありませんでした。なぜこういうことが起こったのでしょうか？　当時、賃金は基本的に「成果給」でした。例えば、石炭一トンを掘ればいくら、一トンを運べばいくらというように計算されました。そしてこの一トンを掘っての単価や、一トンを運んでの単価は、日本人と朝鮮人の間に差がありませんでした。したがって会社は、民族を問わずに各勤労者が作業をした分だけ賃金を支払い、朝鮮人は受け取るべき金額を受け取っていました。

戦争中の経済を戦時経済と言います。戦時経済下にあっては、どの国も市中に現金が溢れました。これは日本だけでなく、第二次世界大戦に参戦した全ての国がそうでした。なぜなら、戦争をするに当たり政府が、莫大な規模の現金を市中経済に撒き散らしたからです。したがって企業、特に炭鉱や飛行機会社のような軍需企業は、現金が大変豊富でした。問題は現金でなく現物でした。戦争によって物資が不足していたからです。企業の立場で一番重要なことは、政府の要求に合わせて生産量を増やして行くことでした。日本の青壮年はみな軍人として動員されました。産業現場では労働力が不足し、政府の要求する生産量を達成することが非常に難しくなっていました。したがって、企業の立場では人力すなわち利潤となっていました。

会社が保有する労働力を効率的に利用して生産量を増加させれば、それだけ利潤が上がりました。このような状況で、朝鮮人に公然と賃金を渡さなかったり、日本人と賃金に差をつけたりするのは、企業にとって愚かな行為と言えるでしょう。なぜなら、そのような差別は朝鮮人の労働意欲を低下させ、生産を減退させ、自ずと損害を招来することなるからです。戦時経済というこのような状況を念頭に置けば、賃金や労働環境など朝鮮人を取り巻くいろいろな問題について理解しやすくなります。

賃金は無きに等しかった。あったとしても朝鮮人を大きく差別し、日本人よりずっと少なかった。

このような主張は、日本の朝鮮総連系知識人、または、日本のいわゆる「良心的」知識人によって一九六〇年代から始められました。それを受けて韓国の研究者たちも、同じ主張を今に至るまで単純に繰り返しています。盧武鉉政権下で「日帝強占下強制動員被害真相糾明委員会」の委員長を務めた全基浩をはじめ、植民地期の労務動員を「研究」するという研究者たちは、過ぎし五四年間、同じ言葉を繰り返すだけで、ただの一度も真摯《しんし》な態度で検討したことがありません。これは、見方によっては奇異なことだと言わざるを得ません。

一九六〇年代以来、朝鮮総連系の朝鮮人と日本の左派知識人は、強制連行や強制労働に関連した資料を収集し、自分たちの名前で資料集に編纂しました。しかし、自分たちの名前を挙げて作ったその資料集中の資料を、果たして彼らが慎重に検討してみたのか、私は深刻な疑問を抱かざるを得ません。次のような資料があるからです。

一九三九年から一九四五年まで、朝鮮人に対する何度かの調査がありました。その結果を見ると、月給から食事代、貯金、税金などいくつかの項目を控除しても、月給の四五パーセント以上が現金で支給されています。朝鮮人はこのお金で酒を呑んだり、朝鮮の女性のいる「特別慰安所」に出入りしたり、朝鮮にいる家族に送金したりしました。朝鮮こういう事実は、私が新たに見つけ出した資料から得たのではない、ということを強調しておきたいのです。強制連行または強制労働を主張するまさにその研究者たちが、発掘し、編纂し、出版したその資料集の中に、これらの内容が入っています。

全基浩も日本鉱業株式会社の資料を根拠に、賃金の民族差別的支給を主張しました。それを見ると、日本人の月給が朝鮮人より三〇パーセント高い鉱山もありますが、逆に朝鮮人が日本人より三〇パーセント高い鉱山もあります。このように賃金の実態は多様でしたが、全基浩は何の詳しい説明もなく、「民族的賃金差別」を繰り返すことだけに留《とど》まっています。

このように詳細な資料を見ながらも「民族的賃金差別」だけを一方的に主張するようになったのは、研究者たちの思考が基本的に反日という政治的目的に傾いているからです。そのため、賃金においてもやはり朝鮮人を差別した、という認識が韓国人の間で常識となってしまっています。こういう歴史意識の始まりは、朝鮮総連系の学者・朴慶植の主張からでした。五四年前、彼が利用した資料を、今の研究者も何の問題意識も持たずにそのまま引き写しています。彼の解釈を疑問もなくそっくり受け入れています。変化があるとすれば、賃金差別という結論を予め決めておいて、それに合った数字を挿入する程度です。

朝鮮人―日本人賃金格差の実態

朴慶植は北海道のある炭鉱の例を提示しました。資料にはD炭鉱と記録されています。賃金を三〇円未満から一三〇円以下まで二〇円間隔で六つに区分し、朝鮮人と日本人がそれぞれどのように分布しているのかを見せています。この資料から朴慶植は、日本人のうち八二パーセントは五〇円以上の月給を貰っているが、朝鮮人は七五パーセントが五〇円未満である点に注目しました。そしてこれを根拠にして、民族的賃金差別を主張しました。もちろんこの資料は、彼が編纂した資料集の中にもそのまま入っています。

しかし私は、この主張を受け入れるわけにはいきません。朴慶植が利用したまさにその資料のわずか三頁前を見ると、上の賃金分布状況を理解するのに必要な資料が掲載されています。同じ炭鉱で五年以上長期間勤務した日本人は、日本人全体の三一パーセントでした。しかし、五年以上勤務した朝鮮人は一人もいません。朝鮮人の勤続期間は、どんなに長くても三年未満でした。朝鮮人の契約期間が二年以下だったからです。その結果、勤続期間が二年以下の炭坑夫は、朝鮮人ではなんと八九パーセントでしたが、日本人では四三パーセントに過ぎませんでした。

賃金は成果給であり、朝鮮人の大部分は石炭を掘る採炭夫でした。採炭は誰にでもできるものではなく、技術が必要でした。技術つまり熟練は、経験を通してのみ体得されます。朝鮮人の大部分は農村出身だったし、彼らにとって炭鉱の労働は非常に不馴れな、恐ろしく辛い仕事でした。したがって二年という契約期間が終了すると、大部分の朝鮮人は契約を延長せず、故郷に帰って行きました。朝鮮人と日本人の賃金の差は、このような勤続期間の差、経験と熟練度の差から発生しました。決して人為的な差別の結果ではありません。

朴慶植は賃金差別を主張するため、「賃金分布表」は利用しながら、その偏見とは合わない「勤続期間分布表」は無視しました。彼がこの表が目に入らなかったというなら、研究者としてかなり怠慢だったと言わざるを得ません。しかし「勤続期間分布表」の載せてある位置を見るなら、その「勤続期間分布表」が彼の目に入らなかったというのは、とうてい納得できないことです。

彼は確かにこの表を見ました。ただ、自分の主張の裏づけにならない資料、むしろ主張を毀損《きそん》しかねない資料だったため、自分の著書では公開しなかったのだと考えられます。このような行為は、研究者としてとうてい有り得ないものであり、研究倫理から見るとき、一種の詐欺であり、歴史歪曲であり、さらに悪意ある煽動です。その結果、韓国人は「民族的賃金差別」というもう一つの歪曲された歴史意識を持つようになり、反日種族主義はそれだけ深化しました。研究者の偏向した歴史認識がどのようにして国民全てを、しかも公教育を通して体系的、持続的に、深刻に誤導したかを示す、とても恥ずかしく、身にしみる事例と言えます。

ある炭鉱の『賃金台帳』から見る朝鮮人―日本人賃金

最近私が発掘した重要な資料を紹介します。写真7-1は、日本の長崎近郊、当時日本窒素という財閥に属した江迎《えむかえ》炭鉱の一九四四年五月の『賃金台帳』です。会社の内部文書です。この資料は、石炭を運搬する運炭夫九四人、すなわち朝鮮人五一人と日本人四三人に関するものです。その九四人の労働と報酬に対する一カ月間の記録が全て収められています。炭坑夫一人当たり一枚ずつ作成されました。このような文書は今まで発見されたことがありません。とても詳しい情報を含んだ貴重な資料です。

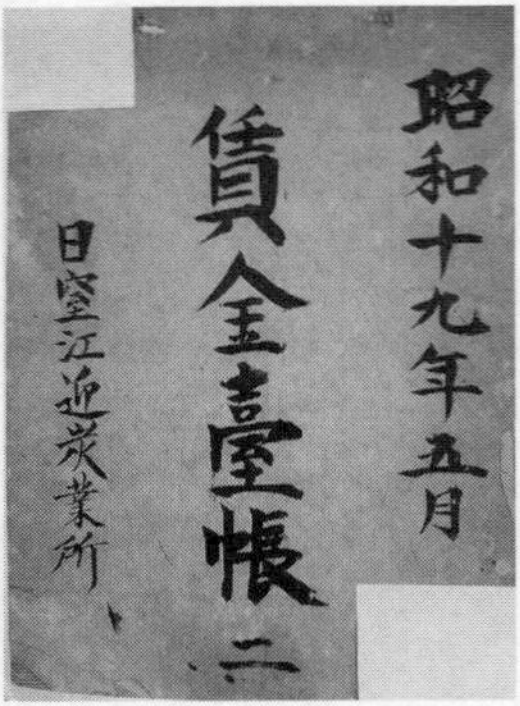

写真7-1　日本窒素江迎炭鉱の『1944年5月賃金台帳』表紙

一〇時間労働の基本給は、朝鮮人は平均一円七二銭、日本人は一円七〇銭でした。朝鮮人のほうがむしろ若干高かったのです。といっても、大した差ではありません。一方、月の収入には、朝鮮人の平均は一〇〇円、日本人は一一六円と差があります。日本人の超過勤務時間が朝鮮人より多かったため八円の差が生じ、残り八円くらいは家族手当のために生じました。朝鮮人の大部分は一人で寄宿舎暮らしをし、家族がいませんでした。日本人はそのほとんどに家族がいました。その家族のために家族手当が支給されました。

控除金は、朝鮮人が五八円で日本人よりも二六円程度多く、朝鮮人と日本人との間の一番大きな差が、この控除金にありました。まず、朝鮮人は三食の食事代が重要でした。朝鮮人の大部分は寄宿舎で暮らし、日本人は家族と共に社宅、あるいは個人住宅で暮らしていました。そのため、寄宿舎に納めなければいけない金額が、日本人より一三円も高かったのです。

控除金で二番目に大事なのは貯金でした。しかし、大きな差ではなく、朝鮮人は平均二六円、日本人は一八円を貯金しました。これまで研究者たちは強制貯蓄と言って、朝鮮人は日本人とは違って大きな被害を受けた、と主張して来ました。これは事実ではありません。日本政府は戦争のため市中に溢れた大量の貨幣がインフレを引き起こすのを心配し、貯蓄を強制する方法でインフレを防ごうとしました。方法は違いますが、他の参戦国家の事情もみな同じでした。例えばアメリカの場合は、国民に戦争債券を強引に売りつけました。日本では当時「強制貯蓄」という言葉が使われました。それは、朝鮮人と日本人の間に何の差もない、日本政府の「国策事業」でした。ただし、日本人に貯蓄を強要するには限界がありました。同居家族との生計を維持する上で現金が必要だったため、貯蓄できる余力に限界があったのです。そのため、貯蓄は朝鮮人より少なくなりました。

結果的に、残業代といくつかの名目の控除金のせいで、両者に支給された手取り現金に大きな差が生じました。そのため手取り現金は、朝鮮人は四二円、日本人は八四円でした。日本人は超過勤務が多く、大部分の人に家族がおり、より多くの現金が必要でした。ところが朝鮮人は、寄宿舎の食事代が控除された上に、多くの貯金をしました。そのため手取り現金に大きな差がついたのです。そんな中でも朝鮮人は、賃金の四割を直接受け取り、そのお金で消費したり、送金したりすることができました。朝鮮にいる家族が送金されたお金で借金を返したり、田畑を買ったりした、という証言が多いのも、このような事情によってです。

賃金の水準

当時、朝鮮人炭坑夫の賃金はどの程度の水準だったのでしょうか？　朝鮮の他の職種や日本のほかの職種と比べれば、それがどの程度のものだったのかが分かります。表7－1に見られるように、その結果は驚くべきものです。まず、一九四〇年を基準にソウルの男子の月給と比較すると、炭坑夫の平均賃金は紡績工の五・一倍、教師の四・五倍、会社員の三・四倍、銀行員の二・三倍でした。日本にいる日本人の賃金と比べてみても、

年度	朝鮮人炭坑夫月の収入（円）	比較職種	比較職種月の収入（円）	倍率
1940	71.95	ソウルの男子紡績工（綿加工）	14	5.1
		ソウルの男子教師	15.96	4.5
		ソウルの男子会社員	21	3.4
		ソウルの男子銀行員	30.80	2.3
1944	165	日本の巡査（初任給）	45	3.7
		日本の事務職男子（初任給）	75	2.2

資料：1940年は李宇衍「戦時期（1939-1945）日本に労務動員された朝鮮人炭坑夫・鉱夫の賃金と民族間格差」（2016）、金洛年・朴基炷「解放前後（1936-1956）ソウルの物価と賃金」（2007）、1944年は大内規夫『炭鉱における半島人の労務管理』（1945年）

表7-1　朝鮮人炭坑夫と他職種の賃金の比較

とても高い水準です。一九四四年の朝鮮人炭坑夫の賃金は、日本人大卒事務職の二・二倍、巡査の三・七倍にもなります。炭坑夫の賃金がこのように高かった理由は、それが今日で言う三K（きつい、きたない、危険）業種に該当するという点、戦争によって炭鉱で必要とする頑健な青壮年層が極端に不足していたという点、最後に、戦争遂行のためには石炭の増産が必要不可欠だったという点に見出せます。

もう少し時代をさかのぼると、朝鮮人が日本の炭鉱で働き出したのは一九一〇年代からでした。一九二〇年代に入ると、その数が大幅に増えて行きます。そのときの朝鮮人の賃金は、日本人の半分くらいに過ぎませんでした。そのような賃金の差は、戦争期に入ると大きく縮まりました。労働力の不足がますます嵩《こう》じたほか、朝鮮人の労働熟練度が高まったからです。所によっては朝鮮人の賃金が日本人より高いこともありました。「朝鮮人のほうが多く貰っている」という不満が日本人の間に広がるほどでした。このような歴史の実態と複雑性は、反日種族主義に陥った研究者には想像できない、より率直に申し上げると、彼らの知力の外のことです。

参考文献

＊朴慶植『朝鮮人強制連行の記録』未來社、１９６５年刊
金洛年・朴基炷「解放前後（１９３６～１９５６）ソウルの物価と賃金」（『経済史学』42号〔２００７年刊〕所収）
[김낙년・박기주 (2007), 「해방 전후 (1936−1956) 서울의 물가와 임금」,『경제사학』42.]
李宇衍「戦時期（１９３９～１９４５）日本に労務動員された朝鮮人炭坑夫・鉱夫の賃金と民族間格差」（『経済史学』61号〔２０１６年刊〕所収）
[이우연 (2016), 「전시기 (1939−1945) 일본으로 노무동원된 조선인 탄・광부의 임금과 민족간 격차」,『경제사학』61.]
鄭恵京『徴用 供出 強制連行 強制動員』鮮仁、２０１３年刊
[정혜경 (2013),『징용 공출 강제연행 강제동원』, 선인.]

8 陸軍特別志願兵、彼らは誰なのか！

鄭安基

一九三八年四月、日本は朝鮮人陸軍特別志願兵制を実施しました。従来の韓国近現代史では、陸軍特別志願兵制は朝鮮人の兵力資源化のための日帝の広範囲で徹底した強制動員であり、志願者の出身と動機も南韓（韓半島の南半分）地域の貧民層に限定された糊口《ここう》の策と考えられて来ました。しかし、日中戦争の最中に陸軍特別志願兵に応募することは、一個人の立場では生きるか死ぬかの選択でした。このような命がけの決断を単純に強制動員とみなす考えは、歴史的事実を極端に単純化し歪曲したものに過ぎません。果たして陸軍特別志願兵は、自分の命と権利さえ日帝に委ねきってしまうような無気力で他律的な存在だったのでしょうか。

陸軍特別志願兵制とは

一九三八年二月二三日、日本政府は朝鮮人の皇民化と兵力資源化を目的として、勅令第九五号「陸軍特別志願兵令」を公布しました。特別志願兵制は従来、日本の兵役法の適用から除外されて来た帝国臣民、つまり朝鮮人と台湾人に志願兵役を賦与するという日本最初の植民地軍事動員でした。当時日本は、戸籍法適用の帝国臣民（日本人）に限定して兵役義務を賦与するという属人主義の原則を採用していました。朝鮮人の志願兵役は、本人の自発的意思による兵役負担として、徴兵制の義務兵役とははっきりと区別されていました。

一九一〇年、韓国は韓日併合で帝国日本の一つの地方として編入されました。そして朝鮮人は、日本人に適用される日本戸籍法による戸籍ではない、別の地域籍または民族籍を持つ人間と規定されました。そのため朝鮮人は、日帝の臣民にはなりましたが、正式の日本国民ではなく、参政権と兵役義務も欠如した二等国民に過ぎませんでした。陸軍特別志願兵令第一条は、志願対象者を「（日本の）戸籍法の適用を受けない年齢一七歳以上の帝国臣民の男子」と規定しました。陸軍特別志願兵は、日本の兵役法で規定する満一七歳以上、満二〇歳未満の日本人に志願兵役を賦与するという「陸軍現役志願兵」とも区別される「特別な存在」でした。

満一七歳以上、六年制の普通学校卒業以上、身長一メートル六〇センチ以上の朝鮮人男子は、誰でも陸軍特別志願兵に応募することができました。しかし、志願者全員が陸軍特別志願兵に選抜されるわけではありませんでした。各道の知事、朝鮮総督府、朝鮮軍司令部が実施する身体検査、学科試験、面接試験という三次にわたる厳選主義選抜の選考を通過しなければなりませんでした。第二次朝鮮総督府選考を通過した合格者は、日本軍への入営に先立ち、朝鮮総督府陸軍兵志願者訓練所での訓練を修了しなければなりませんでした。陸軍兵志願者訓練所入所中に第三次朝鮮軍司令部選考を通過した合格者は、修了と同時に兵籍を取得し、日本軍に入営しました。

志願兵役を負担する彼らの身分と服務は、義務兵役を負担する日本人徴兵者と差別がありませんでした。そんなにしてまで日本が、巨額の財政支出を甘受しながらも陸軍特別志願兵制を実施しようとした理由は、何だったのでしょうか？　日本は陸軍特別志願兵制が、朝鮮人の皇民化のための精神的基盤を確かなものにすると同時に、アジアにおける日本の使命を理解させ、天皇制国家日本に対する忠誠心を呼び起こすのに大きく役立つことを期待したのでした。つまり、陸軍特別志願兵制を通して同化主義植民地統治イデオロギーの制度的完成を追求したのでした。一方、制度を成立させるもう一つの主体であった国民協会、同民会、時中会などの朝鮮人「協力エリート」たちは、陸軍特別志願兵制を徴兵制施行と連動して朝鮮人の参政権を確保する政治的布石にしようとしました。陸軍特別志願兵制は、朝鮮人社会の同意と協力なくしては決して成立しない植民地軍事動員だったからです。

陸軍特別志願兵とは

それでは、陸軍特別志願兵とはどのような存在だったのでしょうか？　陸軍特別志願兵とは、一九三八年から四三年にかけて施行された陸軍特別志願兵制によって養成された、植民地出身の日本軍兵士のことを言います。陸軍特別志願兵は表8-1に見られるように、定員一万六五〇〇人に対し志願者が八〇万三三一七人という、約四九倍の熾烈《しれつ》な競争率を記録しました。このような成果は、「全うな朝鮮人の国民らしさ」を喚起し発信して志願者動員の先頭に立った「朝鮮人文化エリート」たちの積極的な協力のおかげでもありました。陸軍特別志願兵制の成功に陶酔した日本は、一九四二年に同じ制度を台湾にも拡大しました。続いて一九四三年、朝鮮と台湾で海軍特別志願兵制と学徒志願兵制、一九四四年には朝鮮、一九四五年には台湾で徴兵制を施行しました。

これら志願者の大部分は「普通以上の生計を営」む南韓地域の中農層の次男で、彼らが全体の七二パーセントを占めました。彼らは、朝鮮人児童就学率が五〇パーセントを下回る状況下で、少なからぬ学費をまかなわなければならなかった普通学校卒業者たちでした。当時、南韓地域の中農層は、前近代の両班出身の上流層とは違い、出世志向の強い常民出身者たちであり、家計経済力の拡充と子弟の近代教育にも力を入れて来た、より躍動的な朝鮮人の階層でした。家計経済力と学力だけを見れば、これらの人々は自

写真8-1　1938年7月13日付『写真週報』第22号に載った陸軍特別志願兵の記事

年度	募集人員（人）	志願者（人）	適格者（人）	入所者（人）	入営者（人）	志願倍率
1938	400	2,946	1,381	406	395	7.4
1939	600	12,348	6,247	613	591	20.6
1940	3,000	84,443	33,392	3,060	3,012	28.1
1941	3,000	144,745	44,884	3,277	3,211	48.2
1942	4,500	254,273	69,761	5,017	4,917	56.5
1943	5,000	304,562	69,227	5,330	5,223	60.9
合計	16,500	803,317	224,892	17,703	17,349	48.7

資料：鄭安基「戦時期陸軍特別志願兵制の推計と分析」（2018年）

表8-1　陸軍特別志願兵の募集と選抜

分たちの時代を生きて行くのに、これといった不足のない社会階層の人々でした。

それにもかかわらず、彼らは陸軍特別志願兵を熱望した挙げ句、血書志願すると共に数年にわたる志願もためらうことがありませんでした。その理由は、当時「常民の社会」として広く知られていた北韓（韓半島の北半分）地域と違って、「班常の社会（両班と常民）」を特徴とした南韓地域の郷村社会で横行していた身分差別[注19]でした。前近代の常民の後裔《こうえい》であった彼らの暮らしは、一九三七年、詩人の徐廷柱《ソジョンジュ》[注20]が代表作「自画像」で描いたように、二〇世紀の「開明天地」においても「舌を垂れ下げた病気の雄犬」のように郷村社会の偏見と嘲笑、蔑視に耐えて行かなければならない、行けども行けども恥ずかしく貧しいものでした。これら「雄犬の息子」たちにとって陸軍特別志願兵制は、時代錯誤的な郷村社会の身分差別からの脱出であり、立身出世のための二つと無い絶好の近道でした。

第二次朝鮮総督府選考を通過した志願者は、いわゆる「皇国臣民の道場」と呼ばれた朝鮮総督府陸軍兵志願者訓練所に入所しました。彼らの生活は、午前六時から午後一〇時まで学科教育、精神教育、内務生活などが続く、細かい網に編み込まれたようなものでした。陸軍兵志願者訓練所は、身体と心で忠君愛国を実践する兵営生活の複写版であり、非国民を国民に包摂/改造する「国民造り工場」でした。ここで彼らは、近代社会に適応する時間、身体、言語の厳格な規律化と共に、いわゆる「軍隊式平等性」を自分のものとして取得して行きました。個性、人格、自意識を否定する軍隊式平等性と、不偏不党の能力主義を実践する陸軍兵志願者訓練所を経て、「精剛な帝国の尖兵」に訓育・鍛練されて行きました。

皇軍兵士の一員として

一九三九年五月、朝鮮軍第二〇師団所属の陸軍特別志願兵第一期生は、初兵教育修了と同時に日中戦争に参戦しました。彼らの上げた戦果は、当初、植民地権力と朝鮮人「協力エリート」たちの期待を大幅に上回るものでした。特に一九三九年六月、山西省における戦闘で「天皇陛下万歳」を叫んで戦死した李《イ》仁錫《インソク》上等兵の登場は、朝鮮人社会に異常な追慕熱を煽《あお》り、社会の軍国化を進める「死の政治性」を発現しました。彼は三度の告別式、金鵄《きんし》勲章下賜、靖国神社合祀という破格の叙勲／顕彰の主人公でした。一九四〇年代、朝鮮人最初の軍国英雄または「皇国魂の精華」とも讃《たた》えられた李仁錫上等兵は、詩、小説、映画、歌謡、浪花節のメインキャラクターになりました。尹致昊《ユンチホ》[注21]は、陸軍特別志願兵の日中戦争参戦を「民族の再武装を知らせる朝鮮民族史の新しい序幕」と言って感激しました。

一九四三～四五年、彼らはアジア太平洋戦争にも動員されました。朝鮮軍第二〇師団所属の陸軍特別志願兵は、釜山港から約六〇〇〇キロも離れた遠いニューギニアにまで派兵されました。陸軍特別志願兵は、日本人の戦友と共に、人間の接近を許さない熱帯密林、海抜三〇〇〇～四〇〇〇メートルの高山地帯、広大な湿地帯を巡り、奮闘しました。彼らは、補給も途絶えてしまった極限の戦場環境と生物学的限界を超えた過熱した生存競争の渦中で、野生動物狩りや人肉食など自らを「悪魔化」させる徹底した人間性破壊を経験せざるを得ませんでした。朝鮮軍第二〇師団は、動員兵力の約九六・八パーセントに達する驚くべき戦死率を記録しました。しかし、陸軍特別志願兵の戦死率は八四・三パーセントに留まりました。このような相対的に高い生存率は、日本人兵士と違って幼年期以来、粗悪な食生活と非衛生的生活環境に慣れていたためでした。

滅共のたいまつの下で

陸軍特別志願兵は、日中戦争とアジア太平洋戦争を経て、専門的な軍事知識と豊富な実戦経験を積みました。解放後彼らは、一九四六年以来、軍事英語学校と朝鮮警備士官学校等の軍事学校を経て、韓国軍将校に変身して行きました。韓国戦争期[注22]、彼らは第一線の部隊長として、火力と兵力の劣勢にもかかわらず国際共産勢力の南侵を阻止、粉砕するのに抜群の力量を発揮しました。その代表的な人物が、陸軍特別志願兵第二期生であり朝鮮警備士官学校第一期生の林富《イムブ》沢《テク》中佐でした。当時スターリンの戦争計画は、北韓軍第二軍団を前面に出し、四八時間以内に中部戦線の要衝地である春川《チュンチョン》地区を占領し、利川《イチョン》、龍仁《ヨンイン》、水原《スウォン》を経て北上するかたわら、西部戦線を突破した北韓軍第一軍団との挟み撃ち作戦で、大韓民国の首都ソウルで韓国軍の「有生力量」（北朝鮮の言葉で戦争の戦闘要員（全員））を殲滅《せんめつ》する、というものでした。

しかし、北韓軍第二軍団の南侵は、林富沢中佐が陣頭指揮する国軍第六師団第七連隊将兵たちの熾烈な決死抗戦で阻止、粉砕されてしまいました。春川戦闘は、スターリンと金日成《キムイルソン》の三日短期決戦計画を挫折させ、韓国戦争の全体の流れさえも変えてしまった歴史的事件であり、これこそ韓国戦争に輝く「春川大捷《たいしょう》」でした。建国期と韓国戦争期の危機的状況における救国戦線で勇戦奮闘した陸軍特別志願兵出身軍事経歴者は、林富沢中佐だけではありませんでした。梨花嶺《イファリョン》戦闘の咸炳善《ハムビョンソン》将軍、杞渓《キゲ》・安康《アンガン》戦闘の宋尭《ソンヨ》讃《チャン》将軍、国民防衛軍事件の崔慶禄《チェギョンノク》将軍、白巌山《ペガムザン》戦闘の朴敬遠《パクキョンウォン》将軍などもいます。彼らは韓国戦争におけるまばゆい綺羅《きら》星のごとき勇将たちであり、滅共のたいまつの下に死を覚悟した「護国の干城《かんじょう》（干《たて》と城の意で国を守る軍人のこと）」たちでした。

韓国戦争期における陸軍特別志願兵の軍事経歴者たちの勇戦奮闘は、漢江《ハンガン》防御線と洛《ナク》東江《トンガン》防御線の構築、そして国連軍の参戦までの絶体絶命であった時間と空間の確保に、決定的に寄与しました。それで彼らは、一九五〇～六〇年代の大韓民国陸軍六〇万の大軍に号令をかける陸軍参謀総長、合同参謀議長、国防長官にまで上りつめることができました。韓国戦争の英雄であり「勝利の創造者」とも言われた白善燁《ペクソニョプ》将軍の証言のように、彼らは「思想的に全く不安がなく、抜群の戦闘指揮能力」を発揮した国軍最強の集団でした。

帝国の尖兵、祖国の干城

彼らは二〇世紀という「戦争の時代」に生まれ、軍人になろうと日本軍に身を投じました。彼らは生まれながらの日本の臣民でありながら、参政権と兵役義務も欠如した二等国民に過ぎませんでした。彼らは「亡国の民」という偏見と差別、そして苦難と逆境を克服し、知識と技術、そして勤勉性と責任感を体得した近代人として成長しました。そして一九四八年、新しい祖国・大韓民国を建国し、韓国戦争期に国際共産勢力から自分たちの祖国を守ることによって、今日の大韓民国成就の基礎を築いた功労者たちでした。

彼らは、反日種族主義が常套《じょうとう》的に売り物にする「反民族行為者」なのかもしれません。しかし、彼らは一九五〇年、「自由人の共和国」大韓民国の自由と人権を守護することに献身した正真正銘の愛国者たちでした。言うなれば陸軍特別志願兵は、植民地期日本に忠誠を誓った「帝国の尖兵」でしたが、一九四五年以後には、また別の祖国大韓民国に尽忠報国する「祖国の干城」でした。

彼らは実体性が欠如した民族に反逆し、日本の天皇のために忠誠を誓ったからこそ、また別の祖国・大韓民国に尽忠報国できたのでした。彼らは、二つの祖国において忠誠と反逆の等価性を身をもって実践し証明した歴史的存在でした。陸軍特別志願兵は、決して自身の生命と権利を日本に任せきるような、無気力で他律的な「反民族行為者」ではありませんでした。

参考文献

鄭安基「戦時期陸軍特別志願兵制の推計と分析」（『精神文化研究』41巻2号〔2018年刊〕所収）
〔정안기(2018a),「전시기 육군특별지원병제의 추계와 분석」,『정신문화연구』41(2).〕

鄭安基「1930年代陸軍特別志願兵制の成立史研究」（『韓日関係史研究』第61集〔2018年刊〕所収）
〔정안기(2018b),「1930년대 육군특별지원병제의 성립사 연구」,『한일관계사연구』61.〕

鄭安基「韓国戦争期陸軍特別志願兵の軍事的力量」（『軍事研究』第146集〔2018年刊〕所収）
〔정안기(2018c),「한국전쟁기 육군특별지원병의 군사적 역량」,『군사연구』146.〕

鄭安基「李仁錫上等兵の戦死と〝死の政治性〟」（『日本文化学報』第76集〔2018年刊〕所収）
〔정안기(2018d),「이인석 상등병의 전사와 "죽음의 정치성"」,『일본문화학보』76.〕

注19：朝鮮王朝の身分は両班（文班・武班）、中人、常民、賤民に大別される。両班は支配階級で軍役を免除され官僚機構を独占。中人は翻訳や医学などに従事する技術者ら、常民（良民とも言う）は大多数を占める農・工・商人ら、賤民は奴婢・僧侶・妓生・白丁などで、居住・職業・結婚などさまざまな面で制約され、両班による収奪の対象となった。

注20：詩人、号は未堂（1915〜2000）。1936年、『東亜日報』の文芸作品募集に詩「壁」が入選して文壇入

り。耽美主義的作品から東洋思想の優越性を主張する作品まで、多くの作品を発表した。42年に達城静雄と創氏改名。その後44年までに発表した詩・小説・評論などの作品が日本に協力した親日文学とされ、2009年に『親日人名辞典』に掲載された。

注21：政治家、号は佐翁（1865～1945）。1881年に来日して中村正直の同人社に学ぶ。帰国後は改革派として愛国啓蒙運動を指導する。解放後、日本統治末期に国民精神総動員朝鮮連盟の役員として積極的に対日協力したことを非難された。

注22：朝鮮戦争は、韓国では「韓国戦争」または「6・25（ユギオ）」と呼ばれる。1950年6月25日、北朝鮮軍が38度線を越えて始まり、西側諸国を中心とする国連軍が韓国軍を、中国人民志願軍が北朝鮮軍を支援し、戦線が一進一退した。53年7月27日、国連軍と中朝連合軍が休戦協定に署名し休戦。この結果、半島の南北分断が固定化された。

9

もともと請求するものなどなかった
――請求権協定の真実

朱益鍾

請求権協定に関する誤解

一九六五年の韓日請求権協定に関しては、数多くの誤解と異説が横行しています。よくある批判は、朴正熙《パクチョンヒ》政権が妥結を急ぐあまり、請求のごく一部しか貫徹できなかった、屈辱売国の外交だった、というものです。三五年間支配された我々が受け取る請求権の金額三億ドルは、たった三～五年占領されただけの東南アジアの国々に比べてあまりにも少ない、と言うのです。フィリピンは日本から五億五〇〇〇万ドルを、インドネシアは二億二三〇〇万ドルを受け取ったのだから、単純に比較すれば、もっとものように思える批判です。さらに韓国大法院は最近、日本に対する個人の請求権は消滅していないので、日本企業は新たに賠償せよ、と命じる判決を下しました。一言で整理するなら、日本はきちんと賠償と補償をしていないのだから、韓国はもっと請求する権利がある、という認識です。おそらく現在の大多数の韓国人の考えも、そういうものだと思われます。

しかし、その考えは間違っています。もともと韓国側が請求できるものは大してありませんでした。そして、韓日協定で一切の請求権が完全に整理されました。これが事実です。

請求権協定は韓日間財産・債権債務の調整

まず、韓国が日本に請求するものは特には無かった、ということから述べたいと思います。過去、請求権の交渉時、韓国が植民地被害に対する賠償を主張できたのなら、大きな金額を請求することもできたことでしょう。例えば三・一独立運動の際、提岩里《チェアムリ》教会放火事件注23で多くの韓国人が亡くなりました。植民地末期の朝鮮語学会事件注24でハングル学者たちが不当に拘束され、拷問を受けました。戦時に米を強制的に供出させられたりもしたし、徴用令と徴兵令も発動されました。このように植民地支配のもとでの不当な被害は、一つや二つではありません。それに対して賠償を受け取れるのなら、莫大な金額になることでしょう。しかし国際法や国際関係に、植民地支配の被害に対する賠償のようなものはないのです。韓国が賠償を受けようとしても、そうはできませんでした。

第2条	(a)：日本は韓半島の独立を承認し、全ての権利を放棄
第4条	(a)：両国間の財産及び請求権を特別調整する (b)：在韓日本人財産に対しアメリカの取る措置を承認 ※1945年9月25日、軍政令2号により在韓日本人財産凍結 1945年12月6日、軍政令33号により米軍政に帰属 1948年9月11日、韓米財政協定により韓国政府に移譲
第14条	(a)：各国にある日本人財産の没収（一部例外）及び連合国が希望する場合、日本生産物と用役による追加賠償交渉の権利付与 (b)：連合国は連合国と連合国国民のその他請求権を放棄する

表9-1　サンフランシスコ平和条約における韓国関連条項

そうなったのは太平洋戦争の戦後処理条約、つまり一九五一年九月に締結された連合国と日本との間の平和条約、サンフランシスコ条約のためです。上の表9-1に見られるように、この条約の第四条では、韓日両国間の財産及び請求権を特別調整する、としていました。合わせて、アメリカの軍政が韓国内の日本人財産を没収することを承認するとし、第一四条では連合国が日本に対する戦勝賠償金を放棄する、としています。

次頁の図9-1に見るように、この平和条約で韓国は、日本に対する戦勝国でも、日本の植民地被害国でもありませんでした。ただ「日本から分離された地域」でした。このことはとても重要です。この韓国の国際法的地位が請求権交渉の枠を決定しました。戦勝国や植民地被害

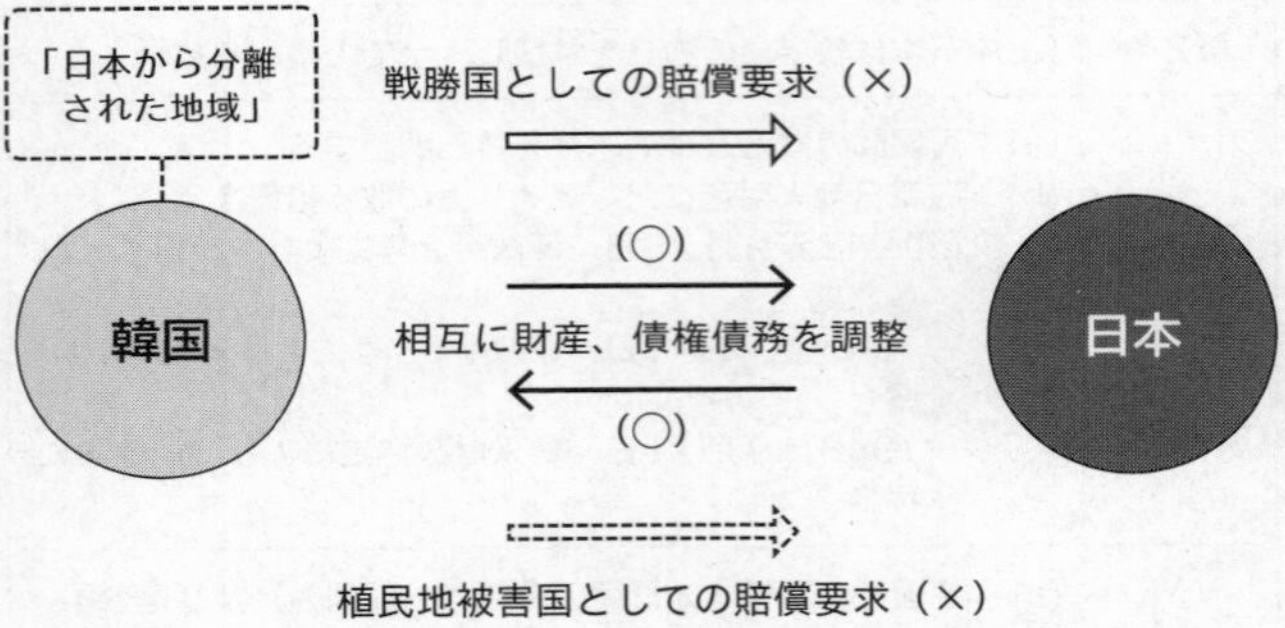

図9-1　韓日請求権の特別調整

国であったなら、一方的賠償を要求できたでしょう。しかし、韓国は過去日本の一部であり、日本の敗戦によって分離されたものだったので、両国国家と国民の間で財産及び請求権を相互整理することになりました。韓国と日本は相互に民事上の財産の返還、債務の返済を処理すべし、というのがサンフランシスコ条約でいうところの「特別調整」の意味です。韓国だけが請求権を持っていたのではなく、日本にも請求権がありました。

李承晩政権もこのような流れを知っていたので、一九四九年の春と秋に『対日賠償要求調書』を作成し、被害賠償ではなく、財産返還に対する請求を計画しました。そして一九五一年秋、李承晩政権は韓日会談を前にして、それを八項目要求として整理しました。

表9-2の八項目中の第一項目は、韓国から日本に持って行った古書籍、美術品、骨董品、

1	韓国から持ち出された古書籍、美術品、骨董品、その他国宝、地図原版、地金、地銀の返還
2	1945年8月9日現在の日本政府の対朝鮮総督府債務の返済
3	1945年8月9日以後に韓国から振り込み、または送金された金員の返還
4	1945年8月9日現在の韓国に本社または主たる事務所がある法人の日本にある財産の返還
5	韓国法人または韓国自然人所有の日本国または日本国民に対する日本国債・公債、日本銀行券、被徴用韓国人の未収金、その他請求権の返済
6	韓国法人または韓国自然人所有の日本法人の株式またはその他証券の法的な認定
7	前記の諸財産または請求権で生じた諸果実の返還
8	前記の返還または決済は協定成立後即時開始し、遅くとも6カ月以内に終了すること

表9-2　韓国側の対日8項目要求

その他国宝、地図原版、地金、地銀の返還というものです。ここで地金・地銀とは、韓国内で採掘され精錬された金と銀の塊で、日本に搬出されたものを指します。それを返還するよう要求したものです。

第四項目は、一九四五年八月九日現在、韓国に本社または主な事務所のある法人が日本に所有している財産の返還です。八月九日は日本が降伏を内部的に決定した日ですが、その日を基準にして韓国に本社や主な事務所のある会社が日本に持っていた財産を返還せよ、というものです。

第五項目は、韓国法人または韓国自然人が所有する日本国または日本国民に対する日本国債・公債、日本銀行券、被徴用韓国人の未収金、その他の請求権を返済せよ、ということ、つまり、韓国にある法人や韓国人個人が持っている上記の財産を返還せよ、ということです。

一見すると、韓国が受け取れるものが多いように見えます。この八項目要求の性格に関しての韓国側の説明から見て行きます。韓日会談請求権委員会の初会議で、韓国側代表・林松本《イムソンボン》は次のように説明しました。

大韓民国は、三六年間の日本の占領によって生じる不快な過去の記憶により促される全ての請求権の充足を日本に対して要求する意図はなく、ただ、韓国に合法的に属し、そして将来の韓国の生存のために充足されなければならない財産に対してだけ、その請求権を要求する。

つまり韓国は、植民地期に受けた被害に対する賠償ではなく、本来韓国に属する財産の返還を請求する立場でした。

それに対し日本は、在韓日本人の財産に対する請求権を提起しました。「ハーグ陸戦法規」(一八九九年、一九〇七年)という国際法があり、交戦当事国間でも私有財産の没収を禁じていました。アメリカと日本が太平洋戦争で戦ったときも、アメリカがアメリカ国内の日本人財産を没収するのは違法でした。しかしアメリカは一九四二年、行政命令でアメリカ内の日系住民（米国籍者と日本国籍者）一二万人を強制収容所に送り、三年余り労働させ、事実上私有財産を没収しました。終戦後の一九四五年末、南韓でも米軍政が日本人財産を没収しました。日本が韓半島に残して行った財産は一九四六年の価格で五二億ドルを超え、韓半島の総財産の八五パーセントに達しており、そのうち二二億ドルが南韓にありました。そこには民間人の財産も相当ありました。この財産を一九四八年に韓国政府が、米軍政から受け取りました。それを返還せよというのが日本の要求でした。日本は韓国に、対日請求権と日本の在韓財産請求権をお互い「特別調整」するよう要求しました。もし日本の請求権が認定され、日本側請求権の金額が韓国側請求権の金額より大きい場合は、むしろ韓国が支払わなければならなくなります。

請求権の交渉——無償三億ドルで妥結された経緯

日本が請求権を主張したため、会談は膠着《こうちゃく》状態になりました。韓国側としては絶対に受け入れられない要求でしたが、日本側からすれば、サンフランシスコ条約の条項通りにしたことでした。両国の要請にアメリカが、一二九頁の表9-3のような仲裁意見を出しました。

表9-3の上は、一九五二年四月二九日付の国務長官アチソンの答申です。それを見ると、韓国内の日本人の財産は没収され、よって日本はその財産に対して何の権限の主

張も要求もできない、となっています。日本に請求権はない、ということです。一方で、こうした没収処分は、平和条約第四条（a）項が規定した両国間の特別調整とは関連がある、としました。この「関連がある」というのは、どういう意味でしょうか？

これがもう少し明確に表現されたものが、表9-3の下の一九五七年一二月三一日付のアメリカ側の答申です。それを見ると、在韓日本人財産の取得により韓国の対日請求権は「ある程度」充足された、としています。果たしてどの程度充足されたのかは、韓国と日本の両方が論議して決定するように、というのがアメリカ側の勧告でした。整理してみるとアメリカの意見は、日本は昔の在韓日本人財産に対する返還を要求できないが、それが韓国に帰属したことは考慮して両国間で請求権を「特別調整」すべきだ、ということでした。

アメリカがこうした仲裁意見を出したので、日本は請求権主張を撤回しました。あとは韓国側の対日八項目要求を検討することが残りました。韓日両国が韓国の八項目の細部事項を実際に討議したのは、張勉《チャンミョン》[注25]政権（一九六〇～六一年）時代の第五回会談からでした。張勉政権のときは、八項目中、五番目の項まで説明して終わり、五・一六クーデター[注26]後の朴正煕軍事政権が再び八項目に関する討議を再開しました。

朴正煕軍事政権のときの第六回会談で、日本は韓国側の請求権主張を一つひとつ反駁《はんばく》して行きます。例えば、第一項目の金地金二四九トンと銀地銀六七トンの返還要求に対し日本政府は、これは一般的な商業取引であり、朝鮮銀行が適正価格で法にのっとって

国務長官アチソンの答申（1952年4月29日）
「米軍政府が取る関連措置と平和条約第４条 (b) 項により韓国内の日本人財産は没収され、したがって日本はその財産に対し何の権限もなく要求もできないが、そのような処分は平和条約第４条 (a) 項が規定した両国間の特別調整とは関連がある」
米合衆国の立場表明の再提出（1957年12月31日）
「韓国に対し在韓日本人の財産の完全な支配権限を付与したことが取得条項移譲協定の趣旨である。 在韓日本人財産の取得により韓国の対日請求権はある程度充足されたため、平和条約作成者はそのような問題を当事者間の調整に任せることとした。 平和条約第４条 (a) で規定された『特別調整』とは、在韓日本人財産が取得されたということが考慮されるべしということを考えたことで、韓日間の特別調整は韓国の対日請求権が在韓日本人財産の引き渡しである程度消滅または充足されたかを決定する課題を同伴する」

表9-3　日本の請求権に対するアメリカ側の仲裁意見

代価を納め買ったものだ、と言って拒否しました。実は韓国側も、韓国の経済的基盤を造るのに助けになるという観点から政治的に地金と地銀の返還を要求したことを認めました。

第三項目の、一九四五年八月九日以後韓国から日本に振り込み送金された金員の返還請求に対し日本政府は、終戦に臨み日本の会社が本支店間で行なった各種の取引に対しては、韓国政府に原状復帰を要求する権利はなく、米軍政の日本人財産帰属措置も韓半島でだけ適用されるものだ、と反駁しました。

また、第五項の被徴用労務者の未収金に関して日本政府は、当然支給するが、韓国側の要求した金額（二億四〇〇〇万円）は重複集計（一億六〇〇〇万円）されているため、それを減額しなければならない、と表明しました。そうなると、労務者未収金は八〇〇〇万円程度になります。また、被徴用者補償金と関連して、日本国民とのバランス上、生還者に対しての補償は不可能であり、死亡者と負傷者に対しては、当時の国内法に従って補償金を支給した、未支給の場合は被徴用未収金に含んで支給する、と回答しました。

　このように韓国側の請求権主張を一つひとつ詰めて行くと、朴正熙政権の七億ドルの主張に対し日本が認定する金額は、最大七〇〇〇万ドルに過ぎませんでした。これは一〇対一の格差です。もともと韓国には、請求するものが特にはなかったのです。

　しかし韓国側としては、一〇年間続いた請求権協定の交渉を七〇〇〇万ドルで終わらせることはできません。これについては日本側も同意しました。韓日両国は、過少な請求権の金額を経済援助で埋め合わせることで合意しました。その結果、一九六二年一一月、金鍾泌《キムジョンピル》[注27]―大平正芳会談において無償三億ドルと有償二億ドルの方式で妥結しました。名目上日本は経済協力資金を与え、韓国は請求権資金を受け取る、ということにしました。相違した両国の立場を折衷したわけです。

　このように韓日間の請求権協定は、民事上の財産権と債権を相互に特別調整する交渉でした。韓国側の対日八項目要求を検討してみると、韓国側が実際に請求するものはあまりありませんでした。韓国側が約二二億ドル分の在韓日本人財産をすでに取得していた点も、考慮しなければなりませんでした。したがって、朴正熙政権が屈辱売国外交をしたのではありません。朴正熙政権は李承晩・張勉政権以来の要求事項通り日本と交渉しました。請求権協定は結局、少額の純請求権資金に、それより遥かに高額の経済協力の資金を加えるという方式で妥結するしかありませんでした。これは両国間での最善の合意でした。

占領期間が三年に過ぎないフィリピンが五億五〇〇〇万ドルを受け取ったのに、なぜ三五年間支配された韓国が受け取る金額が三億ドルにしかならないのか、といった比較は無知のなせるわざです。お金の性格が違います。フィリピンは戦争の賠償金を受け取ったのです。だから、期間が短くても金額が大きくなったのです。占領期間と植民地支配期間の年数を単純に比較してはいけません。

個人請求権まで全て整理したけれど……

さて、韓日協定で一切の請求権が完全に整理されたことを確認してみたいと思います。請求権協定文第二条三項には「今後韓日両国とその国民はいかなる請求権主張もできない」と明白に規定しました。また、韓国政府はこの協定で、個人請求権が消滅したことを何度も明らかにしました（次頁の表9-4）。

一九六五年四月一七日に韓日請求権委員会の韓国側の李圭星《イギュソン》首席代表が日本の外務省担当者と面談した際、「我々としては李東元《イドンウォン》―椎名合意事項により、一旦個人関係請求

韓国の李圭星公使と日本外務省条約局の佐藤参事官との面談 「我々としては李東元一椎名合意事項により、一旦個人関係請求権が消滅したことが確認され……」（1965年4月17日、李圭星首席代表が韓国外務部の長官に送った電文）
1965年の条約と協定に関する韓国政府の公式解説 「財産及び請求権問題の解決に関する条項で消滅する我々の財産及び請求権の内容を見れば（中略）被徴用者の未収金及び補償金に関する請求、韓国人の対日本政府及び日本国民に対する各種請求等が、完全にそして最終的に消滅する」（1965年7月、『大韓民国と日本国間の条約及び協定に関する解説』大韓民国政府）

表9-4　個人請求権に対する韓国政府の説明

権が消滅したことが確認され……」と日本側に告げました。

また、一九六五年七月に韓国政府は、大韓民国と日本国間の条約及び協定に関する解説書を出しました。その本には、「財産及び請求権問題の解決に関する条項で消滅する我々の財産及び請求権の内容を見れば……被徴用者の未収金及び補償金に関する請求、韓国人の対日本政府及び日本国民に対する各種請求等が、完全にそして最終的に消滅する」とあります。

にもかかわらず最近韓国の大法院は、完全な請求権整理の合意に反して、日本の企業がその徴用労務者の精神的被害に対し慰謝料を支払うよう判決を下しました。請求権協定は財産上の債権債務関係だけを扱い、「損害と苦痛」に伴う請求権問題は扱わなかったため、個人の請求権は有効だ、と言うのです。

果たして大法院の判決文のように、請求権協定で韓国人労務者の「損害と苦痛」を扱わなかったのでしょうか。そうとは言えません。大法院の判決文とは違って、請求権協定では徴用労務者の精神的被害問題が取り扱われています。張勉政権のときの第五回会談で韓国側は、「日本が他の国の国民を強制的に徴用し精神的肉体的に苦痛を与えたことに対し、相当する補償をすべし」と要求したことがあります。すなわち、負傷者や死亡者ではない生存帰還者に対する補償要求でした。これに対し日本側は、日本政府は徴用後生還した日本人に対し補償をしなかった、当時韓国人は日本の国民であったため同じく生存者に対しては補償できない、と拒否しました。朴正熙軍事政権もやはり、生還者一人当たり二〇〇ドルの補償金を要求しましたが、日本は同じ理由を挙げ拒否しました。つまり、徴用労務者の精神的被害補償問題が請求権会談で論議されましたが、反映されないまま協定が結ばれました。

　このように言うと、徴用労務者の精神的被害問題を正式に議論したのではなく、成り行き上言葉を挟んでみたが、日本側が反発したので引っ込めたのだ、と言う人がいるかもしれません。だから、請求権協定できちんと話をつけていない労務者の精神的被害問題を新たに提起できるのだ、というのが韓国の大法院の立場です。

　しかし韓国は、日本と国交を正常化しながら、先決問題の一つとして請求権問題を扱い、そのときは植民支配の被害に対する賠償または補償ではなく、韓国側財産の返還を要求することにみずから決定していました。徴用労務者の精神的被害はもともと請求しないことになっていました。そういう原則によって一三年間交渉して協定を結び、それを国会で批准同意し、またこのことを歴代韓国政府がみな遵守して来ました。二〇一二年と二〇一八年、韓国の司法府はこれを覆しました。長い期間をかけて両国政府が合意し国民が同意し、その後数十年間遵守して来たことを、司法府の何人かの裁判官が覆すのは正当なことでしょうか？　韓国の司法府のこのような行動を「司法積極主義」と呼びますが、国際的な外交問題においては、司法府はそのようなことはしてはならない、という「司法自制の原則」が広く用いられています。

結論を言います。

植民支配による被害の賠償または補償でないならば、最初から韓国が日本に請求するものは大きな金額にはなり得ず、それを確認するという線で一九六五年、請求権協定が締結されました。これは韓日間の最善の合意でした。韓日協定を破棄しない限り、韓国は、何か受け取ってないものがあるから、日本はもっと出さなければいけない、などと主張することはできません。韓国人は、一九六五年の請求権協定で日本との過去史の始末がつけられたこと、過去史が清算されたことを認めなければなりません。これがグローバル・スタンダードです。

参考文献
李元徳『韓日過去史処理の原点―日本の戦後処理外交と韓日会談』ソウル大学校出版部、1996年刊

〔이원덕 (1996),『한일과거사 처리의 원점―일본의 전후처리 외교와 한일회담』, 서울대출판부 .〕
李根寛「韓日請求権協定上強制徴用賠償請求権処理に対する国際法的検討」（『ソウル大学校法学』54巻3号〔2013年刊〕所収）
〔이근관 (2013),「한일청구권협정상강제징용배상청구권처리에 대한 국제법적 검토」,『서울대학교법학』54 (3) .〕
張博珍『未完の清算―韓日会談請求権交渉の細部過程』歴史空間、2014年刊
〔장박진 (2014),『미완의 청산―한일회담 청구권 교섭의 세부 과정』, 역사공간 .〕
朱晋烈「1965年韓日請求権協定と個人請求権事件の国際法争点に対する考察」（『ソウル国際法研究』25巻2号〔2018年刊〕所収）
〔주진열 (2018),「1965년 한일청구권협정과 개인청구권 사건의 국제법 쟁점에 대한 고찰」,『서울국제법연구』25 (2) .〕

注23：1919年4月15日、3・1独立運動下の京畿道水原郡提岩里で起きた日本軍による朝鮮人集団殺害事件。朝鮮人による破壊行為に対し、首謀者を天道教・キリスト教の信者であるとした日本軍が、信者ら29人を教会に集めて殺害し、教会を焼き払った。事件は外国人宣教師や記者により世界に伝えられた。

注24：ハングル正書法統一案、標準語査定、朝鮮語辞典編纂などを行なっていた朝鮮語学会の会員33人が、1942年から43年にかけて治安維持法違反容疑により検挙・投獄された事件。朝鮮語研究は皇民化政策に抵抗し、民族精神を高揚させて独立運動を企てるものだ、という理由からだった。逮捕者のうち何人かは獄死した。

注25：政治家（1899〜1966）。駐米大使を経て1950年に国務総理となるが、李承晩大統領と対立して52年辞任。55年に民主党を結成し、60年の李承晩政権崩壊後に再び国務総理になるが、朴正熙らによる5・16クーデター後に失脚した。
注26：1961年5月16日、陸軍少将・朴正熙を中心とする軍部が張勉政権を倒したクーデター。李承晩政権を倒した4月革命後に成立した張勉国務総理・尹潽善大統領（148頁注28参照）の政権は弱体で、政権内の抗争や経済

状況の悪化などを軍部が憂慮、決行した。革命軍は軍事革命委員会を設置し、全国に戒厳令を敷いた。

注27：軍人・政治家（1926〜2018）。1961年の朴正熙らによるクーデターに際し朴正熙を補佐、韓国中央情報部（KCIA）を創設する。韓日国交正常化に尽力し（金・大平合意）、後に国務総理となる。朴正熙暗殺事件後に一時期政界を追放されるが、金大中の大統領当選に協力し、国務総理となる。

10 厚顔無恥で愚かな韓日会談決死反対

朱益鍾

一九六四年春、野党政治家・尹潽善《ユンボソン》注28（民政党）と朴順天《パクスンチョン》注29（民主党）らは、大学生たちと共に朴正熙政権の韓日会談推進に決死反対しました。韓日会談が屈辱売国外交だという理由からでした。大学生たちはよく分からずにそうしたとは言えますが、過去の民主党政権出身の野党人士たちが、韓日国交正常化を屈辱売国外交だと罵倒するのは厚顔無恥な行動でした。私がこのような強い表現を用いるのは、この野党の人士たちは、自身が政権を握っていたときには同じく韓日国交正常化を推進していたからです。

張勉政権の請求権交渉

一九六〇年四月、反日基調の強い李承晩政権が倒れ民主党政権が成立すると、韓日関係は急速度で和解局面に転換しました。民主党政権の初の外務大臣・鄭一亨《チョンイリョン》は八月二四日、新外交方針の一つとして、一日も早く対日外交を正常化する、と表明しました。日本も素早く動きました。九月六日、小坂善太郎外務大臣が来韓しました。建国後初めての日本からの公式使節団でした。

続いて一〇月から第五回韓日会談が開かれ、以後七カ月間、会談が進行しました。請求権、漁業権、在日韓国人の法的地位等、各分野別に実務レベルの会談も進行しました。このうち請求権委員会は、過去と違って三三回会議を開き、実質的討議に入って行きました。会談において日本は韓国側に、在韓日本人財産を韓国が取得したことを考慮し、請求権を調整してもらいたい、と言いました。前章で紹介したように、戦前の日本人財産を取得したことで韓国の請求権はある程度充足された、というアメリカ側の仲裁意見がありました。

日本の主張に従えば、韓国の請求権の金額は大幅に減って行きます。図10-1の左側のように、韓国は八項目請求権を要求しましたが、在韓日本人の財産をすでに取得していたため、両者は相殺され、韓国の請求権の金額はゼロになるか、至って少額になるし

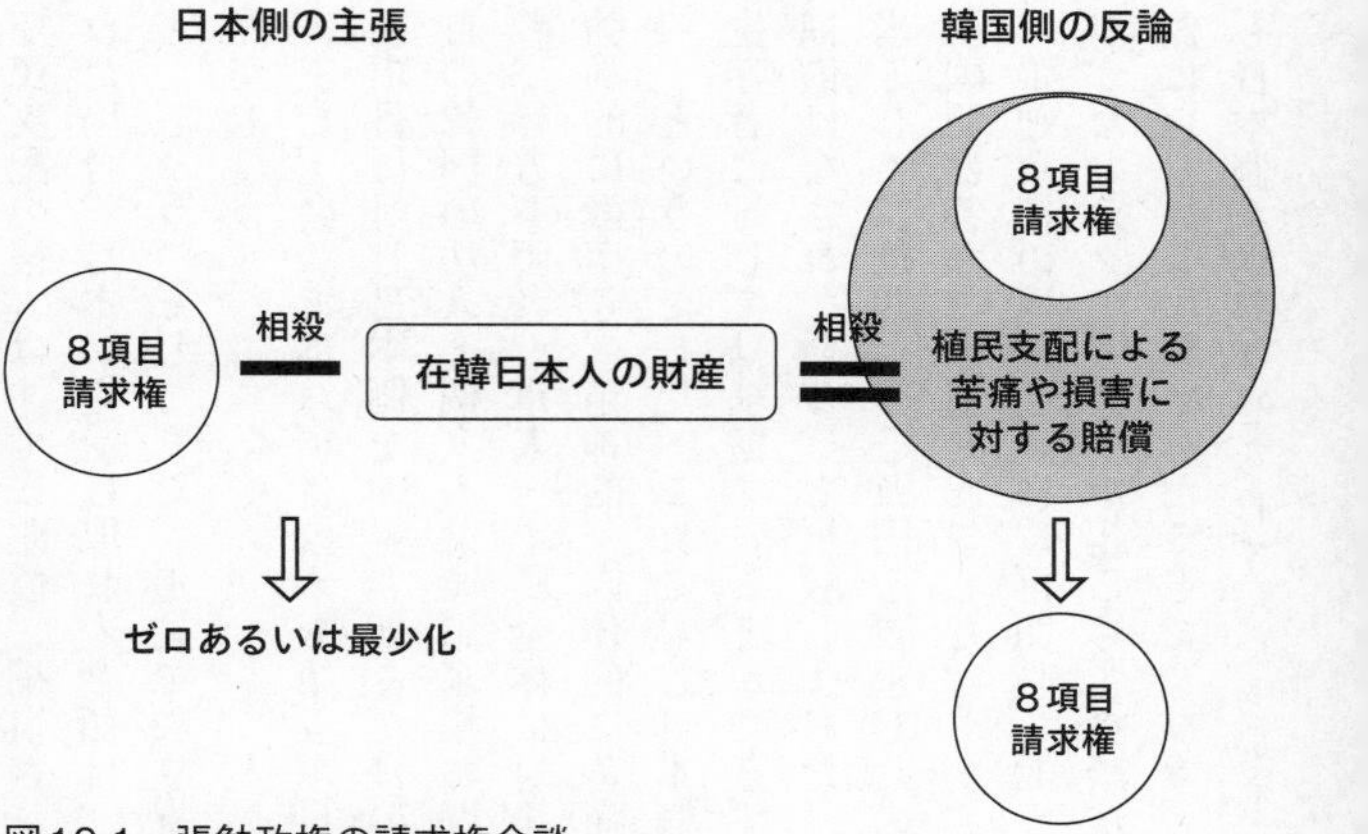

図10-1　張勉政権の請求権会談

かありませんでした。

　これに対し張勉政権は、図の右側の論理で対抗しました。「もともと我々は、植民地下の韓国人の苦痛、損害に対する賠償まで要求するつもりだったが、在韓日本人財産取得の事実を考慮し、八項目だけを要求した」という論理です。図10－1の薄い墨アミの円が、植民支配下の韓国人の苦痛と損害に対する賠償を表わしています。韓国は在韓日本人の財産を取得したため、白い丸の部分の八項目だけ要求する、というのです。

　これは八項目要求を守るために作られた論理ですが、実はとてつもないオウンゴールでした。なぜなら、在韓日本人の財産取得で、すでに植民支配による苦痛と損害が賠償された、ということになるからです。日本が韓国の主張を受け入れたとしたら、植民支配の被害はすでに賠償、補償されたことになり、八項目請求権が一つずつ論破された場合、日本から受け取れる金額は、目もあてられないほど少なくなってしまったことでしょう。そしてまた、追加で独立祝賀金や経済援助資金を受け取ることも難しかったでしょう。

また、会談では八項目のうち第五項目まで個別項目を検討しましたが、張勉政権は個別項目に対し日本側を納得させるだけの根拠を提示できませんでした。例えば、第五項目の韓国の法人と個人の財産請求権に関連して、韓国側は被徴用生存者、負傷者、死亡者、行方不明者、軍人・軍属全体に対する補償を要求しました。日本が他の国の国民を強制的に徴用し、精神的、肉体的に苦痛を与えたことに対し、それに相当する補償をしろ、というのでした。これに対し日本側は、徴用当時韓国人は日本の国民であったため、生存者に対しては補償することができず、負傷者、死亡者等に対してはすでに被害当時補償はなされている、と反駁しました。また、韓国側が被徴用労務者の未収の給料と手当として二億四〇〇〇万円を要求したのに対し、日本側がその算出の根拠を訊ねると、韓国側は答弁できませんでした。

張勉政権の韓日会談は、再開して七カ月で五・一六クーデターが起こり中断しましたが、たとえクーデターが起こらず会談が続いていたとしても、その請求権の主張は日本側にいちいち反駁されたことでしょう。これを引き継いだ朴正煕軍事政権の請求権主張も日本側を納得させられず、いちいち反駁されました。請求権の金額には、韓日両国の立場の違いから約一〇対一の格差がありました。結局、「請求権純返済プラス無償援助」という名目に形式を変え、金額を相互調整し、無償三億ドルという合意をみるに至りました。五・一六クーデターが起こらず張勉政権が交渉を続けていたとしても、同じやり方で妥結しただろうと思います。

野党の韓日会談に対する無条件反対

朴正熙政権は一九六三年は、民政移譲過程の混乱と大統領選挙のため、韓日会談を進《しん》捗《ちょく》させられませんでした。その年の一二月、民政として再発足した朴正熙政権は、本格的に韓日協定調印を推進します。すると今度は、野党となった過去の張勉政権の政治家たちが、本格的に韓日協定反対に立ち上がります。国会が構成されると、少数の野党も強力な抵抗と批判ができるようになりました。

一九六四年三月六日、四つの野党が「対日低姿勢外交反対汎国民闘争委員会」を結成し、九日にはこれに社会、宗教、文化団体の代表まで含んだ二百余人が「対日屈辱外交反対汎国民闘争委員会」を結成、会談反対運動を組織的に展開します。名称から分かるように、彼らは韓日会談に「屈辱売国外交」というレッテルを貼りました。闘争委員会議長には尹潽善がなりました。闘争委員会は韓日会談の即時中止、日本の反省、民族精気鼓吹をスローガンに掲げ、その代案として、財産請求権一五億ドルと賠償金一二億ド

演者	主要発言
金泳三	代々の侵略者である日本は平和線まで奪おうとしている。
金度演	韓国は日本の経済的植民地になる。
尹潽善	政府は漁業協定で12海里専管水域を主張しているようだが、実は10年後には6海里まで日本漁船に漁労活動を許容する駆け引きをしている。
張俊河	日本の資金で韓国の復興は不可能だ。韓日協定は韓国を日本の市場として確保するためだ。

1964年3月15日の釜山講演会（慶南中学校の運動場）でのもの

表10-1　野党人士たちの韓日会談反対演説

ルなど合わせて請求権二七億ドルと、平和線[注30]四〇海里専管水域を提示しました。日本が決して受け入れることのできない、自分たちも民主党政権のとき提起したこともない不合理な要求でした。この闘争委員会は三月一五日から会談阻止のため全国遊説に入ります。表10-1に見られるように、野党委員や在野の人たちは無責任な発言も憚《はばか》りませんでした。そして三月二四日にはソウルで、四・一九[注31]以後初めて大規模な学生デモが起こり、各地方都市にも波及して行きました。

これに対し朴正熙大統領は三月二六日の特別談話で、次のように国民に切々と説きました。

私と政府は学生に劣らず国家と民族だけのために、雀の涙ほどの私心もたずに会談に臨んでいることを、私と政権の生命に懸けて歴史の前に誓う。会談にもしも黒幕がいるとしたら、関係者は逆賊として処断することを約束する。

大学生たちの憂国衷情と主張を心に刻み、我々の主張が貫徹されるよう努力すべしと代表団に訓令を送った。

（朴正熙大統領の一九六四年三月二六日特別談話文より要約）

そして、日本に行っていた金鍾泌を本国に召喚しました。朴大統領は三月三〇日には、ソウル市内の一一大学の学生代表と面談し、対日外交をめぐって学生たちと意見を交わしました。しかし学生デモは、五月からさらに拡大しただけでなく、朴政権打倒を標榜《ひょうぼう》し始めました。ソウル大の学生は五月二〇日、「民族的民主主義の葬式」を行ない、韓日会談は「民族的誇りに背き、日本隷属化を促進する屈辱的会談」だと批判しました。このデモのとき、ソウル大美学科の学生だった後日の抵抗詩人・金芝河《キムジハ》注32が、朴正熙政権を屍体《したい》と言って嘲笑する弔文を書いたりもしました。六月三日には、ソウルの学生デモに一般市民まで加わって治安が麻痺する状態にまで至りました。事ここに至って朴正熙政権は、その日の夕方、ソウル一帯に非常戒厳令を布告し、軍を投入し大学には休校令を出します。これが「六・三事態」です。

その後、韓日会談は一年も遅延しました。時間が引き延ばされただけでした。しかし、一九六五年にも野党はまた韓日会談阻止に乗り出します。五月には統合野党民衆党を作って阻止運動をします。八月、野党のやみくもな反対に直面した朴正熙政権は、与党単独で韓日協定の国会批准を強行します。これに対し野党は議員辞職で立ち向かいます。

特に尹潽善は最後まで議員辞職に固執し、果ては野党まで分裂させるに至ります。

五・一六クーデターが起こらなかったら、民主党政権も結局、朴正熙政権と同じ方式で韓日協定を締結していたはずです。それなのに彼らは、野党になると政府の外交を「屈辱売国外交」だと罵倒し、聞く耳も持たずに、やみくもに反対しました。実は一九六四年、朴正熙政権は経済開発に向ける外貨が切実に必要でした。しかし野党は、自身の党利党略だけに固執し、反日感情を煽動助長し、政府の正常な政策推進を妨げました。彼らも過去政権を握っていたときに、やはり韓日国交正常化を急いだことがありました。一例として、張勉総理は『東亜日報』との会見（一九六一年一月一日付）で、年内に韓日国交正常化が必ずなされると強調し、むやみに日本政府や国民と感情的に対立するのは失策だ、と言ったこともあります。最近文在寅《ムンジェイン》政権が見せている、「私がすればロマンス、他人がすれば不倫」と全く同じです。一言で言って、厚顔無恥だと非難されて当然でしょう。

誰が本当に屈辱的だったのか？

一方、尹潽善などの韓日会談反対者たちは、韓日協定がなされれば韓国は日本の支配を受けるようになる、と予言しました。尹潽善は一九六五年三月二七日の釜山における講演で、「韓日会談はこの国を滅ぼす大事だ。韓日会談がなされると我々は即刻、日本に政治的、経済的に隷属するだろう」と批判しました。当時多くの人々が、韓日国交正常化後に日本の工業製品と企業が韓国を席捲《せっけん》するのではないか、と心配していました。しかし、韓日会談で国交が正常化したら、韓国は即刻日本に政治的、経済的に隷属する、などという、これほど自信のない敗北主義的態度がどこにあるでしょうか？　韓日協定が調印された次の日の六月二三日、朴正煕大統領は特別談話を出しました。そこで朴大統領は、次のように韓日会談反対論者たちに論駁しました（要約したものを掲載）。

今日の国際情勢は我々に日本との国交正常化を強力に要求している。昨日の仇敵《きゅうてき》だとしても、今日と明日のために必要とあれば手をつないで行くのが国利民福を図る賢明な意識である。

我々の主体意識が健全であるなら、韓日国交正常化は良い結果をもたらす。日本の軍事的、経済的侵略を招く？　そのように自信がなく、敗北意識と劣等感に囚《とら》われた卑屈な考えこそ屈辱的姿勢だ。

尹潽善と朴正煕二人のうちどちらの言うことが当を得ているでしょうか？　今日の韓国経済が日本に隷属していますか？　あるいは、しばらくの間隷属していたものが、最近になって解放されたのでしょうか？

長い間韓国人たちは、対日貿易赤字を経済的隷属の一つの指標として見て来ました。

今も韓国は日本に対し貿易赤字ですが、韓国経済の対日隷属を問題にする人は誰もいません。なぜでしょうか。韓国が経済発展を通して、日本との格差を大幅に縮めることができたからです。貿易赤字のある無しが重要ならば、今日の中国は韓国に経済的に隷属していると言わなければなりません。

韓国が日本と国交正常化したあと、日本が支払った無償三億ドルが一〇年間、一年に三〇〇〇万ドルずつ入って来ましたが、アメリカの援助金額に比べるとだいぶ少ないものでした。それよりも重要なことは、韓日の貿易通商と経済協力が活発になされたことです。日本の資本、技術、設備、中間材を取り込んで組み立て加工をしたあと、アメリカに輸出する貿易が発達しました。韓米日の三角構造とも言います。そのおかげで軽工業製品の輸出が急増しました。

それ以後韓国は、日本の設備と中間材に依存するに留まらず、積極的に重化学工業化を推進しました。ここでは日本の政府と企業の協力が大きな助けとなりました。浦項《ポハン》製鉄という韓国最初の総合製鉄所が造られたのは、日本の資本と技術協力のおかげでした。当時日本の製鉄業は世界最高水準の競争力を備えており、浦項総合製鉄所はその日本の企業の技術陣の協力で造られました。日本政府は、総合製鉄業を通し韓国経済が強くなって行くことは日本にとっても望ましい、として協力しました。また現代《ヒュンダイ》重工業は、日本の造船所からの技術学習に大いに助けられました。

もちろん、日本が韓国を助けてくれた、という話だけではありません。日本も韓国との経済協力でプラント輸出などの利益を得ました。一言で言えば、韓国経済も日本経済も、韓日国交正常化で大きな利益を得ました。韓日国交が正常化すれば韓国は日本の政治的、経済的植民地になる、という韓日会談反対論者の予言は、愚かさの至りに過ぎませんでした。

韓日会談反対論者は、弱肉強食の帝国主義時代が終わり、国際協力の新しい時代が開かれたことを全く知らずにいました。門の外に出れば獅子に捕らえられて食べられてしまうからと、家の中でじっとしているのと同じです。門の外に出なければ、日々の食べ物も手にすることはできません。門の外には獅子だけがいるのではなく、穀物と果物が育ち、牛や馬、羊や山羊が飛び跳ねています。韓国が生きようとするなら、外に出なければなりません。韓日協定で韓国は門を大きく開け、そのおかげで今日、先進国と肩を並べられるようになりました。

参考文献

李元徳『韓日過去史処理の原点―日本の戦後処理外交と韓日会談』ソウル大学校出版部、1996年刊
[이원덕 (1996),『한일과거사 처리의 원점―일본의 전후처리 외교와 한일회담』, 서울대출판부.]
張博珍『未完の清算―韓日会談請求権交渉の細部過程』歴史空間、2014年刊
[장박진 (2014),『미완의 청산―한일회담 청구권 교섭의 세부 과정』, 역사공간.]
梁潤世・朱益鍾『高度成長時代を開く―朴正熙時代経済外交史証言』図書出版海南、

2017年刊

[양윤세・주익종(2017),『고도성장 시대를 열다―박정희 시대 경제외교사 증언』, 해남.]

注28：政治家、第4代大統領（1897～1990）。1920年、上海の大韓民国臨時政府に参加。54年に国会議員当選後、民主党結成に参加。李承晩政権崩壊後の60年に大統領に就任するも、朴正熙らによるクーデター後の62年に辞任。63、67年の大統領選挙を朴正熙と争い、敗れる。

注29：女性政治家（1898～1983）。3・1独立運動に参加して逮捕された後、日本に留学。1950年の総選挙で初当選して以来、通算5回国会議員に当選。55年に民主党結成に参加、61～63年、軍事政権によって政治活動が禁止される。65年に民衆党の党首に就任。

注30：1952年1月18日、李承晩大統領が「海洋主権宣言」を行なって設定した、朝鮮半島周辺の広大な水域を示す線。日本では「李承晩ライン（李ライン）」と通称される。ライン内の漁業管轄権を主張、水域内に入った日本人漁業者・漁船を大量に拿捕した。日本側が抗議し、日韓間の問題となったが、65年の日韓漁業協定によって事実上廃止された。

注31：1960年4月19日に起こった学生デモ。これがきっかけで李承晩が退陣した。

注32：詩人・思想家（1941～）。雑誌『思想界』に発表した詩「五賊」で財閥・国会議員・将軍などを諷刺し反共法で起訴されたのをはじめ、幾度も投獄され死刑判決を受けたが、国際的な救援活動で減刑釈放される。90年代以後は生命運動や環境運動に傾倒している。

第2部

種族主義の象徴と幻想

11

白頭山神話の内幕

李栄薫

白頭山体験

韓国人なら誰もが同意するように、白頭山《ペクトゥサン》[注33]は民族の山です。民族の発祥地として、聖なる山です。私は幼い頃から白頭山を霊山と教わって来ました。白頭山のてっぺんは霊峰だと言われました。私が幼いとき学校で貰った教科書の最後の頁には、「白頭山霊峰に太極旗をなびかせよう」と書かれていました。一九九一年、私は白頭山に登る機会を得ました。頂上に登るなり目の前に広がった天池《チョンジ》に感動しました。胸が激しく高鳴りました。サファイア色の湖面があまりにも美しかったというだけではありません。そこが民族の発祥地、尊い聖所、神霊な峰だったからです。

ところが、まさにその日から私は疑い始めました。白頭山を中国では長白山と呼びます。下山する道々、長白山の入り口に立ててある案内板を詳細に読むと、一五世紀まで火山活動をしていたというのです。つまり、遠い昔の白頭山天池は、火山の噴火口でした。真っ赤な溶岩が噴き上がる噴火口でした。私は、「そんな所に天から檀君《タングン》が降りて来たというのか、それはどうもおかしくはないか」と懐疑したのです。そのときから私は、何か史料を読んでいて白頭山の話が出て来ると、注意深くメモを取り始めました。そうしていて分かりました。「ああ、白頭山が民族の霊山になったのは二〇世紀のことなのだ」と。その話をこれからして行きたいと思います。

小中華の象徴

朝鮮王朝時代の一七七六年のことです。吏曹判書[注34]と大提学[注35]を務めた徐命膺《ソミョンウン》[注36]が白頭山に登りました。彼はしばらくの間、白頭山の頂上の景観に酔って、次のように言いました。「まだ天の下のこの大きな池に名前の無いところをみると、私に名前を付けろということではないだろうか」。そうして「太一沢」という名前を付けました。「太」は太極の意味、「一」は森羅万象は一つだという意味です。徐命膺は当代最高の性理学者らしく、大きく空いた火山の噴火口とそこに注ぎ込む水を見て、万物は太極から湧き出た、という性理学の原理を連想したわけです。

それより少し前、朴宗《パクチョン》という咸鏡道鏡城《キョンソン》のあるソンビ（学者）が白頭山に登りました。そして「崑崙山《こんろんさん》に次ぐ山としては中国の山といえども白頭山にはかなわない。そうすると当然、白頭山は崑崙山の嫡長子（正室による後継ぎ）となり、中国の五岳はその庶子となる」と言いました。朴宗にとって白頭山は、天下一の崑崙山の嫡長子でした。彼の白頭山に対する認識は「朝鮮は小中華だ」という歴史認識と軌を一にします。三〇〇〇年前、中国から渡って来た箕子《きし》注37が、東方の文明を開きました。それで朝鮮は小中華なのです。朴宗は続けて次のように言いました。「白頭山が崑崙山の嫡長子であるので、地はすでに中国の正統を継承している。天が箕子のような聖人を我が国に送ってくださったのが、どうして偶然だと言えようか」。

これ以上詳しくは紹介しませんが、このような白頭山に対する認識は、一九世紀末まで綿々と続きました。白頭山は神秘的で重要な山でした。徐命膺と朴宗がその高く険しい山を登ったのも、そのためでした。ここで何が神秘的で重要であったかというと、白頭山が、森羅万象の根源としての太極であったり、天下一の崑崙山の嫡長子であったりということです。つまり、性理学的自然観や歴史観の象徴として神秘的で重要だったのです。今日の韓国人が抱いている民族の霊山としての白頭山のイメージではありませんでした。

民族の父と母

白頭山が民族の霊山に変わったのは、植民地期のことです。亡国の民となり、日帝から抑圧と差別を受けるようになった歴史が、その背景にありました。朝鮮人は日帝下で初めて民族を知るようになりました。「我々は箕子の子孫ではなく、檀君の子孫である。我々は一つの血統だ。長い歳月を血統も言語も文化も共にして来た運命の共同体である」。こうした意識が民族でした。朝鮮王朝時代には民族という言葉はなく、それに相応する意識もありませんでした。民族という言葉は日本から渡って来ました。そして、民族に相応する意識が芽生えて来ると、それに見合った象徴が必要になりました。そうして浮かび上がって来たのが白頭山でした。

白頭山神話を作るのに重要な役割を果たした人物は、私は崔南善《チェナムソン》注38だと思います。一九二七年、崔南善は白頭山を探査した『白頭山覲参記《きんさんき》』という本を著わしました。本のタイトルから分かるように、崔南善にとって白頭山はすでに聖地でした。彼は白頭山天池に登り、泣いて叫びました。

白頭山は我ら種姓《しゅしょう》の根本であり、我が文化の淵源《えんげん》であり、我が国土の礎石であり、我が歴史の胞胎であられる。三界をさ迷う風来坊が山を越え水を渡って、慈愛に満ちた母の穏和なお顔に一度お目にかかりたく、やって参りました。おじいさん、おばあさん、私です。何もない私です。

それから祈禱《きとう》をしました。「我が民族は再び生き返るのだ」「信じます。信じます。分

写真11-1　崔南善と「猛虎気像図」

かってください。分かってください。白頭天王、天地大神よ」。

このようにして白頭山は、崔南善に至って民族の父と母に変貌して行きました。

そのような認識の転換には、伝統文化の底辺を貫いているある流れが作用しました。我が民族は遠い昔から、地には吉や凶の気脈が流れていると考えました。そのような国土観は一五～一九世紀にかけて次第に強くなって行きました。世紀ごとに地図を見て行くと、一八～一九世紀に近づくほど山脈の地図に変わって行くのが分かります。ある気運が山脈に沿って国土を貫通するという感覚です。そのような国土感覚は、一九世紀までは、先に指摘したように性理学的自然観や世界観として表出されました。二〇世紀に入るとそのような感覚は、ある有機的身体として形象化されます。例えば「韓半島は中国に向かって吠える虎のようだ」というようにです。そうして描かれた絵が、歴史の本によく出て来る「猛虎気像《きしょう》図」です。一説によると崔南善の発想だそうです。その身体感覚において虎の鋭い牙に該当するのが、他でもない白頭山です。崔南善が白頭山に登り泣いて叫んで祈禱したのは、まさにそのためでした。

写真11-3　白頭山密営に参拝する北朝鮮住民

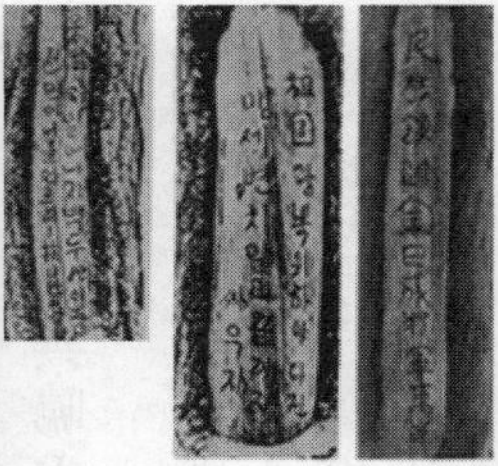

写真11-2　北朝鮮で発掘されたというスローガンの木

白頭光明星の出現

解放後白頭山は、南韓と北韓で共に民族の霊山として崇められて来ました。幼い頃から私は、白頭山の頂上を霊峰と思っていました。韓国人皆がそうでした。誰かが無理やりそう仕向けたわけではありません。白頭山のイメージが政治的神話として操作されるのは、一九八七年からでした。

　北朝鮮から先に紹介しようと思います。その年、北朝鮮は「白頭山一帯で抗日戦士のスローガンが刻まれた木が発見された」と発表しました。スローガンの内容は「民族の領袖《りょうしゅう》、金日成将軍万歳」のように、金日成に対する賛美でした。その息子の金正日《キムジョンイル》が生まれた日の夜、白頭山天池に光明星が現われたことを証言するスローガンもありました。そのようなスローガンの木が、白頭山一帯を越え遠く黄海道《ファンヘド》まで八万五〇〇〇本も発掘されたというのです。スローガンの木は、北

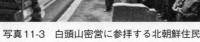

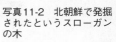

朝鮮政府が金日成父子を偶像化するために、人々を動員して木の皮を剝《は》ぎ、そこに字を化学薬品で刻んだものです。ある脱北者が私に、「自分のおじさんがその仕事に動員されたことがある」と話してくれました。

さらに金日成は、白頭山の頂上のある場所に丸太の家を建て、ここが抗日パルチザンの密営だったと叫びました。息子・金正日が生まれた所もまさにここである、と言いました。そうして人々に密営とされる丸太の家への参拝を強要し、後ろの峰を「正日峰」と名づけました。その全てが厚かましい創作でした。一九四二年に金正日が生まれた場所はソ連領ハバロフスクです。それは天下に知られた事実です。しかし、誰もそれを口にすることができません。怖いからです。しかし、純真な子供たちはそれを事実だと信じます。捏造が神話に変わり、魔性の権力として君臨する過程です。今日の北朝鮮は、そのような神話で維持されている神政体制の国家です。

南北共鳴の精神史

神話の捏造が北朝鮮だけの時代錯誤的現象だと思ったら大きな間違いです。似たような現象は南の韓国にもあります。南と北の精神文化は身近な姿で共鳴しています。同じ民族だからです。韓国で現われるそれと似たような現象は、詩人・高銀《コウン》注39に見出すことができます。高銀は、一時韓国のメディアがノーベル文学賞を受賞するのではないかと期待した有名な人物です。一九八七年、北朝鮮がスローガンの木を発見したと発表したその年に、高銀は「白頭山」という長編の叙事詩を発表しました。

この叙事詩は、両班監司宅のお嬢さんと下男の金《キム》トルマンの逃避行で始まります。身分を越え愛し合う若い男女は、鉄嶺《チョルリョン》の、ある岩の洞窟で子供将軍バウを出産します。追っ手から逃れるため家族三人は、白頭山の密林に隠れます。ある日トルマンは、白頭山の峰に登り、バウを天池に三回浸します。誰もおかすことができない子供将軍バウの厄運を洗い流す儀礼でした。これからバウの国が白頭山で開かれるのです。その金バウが繰り広げる独立闘争と革命のドラマが、長編叙事詩「白頭山」です。

その金バウが誰なのか、読者の皆さんはもうすでにお分かりでしょう。金バウは北朝鮮の首領・金日成です。詩人はそうは言っていませんが、脈絡からすれば、二〇世紀の韓国史ではそう考えるしかありません。詩人は全く意図しておらず、白頭山に建てられた金バウの国は、詩人の内面から自然に湧いて出たものだったのかもしれません。そう考えるほうが、より公正な批評かもしれません。しかし、その国というのは現実の北朝鮮でしかあり得ません。そういうふうにして、南と北の精神世界は無意識に共鳴しているのです。「それがどうした、それもいいじゃないか」と言われるかもしれません。しかし私は、そんな山の中に孤立した、洞窟に隠れた、山賊の世界を拒否します。自由で独立した個人、活気ある個性、高揚する芸術、科学する精神、協力する社会、競争する企業、世界と通商する国、そのような美しさ、つまり近代文明がそこにはないからです。

白頭山天池の四人

二〇一八年九月、文在寅大統領は北朝鮮の三代世襲の統治者・金正恩《キムジョンウン》と平壌で頂上会談をしました。そして写真に見られるように、共に白頭山天池に登りました。すでに説明したように、そこは北朝鮮の神政体制の土台をなす神聖な空間です。そこに韓国の大統領が登り、「白頭血統」の継承者と手を合わせて破顔大笑している姿は、いかなる運命を我々に暗示しているのでしょうか。写真の中の文大統領の笑いは、見る人に限りなく複雑な思いを抱かせます。白頭山神話の魔力はそんなにも強烈なのでしょうか。

二〇〇〇年に平壌に行った金大中《キムデジュン》大統領は、「いつの日か南北は連邦制でもって統一しよう」と約束しました。写真の四人は、その約束をもう一度誓いながら笑っていたのかもしれません。よく知られているように、文大統領とその支持勢力はそのような腹の内を隠さずにいます。彼らの願い通り、連邦制による統一がなされたとしましょう。すでに韓国の住民の少なからぬ一群が、公然と「白頭血統」を賛美しています。彼らは、参拝しようと群れをなして白頭山密営とされる丸太の家に押しかけるでしょう。それよりずっと多くの人々が、恐怖におののいた顔でその行列に動員されるでしょう。私は写真の中の笑いから、そんな運命を予感します。白頭山に根を下ろした韓民族の全ての人々が、一日も早くその不吉な神話から解放されるよう願っています。

写真11-4　白頭山天池に登る南北の首脳（2018年9月20日）

参考文献

崔南善『白頭山覲参記』漢城図書株式会社、1927年刊
〔崔南善（1927），『白頭山覲参記』，漢城図書株式会社.〕

高銀『白頭山』創作と批評社、1987年刊
〔高銀（1987），『白頭山』，創作과批評社.〕

金ジナム他『朝鮮時代ソンビたちの白頭山踏査記』ヘアン、1998年刊
〔김지남 외（1998），『조선시대 선비들의 백두산 답사기』，혜안.〕

李栄薫「白頭山物語」（朴枝香他編『解放前後史の再認識』1〔冊世上、2006年刊〕所収）
〔이영훈（2006），「백두산이야기」，박지향 외 편，『해방 전후사의 재인식』1，책세상.〕

注33：北朝鮮両江道と中国吉林省との国境地帯にある火山。標高2744メートル。不咸山、太白山とも呼ばれる。周辺に暮らす朝鮮民族や中国東北地方の諸民族の建国神話の舞台。

注34：吏曹とは、朝鮮王朝の中央行政機関である六曹のひとつで、官僚の任官や人事考課を行なった。吏曹判書はその長官。正二品。

注35：朝鮮王朝の弘文館（宮中の文書・経書の管理作成、王の諮

問に答える官庁）・芸文館（王の言葉や命令を作成する官庁）のナンバー2の官職。正二品。
注36：朝鮮王朝の官僚・学者（1716〜87）。副提学・吏曹判書を経て使臣として北京に赴いた。その後、大提学、知成均館事などを歴任。博覧強記で易学にも造詣が深かった。
注37：中国、殷の紂王の親族。生没年不詳。紀元前11世紀、周の武王が紂王を滅ぼしたときに朝鮮に行き、箕子朝鮮を建国したと伝えられる。箕子朝鮮は紀元前2世紀に衛満によって滅ぼされた（その結果できたのが、古朝鮮のひとつ衛氏朝鮮）。
注38：歴史家・詩人・思想家、号は六堂（1890〜1957）。自ら出版社を興して雑誌『少年』を発刊、新文化運動を推し進めた。1919年の3・1独立運動では「独立宣言書」を起草し逮捕される。27年「不咸文化論」を発表、朝鮮起源の不咸文化が古代中国や日本の文化を形成したと主張した。のち朝鮮総督府の朝鮮史編修委員会委員、中枢院参議などを歴任。
注39：詩人・作家（1933〜）。初め僧侶となり僧籍のまま詩を発表、のちに還俗し作家活動に入る。創作活動の一方、金芝河救援活動などの人権活動にも参加する。初期の仏教的美意識を根底とする作品から社会・民族問題をテーマとした作品まで、多くの著書がある。

12

独島、反日種族主義の最高象徴

李栄薫

真の知識人は世界人

独島（日本で言う竹島）は今日、韓国人を支配する反日種族主義の一番熾烈な象徴です。南韓と北韓を通して民族主義の最高の象徴を挙げるとするなら、何と言っても白頭山です。白頭山は朝鮮王朝時代から、それなりの大きな象徴としてあり続けて来ました。しかし、そこには反日種族主義が直接現われてはおらず、底辺に潜伏しています。独島はそうではありません。順を追って説明して行きますが、朝鮮王朝時代には独島を認識もしていませんでした。独島は大韓民国成立以後、それもここ二〇年間に、急に反日種族主義の象徴として浮かび上がって来ました。独島は韓国と日本が争う、韓国の立場からすると譲歩できない象徴です。それだけに、それに異議を唱えると、大衆から強い攻撃を受ける大きな危険性があると言えます。

しかし、私は大衆の人気に神経を使わなければならない政治家ではありません。一人の知識人です。知識人が大衆の顔色を窺ったり、言うべきことを言わず、文章の論調を変えてしまったりしたら、その人は知識人だとは言えません。真の知識人は世界人です。世界人として自由人です。世界人の観点で自分の属する国家の利害関係をも公平に見つめなければなりません。そのような姿勢は政治家にも同じく要求されます。そうあってこそ国際社会が平和で、それぞれの国も平安になります。私は一人の知識人として、我々の憲法が保障する良心の自由、思想の自由、学問の自由を信じ、私の所信に従い発言するのみです。

『三国史記』の于山国と鬱陵島

今日、韓国政府や国民が独島を歴史的に韓国の固有の領土だと主張している根拠の一つは、独島が于山《ウサン》という名前で新羅以来、歴代王朝の支配を受けて来たという事実です。『三国史記』注40「新羅本紀智証《チジュン》王一三年（五一二年）の条」に、次のような記事が出て来ます。

于山国が新羅に帰服した。毎年新羅に土産品を貢納した。于山国は溟州《ミョンジュ》の東側の海にある島だ。あるいは鬱陵島《ウルルンド》とも言う。土地の大きさは方一百里である。険峻なのを信じ新羅に服さなかった。伊湌異斯夫《イチャンイサブ》将軍が征服した。

人々は、この記事に出て来る于山は今日の独島だ、と主張していますが、率直に言って、甚だしい飛躍です。ここに出て来る于山は、鬱（欝とも表記）陵島に成立した「国」の名前に過ぎません。その鬱陵島に今日の独島が含まれていたのかどうかは、この記事だけでは分かりかねます。そうかもしれないし、そうでないかもしれません。にもかかわらず我々韓国人は、于山を無条件に独島だと断定しています。一種の「弊習」とも言えると、ある日本人学者が指摘しましたが、確かに間違った指摘でもありません。

『世宗実録地理志』の于山と武陵

独島固有領土説の最もよく知られた根拠は、一四五四年に成った『世宗《セジョン》実録地理志』[注41]「江原道三陟《カンウォンドサムチョク》都護府蔚珍《ウルチン》県の条」に出て来る次の記事です。

于山と武陵《ムルン》の二つの島は県の東側、海の中にある。二つの島はお互いあまり離れてはいない。天気がよければお互い眺められる。新羅時代は于山国と称したが、鬱陵島とも言った。

ここでも言及されているように、新羅時代は于山国イコール鬱陵島の関係でした。そうだったものが、ここで于山と武陵という二つの島に分離されました。武陵は鬱陵の別称です。この変化をどのように理解すべきなのでしょうか。一つの解釈は次のようです。鬱陵島は元来二つの島で成り立っていた。二つを合わせて鬱陵島あるいは于山国と呼んだ。いつの間にか別々に呼ばれ始め、一つは鬱陵島、もう一つは于山島となった。もう一つの解釈は次の通りです。于山とはもともと国の名前だったが、いつからかそれを島と考える誤解が生まれた。つまり、于山島は実在しない幻想の島である。

私は二番目の解釈が妥当だと考えます。初めの解釈により于山島が今日の独島だとすると、次のような矛盾が生じます。『三国史記』と『世宗実録地理志』が指摘するように、新羅時代には于山国という国がありました。『高麗史』[注42]によると、于山国は一一世紀初めまで存続しましたが、消えてしまいました。以後どこかの島にその国の名前を付けたとしましょう。その島は于山国の中心部か、于山国の人々が暮らした島です。ところで、皆知っての通り、独島は人が住める環境ではありません。土地もなく、水もないからです。国際法ではそのような所を島とは呼びません。海にそびえる大きな岩に過ぎません。一方、鬱陵島には人が暮らしていました。于山国の中心は鬱陵島でした。六世紀の于山国が、鬱陵島から東南に八七キロ離れた岩の島をその領域に組み込んでいたのかどうかは分かりませんが、とにかくその島が国の名前を継承するはずがありません。于山国の中心部でなかっただけでなく、人が住める所でもなかったからです。それで矛盾だと言うのです。

一五世紀初めまで一つの島

いろいろな史料を検討してみると、朝鮮王朝の一五世紀初めまでは、蔚珍県の東側に于山と武陵の二つの島がある、という認識はありませんでした。一四〇二年、権近《クォングン》などの朝鮮王朝のエリート官僚が「混一疆理《きょうり》歴代国都之図」という地図を描きました。地図12-1は、その地図に描かれた蔚珍県東側の海です。見ての通り、蔚珍浦の外側の海に島は鬱陵島一つだけです（蔚=鬱）。その点で、後で紹介する朝鮮王朝時代の地図と大きな差があります。このように、もともと島は一つであり、その名前は鬱陵島でした。

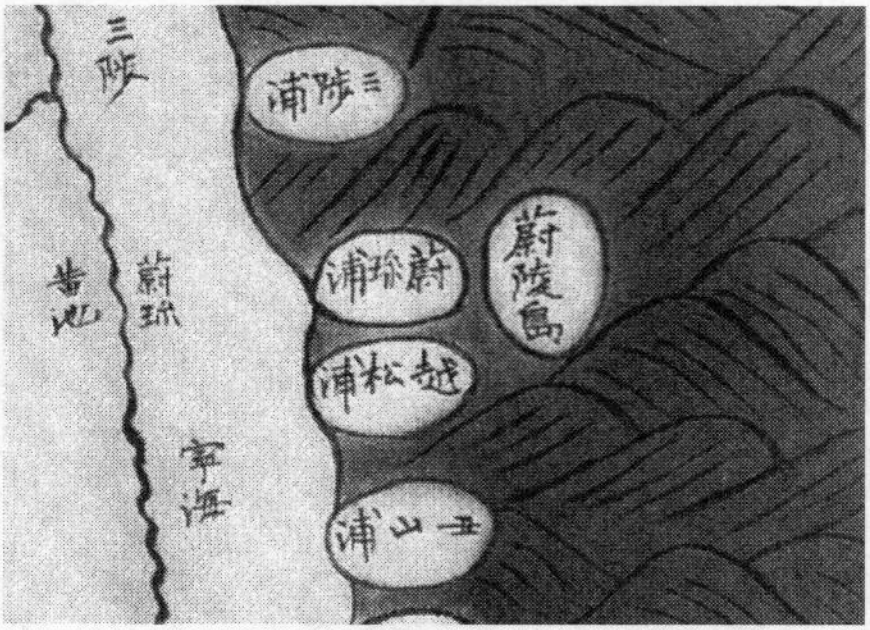

地図12-1　「混一疆理歴代国都之図」中の鬱陵島（1402年）

ところで、その島は「于山島」とも呼ばれました。一四一七年の『太宗《テジョン》実録』には、于山島を探査に来た金麟雨《キムイヌ》という官吏が、「人口は一五戸、八六人だ」と報告している記事があります。その于山島は鬱陵島でした。いつの間にか于山国が消え、鬱陵島が于山島とも呼ばれるようになったのです。金麟雨の報告に接した太宗は、于山島の住民をみな陸地に移動させ始めます。朝鮮王朝は全国の島から人を無くす、いわゆる空島政策を実施していました。これはその一環です。当時の『太宗実録』では、「于山武陵等処」といったふうに、二つの地名を併記しました。本名と別名を単に羅列しただけのことのように見えます。ところが、そういう表記の仕方が繰り返された結果、別の名前の二つの島があったかのような誤解が生じ始めました。

当初何気なく生じた誤解は、歳月が流れるに従い、それらしき幻想で膨れ上がります。先に紹介した『世宗実録地理志』の記事がそれです。島から人を追い出してから、すでに三七年の歳月が流れていました。「二つの島はお互いあまり離れてはいない。天気がよければお互いに眺められる」が、まさに幻想の記述です。二つの島が離れていなければ、お互い眺め合えるのは当然であり、そもそも「天気がよければ」などという但し書きを付けたこと自体が、想像の産物であることを物語っています。その後、一九世紀までに描かれた多くの地図を見ると、その点を容易に確認できます。

八道総図

一五三〇年に編纂された『新増東国輿地《よち》勝覧』に「八道総図」という地図があります。

地図12-2　「八道総図」中の鬱陵島と于山島
(1530年)

この地図は、幻想で生まれた于山島を描いた最初の地図です。地図12-2は、その「八道総図」から江原道の前の海の部分だけをとったものです。于山島は鬱陵島の半分ほどの大きさで、鬱陵島の西側の遠くないところに位置しています。韓国の外交部（日本でいう外務省）はこの地図を提示しながら、于山は独島だ、と主張して来ました。中・高校の韓国史の教科書も、そのように教えています。しかし私は、それに同意できません。独島は鬱陵島の東南八七キロの海の中に位置しているからです。この地図を根拠に独島固有領土説を主張するのは、学生たちに東西南北を混同するよう教える暴挙と同じです。たとえ独島を抛棄することになったとしても、そのような乱暴な教育はすべきではないと思います。国際的にも恥です。インターネットを検索すると、少なからぬ日本人たちが韓国外交部ホームページに載せられている地図を見て「韓国政府は東西南北も区別できないのか」と嘲笑しています。

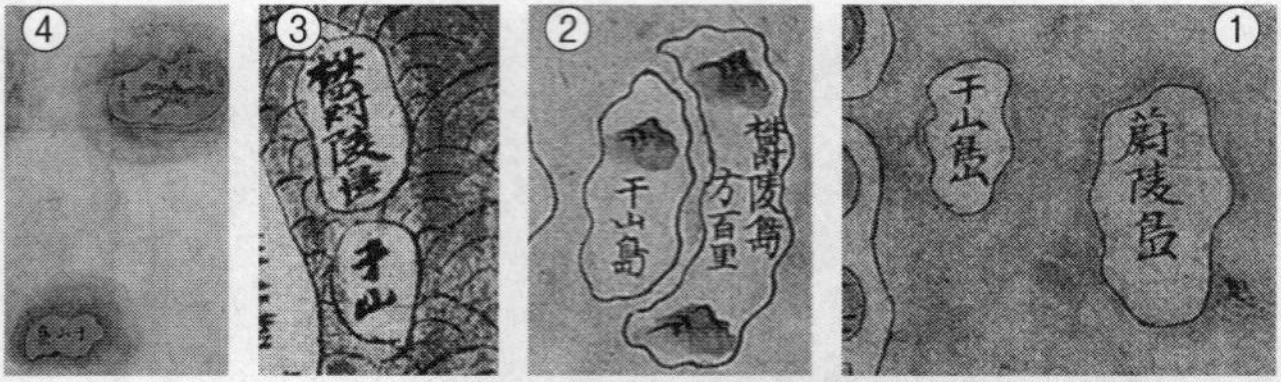

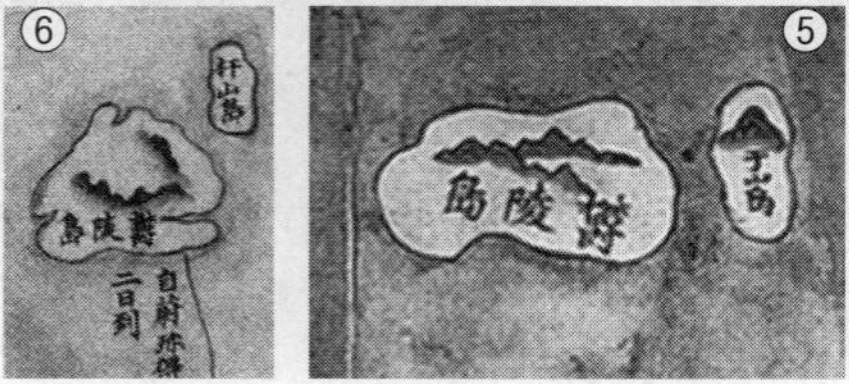

地図12-3
16～19世紀のいろいろな地図の中の鬱陵島と于山島

漂う島

以後一九世紀まで、多くの地図が描かれましたが、地図によって于山島の位置が相違しています。いくつかの例を挙げると、地図12-3のようになります。最初の地図では于山島の位置は鬱陵島の西側ですが、かなりの距離です。二番目の地図では于山島は鬱陵島に抱き込まれている形です。三番目の地図では于山島は鬱陵島の南側です。四番目の地図では于山島は鬱陵島の西南側ですが、距離が離れています。五番目の地図では于山島は鬱陵島の東に位置し、六番目の地図では鬱陵島の東北です。鬱陵島と比べ大きさもさまざまです。

池内敏という日本人研究者が、合わせて一一六枚の地図に描かれた于山島の位置を追跡したことがあります。それによると、一七世紀まで于山島はたいてい鬱陵島の西側にありました。一八世紀に入ると南側に移動する傾向を見せます。以後一九世紀には東に行き、北東方向に移って行く傾向にあります。このように于山島は、朝鮮王朝時代にわたってさ迷い漂う島でした。幻想の島だからです。当然それは、鬱陵島から東南八七キロに位置する独島ではありませんでした。独島と比定してもいいと言える近似な方向と位置に于山島を描いた地図は、たったの一枚もありません。つまり、朝鮮王朝は独島の存在を認知していませんでした。全ての島から人を強制的に移動させたので、人の住めない遠い海の岩の島に関心を抱く理由がなかったのです。

安龍福事件

一八世紀以降のさまざまな地図で、于山島の位置が、鬱陵島の南に、そして東に、さらには北東に漂うことと関連して、一七世紀末の安龍福《アンヨンボク》事件を考慮する必要があります。先に指摘したように朝鮮王朝は、一四一七年以来、鬱陵島を空島にしました。一七世紀《と》に入ると、当時の鬱陵島を「竹島」と呼んだ日本の漁民が、毎年定期的に来ては魚を獲り、木も伐採するようになります。さらに彼らは、鬱陵島を日本の領土と考え始めるようになりました。一六九三年、東萊《トンネ》府の安龍福の一行が鬱陵島に魚を獲りに出かけ、日本の漁民と衝突しました。史料によって差がありますが、安龍福は、日本の漁民に捕らえられてなのか、そうでなければ彼らの後に付いて日本に行き、鬱陵島が朝鮮の領土であることを主張します。その後、対馬を経て東萊府に戻って来ます。この事件を契機に、朝鮮政府と日本の幕府の間で外交交渉が始まります。日本は鬱陵島が朝鮮の領土であることを認め、日本の漁民が鬱陵島に行くことを禁止します。ところが、そのような事実を知らない安龍福は一六九六年、再び鬱陵島を経て日本に行きます。そうして鬱陵島だけでなく、当時日本人が「松島」と呼んでいた（今日では「竹島」と呼ぶ）島、他でもない今日の独島も朝鮮の領土だと主張します。安龍福はその根拠として、彼が所持する江原道の地図を提示します。前に紹介した、于山島と鬱陵島を描いた地図の一つだったと思われます。当時は独島という名前はありませんでした。安龍福は日本人が「松島」と呼ぶ島を見て、彼が地図を通して見慣れて来た于山島だと考えたのです。しかし日本は安龍福を相手にせず、朝鮮に追放しました。江原道襄陽《ヤンヤン》に戻って来た安龍福は、漢城《ハンソン》（現ソウル）に押送され監獄に入れられます。司憲府は、みだりに越境した罪は大きい、死刑に処すべきだ、と主張しました。しかし、領議政（日本で言う太政大臣）が乗り出して来て、日本が鬱陵島への航海禁止処置を下すのに功労があったのだからと弁護したので、安龍福は流刑に処されました。

要するに安龍福は、自ら于山島を見たと信じる韓国史最初で唯一の人でした。日本の漁民がその島を「松島」と呼び自分たちの領土だと考えているのを見て、「違うぞ。それはうちの于山島だ」と主張したのです。それが今日の独島でした。しかし朝鮮の朝廷は、安龍福のそのような主張に微塵の関心も示しませんでした。「そうか、于山島を発見したって？　それはどこにあるのだ？」といったふうに関心を示したり、官吏を派遣して島を探査したりはしませんでした。朝鮮王朝は鬱陵島にだけ関心があり、于山島には何の関心も示しませんでした。

一六九九年以降、朝鮮王朝は三年ごとに官吏を鬱陵島に派遣し、日本の漁民が来てはいないか監視しました。以後いくつかの地図から、蔚珍県と鬱陵島の間に描かれた于山島が消えました。その間には何の島もない、ということが自然に分かって来たからです。それでも于山島という島に対する幻想はなくなりませんでした。一八世紀以降于山島が、再び鬱陵島の南そして東に漂うのはそうした理由からです。

于山島の終着地

一八八一年、日本人が鬱陵島に不法侵入しました。これを契機に一八八二年、高宗は李奎遠《イギュウオン》を検察使として派遣し、鬱陵島を詳しく探査させました。一八八三年からは鬱陵島に人を住まわせました。なんと四六六年ぶりのことです。派遣する李奎遠に高宗は「鬱陵島の近所に松島、竹島（日本でいう竹島とは違うもの）、于山島があるそうだが、距離がどれほどなのか調査しなさい」と命じます。そしてさらに加えて、「松島、竹島、于山島を合わせて鬱陵島と呼ぶ者もいる。これについても詳細に調べなさい」とも命じ

地図12-4　「大韓全図」中の鬱陵島と于山島（1899年）

ます。このことから、一八八二年の時点でも、朝鮮王朝の鬱陵島に対する理解は混乱していたことが分かります。後に鬱陵島から帰って来た李奎遠は、「于山島は見つけることができなかった」と報告しました。当時彼が詳しく描いた鬱陵島の地図には、竹島という付属の島はあっても、于山島はありません。つまり李奎遠は、東南八七キロの海の中に浮かぶ岩の島が分からなかったか、分かったとしても、それを鬱陵島の付属とは考えなかったのです。

それでも、于山島に対する幻想はなくなりませんでした。一八九九年、大韓帝国の学部が「大韓全図」という地図を製作しました。地図12-4はその地図の鬱陵島の部分です。于山島は鬱陵島の東北に付く小さな島として描かれています。一七年前、李奎遠が「竹島だ」と言った、まさにその島です。今日も「竹島《チュクト》」と呼ばれる島です。先に紹介したように、一八世紀以来、いくつかの地図で于山島の位置が鬱陵島の東北に動いていました。そこに何らかの小さな島が実在している、という情報が影響を与えたようです。とにかく一八九九年、学部は「大韓全図」を製作しながら、その島を于山島と考えました。一七年前、李奎遠が于山島は見つけられなかったと述べた報告は、大きな影響を与えなかったようです。

長い間続いて来ている于山島に対する幻想は、簡単に無くなるものではなかったということです。

幻想の判明

一八八三年に居住することが許されて以降、鬱陵島の人口は一九〇〇年までに一〇〇〇人に増加しました。日本人も多く暮らしましたが、それは主にアシカ狩りのためでした。一九〇〇年、大韓帝国は勅令四一号を出して鬱陵島を郡に昇格し、郡守を派遣しました。そのとき、郡の領域を定めるに際し、「鬱陵全島と竹島と石島《ソクト》を管轄する」としました。竹島は今日の竹島（現在日本が言うところの竹島ではなく、鬱陵島のそばの竹島）です。問題は石島です。これをもって今日の韓国政府や学者たちは独島だと主張しています。韓国が独島固有領土説を主張するとき、一つの強力な根拠として提示されるのが、この石島＝独島説だと言えます。果たしてそうでしょうか？

それを検討する前に、まずはこの勅令四一号によって于山島が行方《ゆくえ》をくらましたという事実に注目する必要があります。以後、于山島はどの資料にも現われません。一五世紀初めに鬱陵島から人々を引き上げさせて生まれた于山島は、あちらこちらを漂ったあげく、消滅したのです。その一年前の「大韓全図」まで描かれ続けて来た島でした。その由緒深い島を大韓帝国がそれ以上言及しなくなったのは、それが幻想の島だったことにやっと気づいたからです。それ以外には解釈できません。私は、大韓帝国の勅令四一号は「于山島は幻想の島だ」と公布したのと同じだと考えています。

大韓帝国は新しい行政区域を宣布するに際し、鬱陵島と付属の島嶼《とうしょ》を調査したものと思われます。その結果、竹島と石島を郡域に指定しました。竹島は今の竹島そのものです。竹島以外で今日鬱陵島に付属する島は観音島《クァヌムド》で、それ以外には人が暮らす島はありません。ということは、勅令四一号の石島は今の観音島だったと言えます。それでも韓国政府や学者たちは「石島は独島だ」と主張しています。一種の自家撞着《じかどうちゃく》だと考えます。

独島固有領土説によると、独島は久しい以前から于山島と呼ばれて来ました。その于山島が一八九九年と一九〇〇年の間に突然、石島と名前を変えた、と言うのです。私はこのような主張にどうにも納得できません。今まで説明して来たように、于山島は地図ごとにさ迷う島でした。一八八二年には「于山島を探せ」という王命まで下されました。しかし探せませんでした。ついに一九〇〇年、大韓帝国はその于山島を放棄しました。つまり大韓帝国は、一九〇〇年まで独島を知りませんでした。それなのに、その年新たに現われた石島を独島だと主張するのです。そうであるならば、なぜ于山島を捨てたのでしょうか。だから自家撞着と言うのです。

「石島＝独島説」の屁理屈

韓国政府と学者たちが、石島は今日の独島だ、と主張する論理は次の通りです。韓国の固有語の読みを借りた解釈です注43。

――固有語の音を当てると石島の「石」は「トル」、「島」は「ソム」だから、固有語で石島は「トルソム」になる。ところで、慶尚道《キョンサンド》や全羅道の方言で「トル」は「トク」とも言う。したがって、石島を慶尚道や全羅道の方言で読むと「トクソム」だ。その「トクソム」を「独（トク）」という漢字と「島（ト）」という漢字を借りて表記すると「独島（トクト）」だ。――

この主張もやはり、かなりの自家撞着です。あまりに貧弱な論理のつなぎ合わせに気が滅入って来ます。客観的に見て独島は、石の島というより岩の島です。石と岩は違います。したがって石島は、初めから独島とは無関係の島です。また、特定の音を表記するため文字を借りる借字現象は、ある意味を正確に代弁する文字がないときに現われる現象です。我々には長い漢字文明圏としての歴史があります。「いしじま」という意味を漢字で「石島」と表現するのは、少しも難しいことではありません。「いしじま」は慶尚道と全羅道でも、漢字で表記される際には間違いなく「石島」でした。漢字を知る有識者だったらそのくらい何のことはない文字生活を送っていました。あえて確実でもない方言を借りて「トルソム」を「トクソム」に変え、さらに「トク」に「独」という的外れな漢字を当てて表記する必要はありませんでした。

日本の独島編入

一八八三年から鬱陵島で暮らし始めた朝鮮人たちは、遠く東南の海上に漁労に出かけ、そこに独りポツンと存在する島を指して「独島」と呼び、そう書き残し始めたと推測されます。独島を鬱陵島の付属島嶼と考える住民の共同認識も、自然に生じたように見えます。しかし大韓帝国の中央政府が、独島を客観的に認知したり、官吏を送り探査したことはありませんでした。国土の四方の境界を明確にするには、全国を科学的に測量し、その成果を地図にして描く必要がありましたが、率直に言って大韓帝国の力量と水準を超える仕事でした。その結果一九〇〇年、鬱陵島郡域を画定するとき、独島は除外されてしまいました。

周知のとおり一九〇五年、日本は独島を自国の領土に編入しました。ある契機で独島の履歴を調査し、それが朝鮮王朝に所属していないことを確認してからのことでした。一年後の一九〇六年、その事実を偶然知った鬱陵郡守が、「本郡所属の独島が日本に編入されました」と報告しますが、中央政府はそれに対し何の反応も示しませんでした。すでに日本に外交権を奪われた保護国だったからだ、という弁明は困ります。第三国との外交の権利を奪われていたとしても、自らの国土と人民に対する支配権は残っている独自の国家でした。大韓帝国が日本に異議を唱えなかったのは、独島に対する認識がない中、日本の行為を大して重要なことだと思わなかったためです。

まさにこの部分が国家間領土紛争の「決定的時点（critical point）」だと思われます。日本が独島を自国の領土に編入する際、それを認知した大韓帝国は異議を唱えませんでした。そのため今日韓国政府が、独島問題を国際司法裁判所に提起しようという日本政府の主張を受け入れられない立場にあるのは、誰もが知っている事実です。率直に言って韓国政府が、独島は歴史的に韓国の固有の領土であると証明する、国際社会に提示できるだけの証拠は、一つも存在していないのが実情です。（韓国の）読者の皆さんには不快に聞こえるかもしれませんが、国際司法裁判所の公平無私な裁判官たちは、そのように判断するでしょう。私は一人の知識人として、その点を指摘しないわけにいきません。

韓国の独島編入

最後に、一九四八年大韓民国成立後の経過を簡略に紹介しておきます。一九五一年九月、日本と連合国の間で平和条約が結ばれます。その条約で日本の領土の境界が決定されました。当時韓国政府は、会議の主管者であるアメリカに、独島を日本の領土から分離してくれるよう要請しました。そうしながらも、そのことに関する適切な根拠を提示することができませんでした。韓国政府の要請を受けた米国務省は駐米韓国大使館に、独島がどこにあるのか問いました。大使館の職員は、独島の位置と履歴について正確に説明することができませんでした。一九五一年八月、米国務省は韓国政府に次のように返信しました。それは、背筋がゾクッとするほど正確な答えでした。

独島、別の名では竹島あるいはリーアンクール岩（Liancourt Rocks）と呼ばれることに関連し我々の情報によれば、通常人が居住していないこの岩の塊は、韓国の一部として扱われたことがなく、一九〇五年以来日本の島根県隠岐島の管轄下に置かれていた。韓国は以前にけっしてこの島に対する権利を主張しなかった。

周知のように一九五二年一月、李承晩大統領は平和線（李承晩ライン）を発表し、独島を韓国の領土に編入しました。このようなアメリカの見解に反発したわけです。以後、韓日間で独島紛争が始まりました。アメリカは、韓国に通告した自らの見解があるにもかかわらず、二国間の紛争に介入しませんでした。両国との関係が大切であり、領土紛争というのは理性と法理の問題というより、感情と興奮の対象である場合が多いためです。

このややこしい問題に対し、李承晩政権以後の歴代政権は賢明に対処して来ました。独島は我々の領土であると主張し続けながら、相手方を刺激する攻撃的姿勢は自制して来ました。日本政府も同様でした。そのような姿勢で一九六五年、両国間の国交を正常化し、友好的関係を増進して来ました。金大中政権が韓日漁業協定を改定するに際し、独島を含んだ海を両国の共同漁労区域に設定したのも、そのような立場からです。一握りの民族主義者たちが漁業協定の改定を非難しましたが、金大中政権はそれに動じることなく賢明に対処しました。

ところが、二〇〇三年の盧武鉉政権から違って来ました。盧武鉉政権は独島に対し攻撃的姿勢を取りました。独島にいろいろな施設を設置し、住民を送り込み、民間に観光を推奨しました。すると日本政府が抗議し、それがまた韓国政府と国民の強硬な対応を呼ぶという悪循環が増幅されました。以後、韓国社会が独島をどのように捉えて来たのかを紹介します。

我が祖先の胆嚢

二〇〇五年のことです。韓国詩人協会の詩人たちが独島まで行って、詩の朗誦会を催したことがあります。そのとき発表された高銀の詩を紹介します。まず、一九八七年に発表された彼の「白頭山」という長編の叙事詩から。前述した「白頭山」で高銀は国土を、白頭山を頭とする身体として謳《うた》いました。しかしそのときは、独島について言及しませんでした。国土の東の端を謳うに際し、鬱陵島の聖人峰《ソンインボン》に軽く言及しただけです。つまり一九八七年までは、高銀の国土感覚に独島はそれほど重要ではなかったのです。

ところが、紛争が本格化した二〇〇五年の詩の朗誦会で高銀は、独島について次のように謳いました。

我が祖先の胆嚢《たんのう》独島
あんたの年季の入った胆汁で
私はあらゆる波濤《はとう》の生を耐えた

独島が我々の身体のなくてはならない部分として創出されたのです。当時朗誦されたいくつかの詩は、後に『私の愛　独島』という詩集として出版されました。副題がさらに刺激的です。「独島の岩を砕けば韓国人の血が流れる」です。独島が反日種族主義の象徴として登場するようになるにつれ、国土を貫流する韓国人の血脈が独島の岩にまで根を張るようになったわけです。日帝が全国の血脈を切ったと言って、一九九五年、金泳三政権が全国の山地に打ち込まれた鉄杭を引き抜くというでたらめな騒動を起こした一つの呪術的精神世界が、一〇年後、似たような契機と象徴により正確に再生したのです。そのようにして独島は韓国人を支配する反日種族主義の熾烈な象徴の最たるものとして、最も神聖なトーテムに浮上しました。

このような低劣な精神世界に留まっていたのでは、独島問題の解決は不可能だと考えます。金大中政権まで続いた歴代政権の冷静な姿勢に戻って行く必要があります。一九五一年、米国務省が明らかにしたように、独島は一つの大きな岩の塊に過ぎません。土地があり、水があり、人が暮らす島ではありません。国際社会が領海を分ける指標として認定する島ではありません。それを民族の血脈が湧き出るものとして神聖視する種族主義の煽動は、止《や》めなければなりません。冷徹に于山島と石島の実体について考えてみなければなりません。挑発的な施設は撤収し、観光への誘いは中止しなければなりません。そうしてから、長く沈黙する必要があります。その間は、日本との紛争は低い水準で一種の儀礼として管理されなければなりません。最終的解決は、遠い未来の世代に先送りしなければなりません。そうすることができれば、そうした判断力と自制力を持った国として、韓国は先進社会へと進歩して行けるでしょう。独島を凝視すると、生身の韓国が見えて来ます。独島に関する省察は、我々にそのような歴史的課題を提示しています。

参考文献
許英蘭「独島領有権問題の性格と主要争点」（『韓国史論』34巻〔２００２年刊〕所収）
［許英蘭(2002),「독도 영유권 문제의 성격과 주요 쟁점」,『한국사론』34.］
李相泰『(史料が証明する) 独島は韓国の地』経世園、２００７年刊
［이상태(2007),『(사료가 증명하는) 독도는 한국 땅』, 경세원.］
朴進熙『韓日会談―第1共和国の対日政策と韓日会談展開過程―』鮮仁、２００８年刊
［박진희(2008),『한일회담―제1공화국의 대일정책과 한일회담 전개과정―』, 선인.］

＊池内敏『竹島問題とは何か』名古屋大学出版会、２０１２年刊

孫承喆『独島、その歴史的真実』景仁文化社、２０１７年刊

［손승철 (2017),『독도, 그 역사적 진실』, 景仁文化社.］

注40：高麗仁宗の命により金富軾らが１１４５年に編纂した、新羅・高句麗・百済に関する歴史書。紀伝体（本紀・年表・志・列伝など中国の正史の構成）で書かれている。朝鮮古代史研究の基本史料のひとつ。

注41：『世宗実録』の１４８巻から１５５巻を占める全国地理書。首都の京都漢城府をはじめ全国8道（京畿・忠清・慶尚・全羅・黄海・江原・平安・咸吉）内の府・州・郡・県の沿革・境域・戸口・姓氏・人物・産物・古跡などを記している。

注42：朝鮮王朝世宗の命により金宗瑞・鄭麟趾らが１４５１年に編纂した、高麗に関する歴史書。紀伝体で書かれている。高麗史研究の基本史料のひとつ。

注43：固有語とは漢字語ではない固有の言葉。日本における「漢語に対する和語」のようなもの。日本で「山」を音（漢語）では「サン」、訓（和語）では「やま」と読むのを想起されたい。

13 鉄杭神話の真実

金容三

鉄杭騒動の出発

「植民地期に日帝は朝鮮の地から人材が出るのを防ぐため、全国の名山にわざと鉄杭を打ち風水侵略をした」。今まで我々社会では、このような話が伝説のように口伝えされて来ました。果たしてそうだったのでしょうか。それは事実ではありません。みな嘘です。

日帝が打ち込んだという鉄杭がみなニセモノだったという事実は、私が『月刊朝鮮』一九九五年一〇月号に書いた「大韓民国の国教は風水図讖《としん》か？」という記事で明らかにしました。この記事が出たあと、独立記念館[注44]が展示していた鉄杭は片付けられ、日本では産経新聞の黒田勝弘記者が、その経緯を取材して国際面トップ記事で報じました。

我々の社会に鉄杭騒動を引き起こす契機となったのは、金泳三政権が一九九五年二月に「光復五〇周年記念力点推進事業」として推進した鉄杭除去事業です。それ以前は主に民間の次元で、「我々を考えるつどい」という団体と西京大の徐吉洙《ソギルス》教授が、鉄杭除去事業を推進していました。ところが、文民政府だと宣言した金泳三政権がいきなり乗り出して来て、鉄杭引き抜きが一種の国策事業として格上げされたのです。

政府が乗り出す前まで民間人たちが「日帝鉄杭」と言って除去した鉄杭は、北漢山《プッカンサン》の一七本、俗離山《ソンニサン》の八本、馬山《マサン》舞鶴山《ムハクサン》鶴峰《ハクボン》の一本が全てでした。しかし、民間人の除去した鉄杭は、日本人が風水侵略のために打ち込んだというかなる証拠もない中、信じるか信じないかという曖昧な次元で抜き取られた、というのが実情でした。

北漢山の鉄杭は一九八四年、白雲台《ペグンデ》で登山をしていた民間団体が、登山客たちから「倭人たちがソウルの精気を抹殺するために打った鉄柱」という説明を聞いて除去したものです。この鉄杭が独立記念館の日帝侵略館に展示され、我々の社会に「鉄杭騒動」を拡散させる契機になりました。しかし、白雲台の鉄杭除去に関わった風水師・徐吉洙教授をはじめ、「我々を考えるつどい」の具《ク》ユンソ会長などの誰もが、その鉄杭は日帝が風水侵略のために打ち込んだものだということを合理的、科学的、客観的に立証する根拠を提示できませんでした。ただ、確かな噂と口伝えによるのだから「日帝の所業であることは確実だ」という水準でした。

地官と易術人を鉄杭専門家として動員

独立記念館も、白雲台鉄杭を科学的に調査、研究、分析せず、寄贈者の話だけを信じて展示しました。このようにほとんど迷信として広がっていた噂話を根拠に、金泳三政権が光復五〇周年を迎え、突然推進し始めたのが鉄杭除去事業でした。青瓦台の指示を受けた内務部（内務省）が全国の各市郡邑面（邑・面は郡の下の行政区画）に公文を送り、勢いきって事業を開始しましたが、深刻な問題が生じました。地方行政官庁に、自分たちの町で発見された鉄杭が風水侵略のために日帝が打ち込んだものだということを立証してくれる専門家がいなかったのです。結局、地方行政官庁は、町の中で風水が多少は分かるという地官[注45]や易術人、俗称占い師を鉄杭鑑定専門家として動員しました。

写真13-1　金泳三政権が光復50周年を迎え推進した鉄杭除去事業の一場面

一九九五年二月一五日から八月一四日までの六カ月間に全国で受け付けられた住民の申告は四三九件、このうち日帝が打ち込んだ鉄杭だとして除去されたものは一八本でした。私は『月刊朝鮮』の記者時代に全国一八カ所の鉄杭除去現場を訪ね、周辺の住民、公務員、専門家に確認しましたが、日帝が打った鉄杭として明らかにされたものは一つもありませんでした。
事例をいくつか紹介します。

慶尚北道亀尾《クミ》市金烏山《クモサン》で除去された鉄杭を鑑定した専門家は、大邱《テグ》の易術人・閔《ミン》スンマン氏でした。彼は「金烏山に鉄杭が打たれている場所は風水学的に明堂（優れた場所）だ」と言いました。「龍が天に向かって立ち上がる場所に仏が横たわっており、その額の部分に鉄杭が打たれていた」と言うのです。私が彼に「仮にそうだとして、この鉄杭は日帝が打った、という科学的で客観的な証拠は何ですか」と訊くと、彼は「証拠はないが、金烏山は風水的観点からして非常に重要なので、日帝の所業に間違いないと推定した」と答えました。製作時期についても、表面の腐食程度だけで推定し、ほかの方法で検証したりはしなかった、と証言しました。

慶尚北道金泉《キムチョン》市鳳山《ポンサン》面広川《カンチョン》里の訥誼山《ヌルイサン》で発見された鉄杭も、金烏山の事例と同じく大邱の易術人・閔スンマン氏が、金烏山のときと似たような理由で日帝の鉄杭と鑑定しました。忠清《チュンチョン》北道永同《ヨンドン》郡秋風嶺《チュプンニョン》面馬岩山雲水峰《マアムサンウンスボン》でも鉄杭が除去されましたが、永同郡庁の担当公務員は「日帝が打ったという根拠がなく、そうなのかどうなのか迷いながら抜いた」と言いました。

疑惑だらけの鉄杭は一九九五年六月五日午後、盛大な山神祭と共に除去されました。賑やかなお祭り騒ぎの山神祭と鉄杭除去行事は、日本のＮＨＫ、ＴＢＳなどが取材に来て撮影して行きました。忠清北道丹陽《タニャン》郡永春《ヨンチュン》面上《サン》一里、南漢江北壁入り口でも、三本の鉄杭が発見されました。情報提供者たちは、「一八九四年頃、永春面で抗日義兵と日本軍の間で大きな戦闘が起こった。それで、抗日運動が再び起こらないように、日帝が将来、将軍の生所となる場所に鉄杭を打ち込んだのだ」と主張しました。

住民の多数決で「日帝が打った鉄杭」に決定

一方、前永春面面長であり現地住民の禹《ウ》ゲホン氏は、私に「それは日帝が打ったものではなくて、解放後住民たちが北壁の下に舟の綱を結ぶために打ち込んだものだ」と証言しました。禹氏は「郡庁の人たちにこの事実を何度も説明したけれど、どんなに話をしても聞き入れてくれず、日帝が打った鉄杭に化けてしまった」と虚しく語りました。

江原道寧越《ヨンウォル》郡南面土橋《トギョ》四里でも鉄杭が除去されました。この鉄杭は一九九五年六月一三日に発見されましたが、光復五〇周年のイベントとして雰囲気を盛り上げるため、二カ月先の光復節（日帝から解放された八月一五日を記念する日）の前日、八月一四日にドラマチックに除去されました。

私が現場に行って確認してみると、除去された鉄杭はボールペンより少し長いくらいでした。明堂の急所を断つために打ったというにはあまりにも小さく感じました。関連して提供された情報には、壬辰《じんしん》倭乱[注46]当時、明の将軍・李如松が打ち込んだという説と、日帝が韓日併合後に打ち込んだという説の二つの説があったが、日帝が打ち込んだという人がより多かったため、そのように判断して除去した、というものもありました。住民の多数決によって「日帝が打ち込んだ鉄杭」に決定されてしまったわけです。

江原道揚口《ヤング》郡では、合わせて三本の鉄杭が除去されました。この地域の鉄杭は、一番長いものが二メートル五八センチ、直径は二・五センチで、大型というのが特徴でした。しかし、除去された鉄杭の状態を見ると、鉄器には門外漢の私の目にも、表面に錆《さび》もなく、あまりにも新しくきれいで、最近作られたものに間違いないと思えました。鉄杭があまりに新しく、もしも日帝の仕業でなかったらどうしようか、と心配した人々が、「専門家の考証を受けた後で除去するのがよさそうだ」という意見を出しましたが、無視されました。三・一節（独立運動の記念日）の行事に合わせ雰囲気を盛り上げるのに汲々としていたからです。その結果、三・一節の前日の二月二八日、マスコミの大々的な注目を浴びながら鉄杭が除去されました。この鉄杭が日帝の風水侵略だという証拠は「伝説に従い三千里」（ドラマの名前）と変わりのない住民の証言だけでした。

揚口で除去された鉄杭は、ソウル国立民俗博物館で開かれた光復五〇周年記念の「近代百年民俗風物展」に展示されました。日帝が打った鉄杭だという証拠が全くないこの鉄杭の前には、次のような説明文が付けてありました。

民族抹殺政策の一環として、日本人は我々民族の精気と脈を抹殺しようと、全国の名山に鉄杭を打ったり、鉄を溶かして注いだり、炭や瓶を埋めた。風水地理的に有名な名山に鉄杭を打ち込み、地気を押さえ人材輩出と精気を押さえ付けようとしたのだ。

鉄杭除去専門家として知られる「我々を考えるつどい」の具ユンソ会長や徐吉洙教授も、全国で発見された鉄杭が日帝の風水侵略用鉄杭だという根拠はない、という事実を率直に認めました。

具会長や徐教授は、地方自治体の鉄杭鑑定要請を受けて、いくつかの地域で調査作業に関わった結果、それらは、軍の部隊が打ったもの、木材電柱を支持するためのもの、鉱山や山道に物資を運搬するために打ったものであることが分かった、と言いました。それにもかかわらず、公務員たちは「日帝の鉄杭にしてくれ」と哀願する場合が大部分だったそうです。

測量基準点を鉄杭と誤認

真実を語る時が来たようです。鉄杭が打ち込まれているという情報が提供された地点を調査した結果、それらの地点と、測量のための基点として活用される大三角点や小三角点の地点が、相当一致することが分かりました。これを立証してくれる人が江原道華《ファ》川《チョン》郡下《ハ》南《ナム》面三和《サムファ》里の李《イ》ボンドゥク氏です。

彼は、二一歳だった一九三八年頃、山林保護局臨時職員として朝鮮総督府林政課から来た測量技師・古賀ジュウケン（当時三〇歳）と張吉福《チャンギルボク》（当時二五歳）を連れ、華川・揚口一帯を巡って測量業務を手伝ったそうです。彼は「日帝時代、この国の人々は、測量のために山の頂上や峰の上に設置した大三角点を、日帝が急所を射るために打ち込んだ鉄杭だと誤解した」と証言しています。大三角点とは測量基点の標識のことで、頭の部分の十字の真ん中に測量器の軸を合わせて測量する基点です。日本は朝鮮を併合したあと、土地調査のため歴史上初めて近代的測量を行ない、その過程で測量基準点の標識を全国の高い山に設置しました。国を失った朝鮮人たちは、全国の山の頂上ごとに立てられたおかしな形をした棒を見て、「倭人たちが朝鮮に人材が出ないように穴（急所・つぼ）を塞ぎ回っている」と噂し、それを広めたのでした。

測量技師が山に登って大三角点を設置すると、住民たちは夜、山に登ってこれを掘り出し、金槌で砕いたあと、あちこちにばらまいたということです。村の青壮年に測量器を山のてっぺんまで運ばせたのだが、この人たちが山に登りながら「倭人が急所を射る山」と囁《ささや》き合い、頂上で大三角点に測量器を立てるのを見て、「おじさんたちはあれを見て、急所を射るって言ってたんだなあ」と言い、がっくりしながら山を降りて行くのを何度も目撃した、と李ボンドゥク氏は語ってくれました。「我々を考えるつどい」の具会長も、「鉄杭が打たれているという情報が入った地域に行って確認してみると、測量用三角点が打たれている所が多かった」と率直に認めました。これが今まで私たちが信じてきた鉄杭神話の真実です。
鉄杭神話は、韓国人の閉ざされた世界観、非科学性、迷信性が、長い歴史と共に反日感情と結合し作られた低劣な精神文化を反映しています。その精神文化を我々は「反日種族主義」と規定しています。経済的には先進国のグループに入った二一世紀の韓国人が、まだそのような種族主義の世界に閉じこもっていてもよいのでしょうか？

参考文献
金容三「大韓民国の国教は風水図讖か？」（『月刊朝鮮』１９９５年10月号〔１９９５年刊〕所収）
[김용삼 (1995), 「대한민국의 国教는 풍수도참인가?」, 『월간조선』 1995년 10월호.]
＊村山智順著、朝鮮総督府編『朝鮮の風水』国書刊行会、１９７２年刊
李夢日「韓国風水思想史研究」（『大韓地理学会誌』26巻3号〔１９９１年刊〕所収）
[이몽일 (1991), 「한국풍수사상사 연구」, 『대한지리학회지』 26 (3).]
李夢日『韓国風水思想史研究』明宝文化社、１９９１年刊
[이몽일 (1991), 『韓国風水思想史研究』, 명보문화사.]
慎鏞廈『日帝植民地政策と植民地近代化論批判』文学と知性社、２００６年刊
[신용하 (2006), 『일제 식민지 정책과 식민지근대화론 비판』, 문학과 지성사.]

注44：忠清南道天安にある歴史博物館。１９８２年の教科書問題により国民的な建設運動が起こり、87年8月15日に開館した。主として19世紀後半以後の日本による侵略と、それに対抗した朝鮮人の独立運動に関する展示を行なっている。

注45：風水師のこと。墓や住居・都市の吉凶禍福をその位置・方角などによって占う人。
注46：豊臣秀吉による朝鮮出兵（文禄の役）の朝鮮での呼称。壬辰は始まった年（1592年）の干支である。同じく慶長の役は、1597年の干支を使い「丁酉倭乱」と呼ぶ。

14
旧総督府庁舎の解体
――大韓民国の歴史を消す

金容三

金泳三大統領の突然の決定

一九九三年、金泳三政権は発足するやいなや、いきなり国立中央博物館として使われていた建物を「旧朝鮮総督府の庁舎」と呼び、「日帝の蛮行」の遺物であると攻撃しました。その建物は、その昔に朝鮮総督府の庁舎として建てられ、解放後には大韓民国の国会が発足した現場であり、大韓民国の建国を宣布した歴史の現場です。そして第一共和国から第三共和国までは（一九四八～七九年）「中央庁」という中央行政府の庁舎として、その後一九九三年までは国立中央博物館として使われた由緒の深い歴史空間でした。

その建物が、一夜にして国立中央博物館から旧朝鮮総督府の庁舎に追いやられたわけですが、その撤去を指示したのは金泳三大統領でした。金泳三氏は大統領就任式で、「いかなる同盟国も民族より良いとは言えない。いかなる理念、いかなる思想も民族よ

写真14-1　1970年代の中央庁

りさらなる幸福をもたらすことはない」と「民族」優先の政治を宣言し、就任直後から汎国家的に反日感情を増幅させました。民族主義の狂風が津波のように社会を飲み込んでいた一九九三年八月九日、金泳三大統領は「民族文化の精髄である文化財を昔の朝鮮総督府の建物に保存するのは間違ったことだ。朝鮮総督府の建物を解体し、国立中央博物館を新しく建てろ」と指示しました。

「朝鮮総督府の庁舎」という烙印《らくいん》を押された問題の建物は、全斗煥《チョンドゥファン》政権の大々的改補修工事を経て国立中央博物館として機能し始めて七～八年程度しか経っていない、新しい建物と変わりないものでした。この何の問題もなく国立博物館として使われていた建物を、大統領が撤去しろと命じたものですから、さっそく大騒ぎになりました。

新しい博物館が準備されていたわけでもない中、撤去だけが決定されたため、国宝などの宝物を保管する臨時博物館が必要となりました。文化部（文化省）はあたふたと国立博物館の敷地にあった食堂を改築して臨時博物館とし、宝物を移したあと、国立中央博物館を解体することにしました。国立中央博物館、すなわち旧総督府の庁舎を撤去する日取りは、光復五〇周年になる一九九五年八月一五日に決定しました。そしてソウル龍山の家族公園の中に、新しい博物館を建てることにしました。

撤去の名分は民族精気や風水学

金泳三政権は、光復五〇周年を迎え民族主義の気運を大々的に高めようとしました。「民族精気の回復」という名分を掲げ、内務部は日本が打ち込んだという鉄杭を除去する運動を始めました。それと共に、大韓民国臨時政府の要員たちの遺骸を中国から奉迎し、共産主義系列の独立運動家も国家有功者に指定しました。教育部（文部省）は、皇国臣民養成を目的にしたという理由で「国民学校」という名称を「初等学校」に直しました。そうした中で「歴史を正す」というスローガンまで登場しましたが、一体誰が、どういう歴史を、どのように正したのかを覚えている人は誰もいません。それ以前から朝鮮総督府の建物の撤去を煽動した人々がいました。その煽動にも、鉄杭除去と同じように風水家たちの働きかけがありました。一九九三年七月一一日、風水研究家として活動した前ソウル大教授・崔昌祚《チェチャンジョ》は、『京郷新聞』に次のようなコラムを寄稿しました。

北岳《プガク》はソウルの主山だが、その優れた気脈が景福宮の勤政殿まで伸び、その血脈を広げ、そこから国中に白頭山の精気を分け与えるというのが、伝統地理家たちの考えだ。ところが倭人たちが国土を強占した後、北岳の精気が景福宮に続く所に彼らの頭領である朝鮮総督の宿所を造り、気脈の首を絞め、国気の出発点である景福宮南側に総督府の庁舎を造り、首を絞め、口を塞ぐはめになった。当然二つの建物を撤去し原状復旧することが風水の正道だ。

このような風水家の主張が、総督府の建物を撤去しようという世論を爆発させるきっかけとなりました。風水家たちの主張が事実なのかどうか弁別する科学的で客観的な証拠があるわけがありません。むしろそんな論理には疑問が投げかけられて当然です。果たして朝鮮総督府の建物を撤去したからといって、押さえ付けられた民族精気が蘇るのでしょうか？　ただの建物一棟、鉄杭数本に窒息死するほど、この民族の精気は虚弱だったというのでしょうか？

総督府の庁舎から中央庁に

日本が朝鮮総督府庁舎として建てた建物は、プロシアのゲオルグ・デ・ランデという建築家が設計を担当しました。この人が設計を完成せずに死亡したため、台湾総督府の設計者だった日本人建築家・野村一郎、朝鮮総督府建築技師・国枝博、朝鮮人建築技師・朴吉龍《パクキルリョン》などがあとを継いで設計を完成させました。庁舎の竣工式は一九二六年一〇月一日に挙行されました。八年とみた建設工期は一〇年に延び、工事費も予算より二倍も多くかかりました。完成した建物は、当時の日本内地と植民地を含め、東洋最大の近代的建築物でした。イギリスのインド総督府やオランダの東インド総督府を凌駕する壮大な規模だったと知られています。

朝鮮総督府が我々の地から出て行ったのは一九四五年九月九日でした。この日から総督府の庁舎は、大韓民国の近現代史における非常に重要な歴史の現場として存在するようになります。一九四五年九月九日、庁舎の第一会議室で、米第二四軍軍団長ジョン・ホッジ中将が第九代朝鮮総督・阿部信行から降伏文書を受け取りました。ソウルに進駐した米軍は、総督府の庁舎を米軍政庁の庁舎として使いました。米軍はこの建物をキャピタルホールと命名しましたが、鄭寅普《チョンインボ》という人がこれを「中央庁」と翻訳したため、以後はその名称が使われ続けました。

一九四八年五月三一日、中央庁の中央ホールで大韓民国の国会が開かれました。七月一七日には憲法がこの場所で公布されました。続いて七月二四日には大韓民国の初代大統領の就任式が、八月一五日には大韓民国政府の樹立の宣布が、中央庁の広場で行なわれました。国会は一九五〇年六月二七日まで、この建物を国会議事堂として使用しました。

その後、中央庁は李承晩大統領の執務室に、韓国戦争のときには朝鮮人民軍庁舎に使われました。国連軍の仁川上陸で人民軍が退却した際、火が放たれたため、中央庁の内部はみな焼け、破壊されました。一九六二年一一月二二日、戦争で破壊された庁舎を復旧し、中央庁の開庁式を挙行しました。その後は中央行政府の庁舎として使用されて来ました。改補修作業を経た一九八六年には、機能を変え、国立中央博物館に衣替えしました。

大韓民国の歴史の清算が真の目的

金泳三大統領が「旧総督府の庁舎を撤去せよ」と命令したのは「民族精気の回復」のためでしたが、彼の本当の意図は他の所にありました。「民族史の間違った根幹を正す」というのが彼の真の意図だったのです。それと関連して金《キム》正男《ジョンナム》は、『月刊朝鮮』におけるインタビューで「金泳三大統領は、中央庁の建物で展開された韓国現代史が、自分の政権の正統性とはほど遠い恥ずかしく清算すべき歴史なので、その建物に対し愛着を感じなかったようだ」と発言しました（『月刊朝鮮』一九九三年一〇月号）。つまり、独裁、市民革命、軍部クーデターが織り成す、李承晩、朴正熙、全斗煥、盧泰愚《ノテウ》政権に象徴される韓国現代史を清算すると共に、自分の政権の歴史的正統性を高めようというのが、金泳三大統領の真の意図でした。

旧総督府の庁舎を撤去した金泳三大統領の真の目的は、正統性のない歴代政権の清算でした。ちょうどその頃、戦前中国で活動した大韓民国臨時政府の要人たちの遺骸を国立墓地に奉迎すると共に、臨時政府の庁舎を中国で復元する計画が発表されました。一方では、一二・一二[注47]と五・一七[注48]をクーデターに準じる事件と規定することによって「歴史を正す」裁判を進行させ、全斗煥と盧泰愚の前職大統領をはじめとする軍部の核心勢力を収監しました。

金泳三大統領は、日帝時代に総督の官邸であり、その後歴代大統領の執務室として使われた青瓦台本館の建物についても、総督府庁舎と同じ論理で撤去を指示しました。そのため李承晩、尹潽善、朴正熙、崔圭夏《チェギュハ》、全斗煥など前職大統領が暮らした場所である地上二階地下一階の建物が、撤去されて跡形もなく消え去りました。それだけでなく、青瓦台周辺にある旧中央情報部の安家という建物を壊し、その跡に公園を造成しました。軍部独裁の象徴ともいえる安家に報復を加え、国民情緒にカタルシスを与えるのに成功した金泳三は、この頃大人気でした。このような撤去の行進に対し御用メディアは「第二の建国」と持ち上げました。文化界の有名人士たちは「日帝が朝鮮王朝の景福宮を破壊し、そこに朝鮮総督府の建物を建てたため、国の脈が切れて国土が分断され、同族を殺し合う悲劇が訪れた」と、ためらいもせず非理性的で反知性的発言をしました。

一九九五年八月一五日の光復五〇周年慶祝式で中央ドームの解体を開始し、以後朝鮮総督府の庁舎は撤去作業に入りました。一九九六年一一月一三日、建物の地上部分の撤去が完了しました。一九九八年八月八日、独立記念館は中央ドームと建築部材で「朝鮮総督府撤去部材展示公園」を造り、一般に公開しました。

ヴァンダリズム式文化テロ

写真14-2　撤去された朝鮮総督府の建物の中央ドーム部分（独立記念館の野外展示）

金泳三政権は朝鮮総督府の建物を撤去することによって、米軍政庁の歴史の現場、大韓民国制憲国会（憲法を制定した初代国会）の開院現場、大韓民国初代政権から中央行政府の庁舎として使われて来た空間、すなわち大韓民国の建国、産業化、民主化の歴史が展開された象徴的空間を跡形もなく消し去ることに成功しました。
正しい歴史と民族精気の樹立は、スローガンや政治ショーを通してなされるものではありません。恥辱の歴史空間を叩き壊すのはあまりにも安易なことです。そうしたからといって、その恥辱がなくなるわけではありません。金泳三政権は「恥辱の歴史空間を無くすのだ」と煽動しながら、実際には大韓民国制憲国会発足の現場、建国の現場、近代化の司令塔の役割を果たした現場を破壊しました。金泳三政権の「民族至上主義」が行なった旧朝鮮総督府の庁舎の撤去は、大韓民国の現代史をヴァンダリズム（歴史遺産の破壊）式に解体した、すなわち種族主義の極致を示す文化テロでした。

参考文献
金容三『建物は消えても歴史は残る』動かす力、1995年刊
[김용삼 (1995),『건물은 사라져도 역사는 남는다』, 움직이는 힘.]
咸成得『金泳三政権の成功と失敗』ナナム出版、2001年刊
[함성득 (2001),『김영삼 정부의 성공과 실패』, 나남출판.]
金忠男『大統領と国家経営』ソウル大学校出版文化院、2012年刊
[김충남 (2012),『대통령과 국가경영』, 서울대학교 출판문화원.]
朴吉声『社会は葛藤を作り、葛藤は社会を作る』高麗大学校出版部、2013年刊
[박길성 (2013),『사회는 갈등을 만들고, 갈등은 사회를 만든다』, 고려대학교 출판부.]

注47：1979年12月12日、国軍保安司令官だった陸軍少将・全斗煥、第9師団長だった陸軍少将・盧泰愚らを中心

とした勢力が韓国軍内で起こした粛軍事件。同年10月26日の朴正煕大統領暗殺事件後の政治的混乱への危機感も原因だった。

注48：1980年5月17日、全斗煥、盧泰愚らを中心とする新軍部勢力が、混乱する時局を収拾するとして非常戒厳令を全国に拡大、政党・政治活動の禁止、国会閉鎖などを行なった事件。翌18日から全羅南道光州で、これに抗議する運動（光州事件）が起こった。

15 親日清算という詐欺劇

朱益鍾

親日派は公共の敵

今日の大韓民国で親日派は公共の敵です。いわゆる過去の親日派は、死後処刑されるように、その行跡がいちいち掘り起こされました。盧武鉉政権は親日反民族行為者名簿を作り、また民族問題研究所は『親日人名辞典』を作って、子々孫々彼らを記憶するようにさせました。彼らの名前の入った道路名を変え、国立墓地での墓の掘り返しも進んでいます。また、現在の親日派、つまり何か別のことを言う人々、日帝植民支配期に我々民族は鍛練されたという趣旨の発言をした文昌克《ムンチャングク》[注49]氏は総理の指名者から外され、慰安婦の事実を本にした朴裕河《パクユハ》[注50]教授は、民刑事上の重い処罰の脅しを受けました。

果たして親日は、許されざる、必ず処罰を受けるべき犯罪なのでしょうか？　解放後、親日清算をしなかったことは致命的誤りであり、だから半世紀以上が過ぎてもなお親日清算をするというのは、正しいことなのでしょうか?

初代国会が推進したのは反民族行為者の処罰

まず、はっきりさせておくべきことがあります。我々は建国直後、親日清算ができなかったのではなく、反民族行為者の処罰ができなかったのです。そしてそこには、そうせざるを得ない事情があったのです。このことが正確に理解できないと、これからも親日清算騒ぎに惑わされることになります。

一九四八年の建国後、初代国会が推進したのは反民族行為者の処罰でした。憲法附則で「一九四五年八月一五日以前の悪質な反民族行為を処罰する特別法を制定することができる」とし、それによって「反民族行為処罰法」が制定されました。一〇月には反民族行為特別調査委員会、略称「反民特委」が発足し、調査と処罰作業に入りました。

「反民族行為者処罰と親日派処罰は同じではないか?」と疑問を持つ人もいるでしょう。しかし、両者は厳然と違うものです。直感的にも、反民族行為者が何か悪辣に民族に害を与えた者だとすれば、親日人物は単に日帝に協力した者、日帝と親しく過ごした者ではないですか?

たとえ話をすると、組織暴力団員と組織暴力団員の友だちは、全く違うものです。組織暴力団の構成員として活動することは犯罪ですが、組織暴力団員と親しいということは、犯罪とまでは言えません。もちろん、反民族行為者と親日派が完全に別というわけではありません。図15-1に見るように、親日派は反民族行為者を包摂しています。数学の集合の概念を使うと、反民族行為者は親日派の部分集合だと言えます。なぜそうなのか、少し後に説明します。

よく知られているように、建国直後、反民族行為者の処罰が進められましたが、うまくいきませんでした。反民特委が「悪質的反民族行為者」として六八八人を選び、調査を始めました。ところが、しばらくすると反民特委は解体し、反民族行為者の処罰は急《きゅう》遽《きょ》終了しました。起訴された反民族行為者中七九人が判決を受け、一〇人だけが実刑を言い渡されましたが、彼らもすぐに釈放されました。

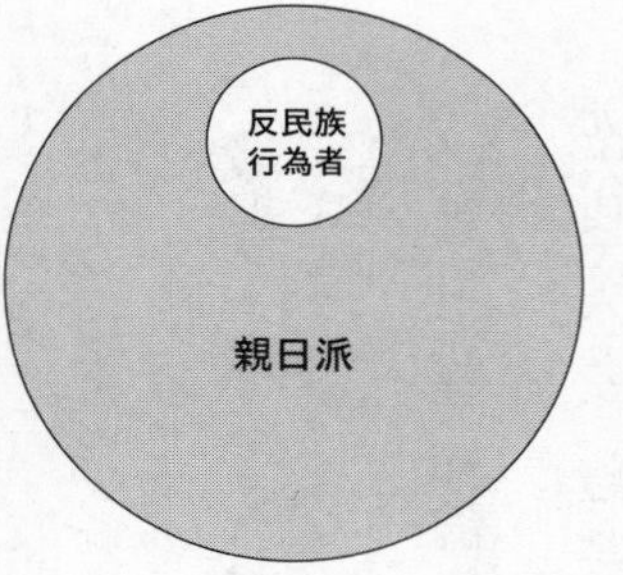

図15-1　反民族行為者と親日派

反民族行為者の処罰が思うように進められなかったのは、親日派に勢力があったからではありません。それは、反民族行為者の処罰よりもっと急がれた国家的課題があったからです。当時済州島では南労党（南朝鮮労動党、共産主義政党）の武装蜂起[注51]が鎮圧されておらず、麗水《ヨス》と順天《スンチョン》では駐屯国軍の反乱[注52]まで起こりました。新生大韓民国が共産勢力の蠢動《しゅんどう》で転覆の危機に追い込まれているというのに、反共闘争の最前線にいる警察幹部たちを反民族行為者として処罰することはできませんでした。反民族行為者の処罰よりも共産勢力との戦いがより重大かつ緊急だったため、李承晩大統領は反民族行為者の処罰を止めました。反民族行為者を処罰できれば良かったのですが、共産勢力との戦いのため、そうすることができなかったのです。反民族行為者の処罰はこれで終わりました。彼らを再び処罰する道はありませんでした。そして、しばらくは静かでした。

親日派清算論に変貌し蘇る

一九六四〜六五年の韓日会談反対運動のとき、反民族行為者処罰論が親日清算論に変貌して登場しました。当時、党利党略しか頭になかった野党政治家たちは、朴正熙政権に打撃を与えるため反日感情を積極的に煽りました。そうした雰囲気の中で在野の林《イム》鍾国《ジョングク》注53という人が一九六六年、韓国の代表的作家などの知識人たちが日帝時代にどんな親日行為をして来たかを論じた本『親日文学論』を出します。彼はその後、続けて何冊か日帝の侵略や親日の歴史に関する本を出しました。特に一九七九年に出した『解放前後史の認識』に載った「日帝末、親日群像の実態」は、知識層と大学生に広く読まれました。私が大学生のときで、それを読んだときの衝撃は今も記憶に残っています。

林鍾国が一九八九年に死亡すると、彼の遺志を継ごうという者たちが出て来ます。彼が一万二千余枚の親日人名カードを作り、残したのです。一九九一年、反民族問題研究所が創立され（後に民族問題研究所と名前を変える）、『親日派九九人』三巻と『清算されない我々の歴史』三巻を出すことで、親日清算論に火をつけました。彼らは一九九四年から、親日派告発作業の完結版として『親日人名辞典』の編纂作業を推進します。この研究所は二〇〇一年、親日人名辞典編纂委員会を組織し、編纂作業に国家予算の支援が受けられなくなると、国民から募金して発刊費を調達、作業に着手しました。

一方、盧武鉉政権では、国家次元の親日清算作業も進みました。二〇〇四年三月、「日帝強占下親日反民族行為真相糾明に関する特別法」が制定、公布されました。この法に従って、大統領所属の委員会として親日反民族行為真相糾明委員会が二〇〇五年に組織され、親日反民族行為者選定作業に入りました。二〇〇九年一一月末、活動を終えた委員会は、親日反民族行為者として一〇〇五人を選定しましたが、これは一九四九年に反民特委が取り上げた六八八人より三百余人多い数でした。

一方、民族問題研究所が組織した親日人名辞典編纂委員会は、二〇〇九年一一月、親日人物として四三八九人を選定し、辞典を編纂しました。これは、先の反民特委の反民族行為者数や、政府が選定した親日反民族行為者数より、大幅に多くなっています。清算対象がこのように増えたのは、該当人物の親日反民族行為が新たに明らかになったからではありません。より多くの人々が選定されるよう基準を変えた結果でした。一例として、日帝下の官僚のうち「反民族行為者」「親日反民族行為者」「親日人物」のそれぞれに選定される基準を調べてみたいと思います。

	反民特委調査対象反民族行為者	盧武鉉政権委員会選定親日反民族行為者	民族問題研究所親日人物
定義	（第4条6、9項）軍、警察の官吏として悪質的行為で民族に害を与えた者。官の公吏だった者でその職位を利用し民族に害を与えた悪質的罪跡が顕著な者	（2条16項）高等文官以上の官吏、または軍警の憲兵分隊長以上、または警察幹部として、主に罪のない我が民族構成員の監禁、拷問、虐待など弾圧の先頭に立った行為	植民統治機構の一員で植民支配の下手人となる行為
キーワード	悪質的	一定の職級以上で、弾圧の先頭に立つ	下手人

表15-1　官僚のうち反民族行為者、親日反民族行為者、親日人物の定義

表15-1を見ると、反民特委は「軍、警察の官吏、官の公吏として悪質的行為で民族に害を与えた者、また悪質的罪跡が顕著な者」を反民族行為者とし、盧武鉉政権は「一定の職級、階級以上の官吏や憲兵、警察として民族構成員の監禁、拷問、虐待の先頭に立つ行為をした者」を親日反民族行為者とし、さらに民族問題研究所は「植民統治機構の一員として植民支配の下手人となった者」を親日人物としています。それぞれ「悪質的」な者、「弾圧の先頭に立った」者、「下手人」が基準です。

すなわち、基準を下げてさらに多くの人が網にかかるようにしたのが、盧武鉉政権の親日反民族行為者選定や民族問題研究所の親日人物選定作業でした。より目の細かい網ですくえば、より多くの魚

がかって来るのと同じです。当然のこと、図15-2のように「反民族行為者∩親日反民族行為者∩親日人物」となります。

反民族行為者の処罰を親日派の清算にすり替え

反民族行為者と親日人物は違いますが、盧武鉉政権と民族問題研究所等は、「第二の反民特委」云々と言って、まるで建国直後失敗した反民特委を蘇らせたかのように国民に宣伝、煽動しました。その結果、それは十分に受け入れられました。『親日人名辞典』発刊に寄付金が殺到し、親日反民族行為真相糾明法の国会通過に、保守政党であり当時野党であったハンナラ党も同意しました。世論に押されたハンナラ党の行動は、完全にまともな精神とはいえない行為でした。

このとき、過去の反民特委では対象としなかった人たちが、大挙親日反民族行為者に登載されました。次頁の表15-2に見られるように、政府委員会が新しく親日反民族行為者

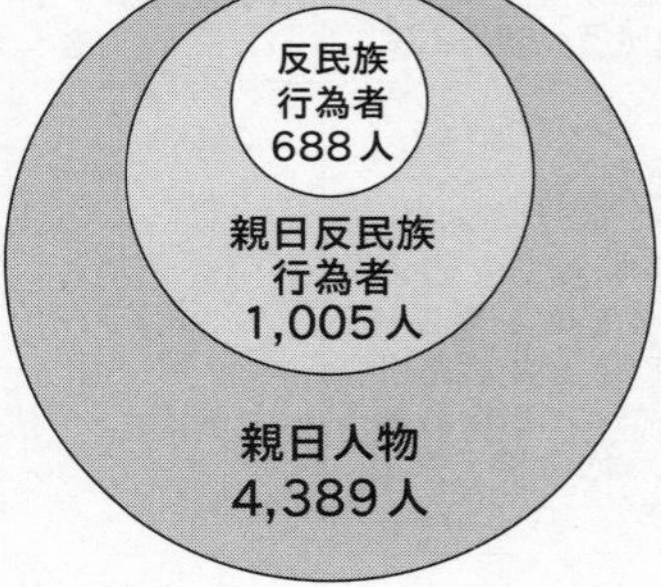

図15-2　反民族行為者⊂親日反民族行為者⊂親日人物

	反民特委調査対象 反民族行為者	盧武鉉政権委員会選定 親日反民族行為者	民族問題研究所 親日人物
総 数	688人	1,005人	4,389人
		（追加された人物） 金性洙、李応俊、兪鎮午、金活蘭、白楽濬、高凰京、張徳秀、盧基南、梁柱三、方応謨、金東仁、毛允淑、盧天命、徐廷柱	
			（追加された人物） 朴正熙、金鴻亮、安益泰、白善燁、金白一

表15-2　各範疇別の人物例

と選定した人たちの中には、第二代副大統領の金性洙《キムソンス》、創軍元老の李応俊《イウンジュン》、学界の兪鎮午《ユジノ》、教育者の金活蘭《キムファルラン》、白楽濬《ペクナクチュン》、高凰京《コファンギョン》、張徳秀《チャンドクス》、宗教界の盧基南《ノギナム》、梁柱三《ヤンジュサム》、言論界の方応謨《パンウンモ》、文学界の金東仁《キムドンイン》、毛允淑《モユンスク》、盧天命《ノチョンミョン》、徐廷柱などがいます。また、民族問題研究所の『親日人名辞典』には、これらに加えて新たに朴正熙大統領、安岳《アナク》の有力者であり独立運動家の金鴻亮《キムホンニャン》、愛国歌作曲家の安益泰《アンイクテ》、韓国戦争の護国英雄・白善燁、金白一《キムベギル》等が入っていました。

彼らは、反民特委では問題にならなかった人たちでした。私はこのことについて二つの疑問を持ちます。一つ目に、初代国会はなぜ彼らを問題にしなかったのでしょうか？　なぜ親日行為者までは処罰しなかったのでしょうか？　二つ目に、盧武鉉政権の執権与党と民族問題研究所などは、なぜ彼らを含むよう親日人物の範疇《はんちゅう》を拡げたのでしょうか？

最初の疑問から見て行きます。初代国会はなぜ親日行為者までは処罰しようとしなかったのか？　それは、親日行為者を皆処罰するとしたら、数十万人になるかもしれないからです。この親日行為者たちの多くは、日本軍に志願するよう宣伝し、戦時国債を買うよう勧め、日本軍の戦勝を祝いました。つまり、日本の侵略戦争に韓国人を動員するのに協力したのです。このような協力が決していいわけではありません。しかし、当時はそうするしかなく、またこれは、全朝鮮であまねく行なわれていたことだったため、初代国会もこうした人たちまで処罰しようとはしませんでした。

一例を挙げます。食糧の供出と労務動員は地方の末端官僚組織が担っていた仕事で、面の書記、面の担当職員はがむしゃらに食糧を探し出し、労務者を動員しました。彼らは明白な親日行為者だと言えるでしょう。また、教室で生徒たちが朝鮮語を使っていると言って叩き、忍苦鍛錬だと言って運動場で体操と作物栽培を強要し、山から松の根を掘って来るようせき立て、志願兵に応募しろと圧迫したりした教師も少なくありませんでした。彼らもやはり明白な親日行為者でした。上下の区別なく、戦時協力行為が広く行なわれていました。これらをみな処罰したら、その数は数万になるか数十万になるか分かりません。

それで初代国会は、高位級と巨物《おおもの》級で責任がより大きく悪質な反民族行為者だけ処罰することにしました。日本軍の将校だったり、武器を何度か献納したり、大東亜共栄圏を賛美したり、そうした詩を書いたりしたくらいは、処罰の対象にしませんでした。それが当時の国民的合意でした。親日協力行為の実態を詳細に知る当時の人々の出した判断なので、その判断は正しいのではないでしょうか。

次に、二番目の疑問を検討します。なぜ盧武鉉政権の執権与党と民族問題研究所などは、親日反民族行為者や親日人物という範疇を新たに作り出したのでしょうか？　なぜ彼らは反民族行為者を親日行為者にすり替えたのでしょうか？　金性洙、朴正熙、白善燁、徐廷柱、金活蘭などは、みな大韓民国の政治、国防、文化、教育の基を築いた人たちで、一言で言って建国の功労者たちです。左翼は、いわゆる大韓民国建国の功労者たちを親日派に格下げし、大韓民国を欠陥の多い国にしたかったのです。金性洙、朴正熙、白善燁、徐廷柱らを親日反民族行為者にすれば、大韓民国は、親日反民族行為者が建て威勢をふるった国、生まれてはいけなかった国になります。

この国についての内部からの呪詛

金性洙、朴正熙、徐廷柱などが親日人物であることは事実ではないか、と言う人もいるでしょう。よろしい、日帝末期の協力行為を問題にするのなら、みな探し出して明らかにしてみましょう。ところが、盧武鉉政権や民族問題研究所は、中下層の協力行為には免罪符を与えました。生計型犯罪は許すという論理ですが、彼らの犯罪行為もやはり軽くはありません。当時、米の供出、労務動員ほど農民と労働者に深刻な苦痛を与えたものがあるでしょうか？　山で教師がやらせた松の根採取に、幼い生徒たちがどれほど苦しんだでしょうか？　米の供出、労務動員、学生勤労動員を任せられた面書記、面労務係、巡査補、教師らも、明らかな親日反民族行為者です。詩で日本の勝戦《かちいくさ》を賛美した徐廷柱、盧天命がこれら匿名の面書記、巡査補、教師らより悪質だとする理由は全くありません。

盧武鉉政権の委員会と民族問題研究所などは、上層の協力者だけを問題にし、親日反民族行為者としました。そうしてそれが、反民特委がやり通せなかった親日清算だと言いました。これは詐欺行為です。知能的に人を騙し、反民特委がやり残した仕事をするんだと言って、大韓民国の建国、護国、富国の英雄たちを親日反民族行為者に追いやったのです。

実際に被害を受けた当時の人たちが全く問題にしなかったこれらの人々を、後代の人物たちが断罪したのです。「後に生まれた幸運を味わう者の暴挙」と言うしかありません。大韓民国の名誉を地に落とし、ぬかるみに嵌《は》まらせるためです。この国についての内部からの呪詛《じゅそ》と言わざるを得ません。今日、日帝に対する協力と北朝鮮政権に対する協力のうち、どちらがより重大な過ちだと言えるでしょうか。当然、後者です。日帝への協力問題を掘り下げる熱意で、過去大韓民国建国を妨害し破綻させようとした共産主義者たちとその同調者の活動を調べていますか？　金大中、盧武鉉政権が北朝鮮政権に協力し、結果的に北の核開発を助けた事実を調べていますか？　韓国人は親日派清算に向けるほどの熱意を持って、親北派、従北派清算に力を注いでいますか？　国民の命と財産のかかった真に重要な問題に集中すべきではないでしょうか？

参考文献
許宗『反民特委の組織と活動』鮮仁、2003年刊
[허종 (2003),『반민특위의 조직과 활동』, 선인.]
李康洙『反民特委研究』ナナム出版、2003年刊
[이강수 (2003),『반민특위 연구』, 나남출판.]
＊柳宗鎬『僕の解放前後―一九四〇－一九四九』春風社、2008年刊
朱益鍾「勝手に作った親日人名辞典」(『月刊朝鮮』2008年6月号〔2008年刊〕所収)
[주익종 (2008),「제멋대로 만든 친일인명사전」,『월간조선』2008년6월호.]

注49：新聞記者（1948〜）。『中央日報』で論説主幹・主筆などを歴任。セウォル号沈没事件後の2014年6月、朴槿恵大統領から国務総理に指名されたが、以前行なった、日本による植民地化や南北分断は神の意思だったとする発言等が問題視され、首相になれなかった。
注50：世宗大学教授、日本文学研究者（1957〜）。2013年刊の著書『帝国の慰安婦』に対し元従軍慰安婦9人から、同書の「自発的な売春婦」で「日本軍とも同志的関係にあった」などの記述は名誉毀損であるとして出版差し止めと損害賠償を求める裁判を起こされた。
注51：1948年4月3日に発生。「済州島4・3事件」とも呼ばれる。南朝鮮単独での制憲国会議員選挙実施が決定されたことに反対したもので、南労党員たちが警察署などを襲撃・占拠した。これに対し政府軍・警察が出動し

て鎮圧。数万人の死者が出たとされる。

注52：1948年10月19日に起こった軍隊による反乱事件。済州島4・3事件鎮圧のための出動を命じられた国軍が反乱を起こし、警察署の占拠、政治犯の解放、政府側に立つ人物の殺害などを行なった。事件は軍隊内に浸透した南労党勢力の影響によるもので、国軍と米軍により鎮圧された。

注53：詩人・評論家・歴史家（1929〜89）。詩人として出発し、親日派研究に進んだ。著書に『親日文学論』『日帝侵略と親日派』『日帝下の思想弾圧』などがある。

16

ネバー・エンディング・ストーリー「賠償！ 賠償！ 賠償！」

朱益鍾

日本に対する韓国民の被害賠償要求は、主に日帝末期の戦時強制動員に起因します。労務者、軍人・軍属、慰安婦としての動員による被害への賠償、または補償の要求です。その一環として日帝下強制動員の真相を糾明し、その被害者を支援するという政府の活動が、盧武鉉政権の二〇〇五年から始まり、二〇一五年末まで一〇年余り続きました。この政府委員会は強制動員被害者申告を受け、強制動員の実態に関する調査研究を行ないました。特に二〇一五年九月一七日まで、一一万二五五五件の慰労金などの支給申請を受け、そのうち一一万五二三件を処理しました。いわゆる戦時動員の真相糾明、被害者に対する補償などで成果がありましたが、①強制動員の性格規定、②公平性の欠如した支援の実情、③終わりのない被害補償要求という大きな問題点を生みました。

朴正熙政権の国内請求権補償

過去、朴正熙政権は、個別の国民に対する請求権補償を行なったことがあります。一九六五年の請求権協定で韓国政府は、日本政府から韓国側の請求権金額を一括受領したため、国内の個別の請求権者に対する補償金は、韓国政府が支給しなければなりませんでした。朴正熙政権は一九六六年二月、請求権資金管理法を制定しました。正式名称は「請求権資金の運用及び管理に関する法律」ですが、この法で、民間請求権は請求権資金の中で補償する、と規定しました。しかし関連法の制定が遅れ、実際の補償作業は相当に遅滞しました。

朴正熙政権は、まず対日民間請求権の申告を受け、次にその請求権者に補償するようにしました。対日民間請求権申告法が、国交正常化後五年も過ぎた一九七一年一月に制定されました。「対日民間請求権の正確な証拠と資料を収集」することがこの法の目的でした。申告対象九件のうち八件が、日本銀行券、日本国債、日本内金融機関預金、簡易生命保険及び郵便年金納入金などの財産関係のものであり、一件だけが、「軍人・軍属または労務者召集または徴用され一九四五年八月一五日以前に死亡した」者、つまり被徴兵と被徴用の死亡者という人命関係のものでした。申告対象者は持っていた証拠資料と共に申告し、証拠物を偽造するなど偽の申告をした場合は、刑事処罰されました。

一九七一年五月二一日から七二年三月二〇日まで、一〇カ月間申告を受け付けたところ、財産関係九万七七五三件、人命関係一万一七八七件の総計一〇万九五四〇件でした。この結果は、主申告対象者は財産権被害者であろうと想定した法条文の見通しどおりでした。人命関係が一万一千余件にしかならなかったのは、強制動員被害者としては、軍人、軍属、労務者として動員された中の死亡者だけを申告対象にしたからでした。

請求権補償法は一九七四年一二月に制定され、実際の補償金受領は一九七五〜七七年に行なわれました。請求権協定後一〇年が過ぎてからのことでした。民間請求権補償は、この請求権申告のうち受理されたものを対象にしました。財産関係申告者七万四九六七人に六六億一六九五万ウォンが支給され、被徴兵・被徴用死亡申告者一万一七八七人のうち八九一〇人が最終受理され、八五五二人に一人当たり三〇万ウォンずつ、合わせて二五億六五六〇万ウォンが支給されました。この三〇万ウォンは、当時、軍服務中に死亡した兵士や、対スパイ作戦で死亡した軍警察官に対する補償金水準に合わせたものです。総額九一億八二五五万ウォンでした。

よく、被徴兵・被徴用死亡者に対する支給額二五億六五六〇万ウォンは、請求権無償資金三億ドル（一九七四年のレート四八四ウォンを適用すると一四五二億ウォン）の一・八パーセントに過ぎなかった、と朴正熙政権が日本から受け取った請求権補償金を横取りし国民に支給しなかったかのように批判する人がいます。いわゆる鼠《ねずみ》の尻尾補償（雀の涙補償）云々です。

　しかし、請求権無償資金三億ドル全体が、被徴用者の請求権資金ではありませんでした。請求権交渉の際、韓国側は被徴用労務者の未収金として二億四〇〇〇万円を請求しましたが、日本側は、そのうち一億六〇〇〇万円は二重に計上されており、八〇〇〇万円に減額しなければならない、と主張しました。解放当時のドル貨対比円貨レート（一ドル＝一五円）を適用すると、被徴用労務者未収金八〇〇〇万円は五〇〇万ドルを少し上回ります。いわゆる請求権無償資金三億ドルの六〇分の一、一・七パーセントです。この被徴用未収金五〇〇万ドルの一九七四年ウォン貨換算額は二四億二〇〇〇万ウォンで、偶然にも被徴用死亡者補償金二五億六五六〇万ウォンと大方近い金額になります。朴正煕政権は請求権交渉の際に、日本が認定した労務者未収金と同じ金額を被徴用死亡者に支給したと言えますが、もちろん被徴用者未収金と被徴用死亡者補償金は全く別の範疇のものです。被徴用死亡者が被徴用者未収金を貰う何の根拠もありません。

　とにかく、一・八パーセント云々という、個別に国民が受け取るべき請求権補償金を朴正煕政権が横取りしたという主張は、朴正煕政権にケチをつけるためのでたらめな俗説に過ぎません。民間請求権補償額はみな合わせて九一億八二五五万ウォンで、無償三億ドルの六・三パーセントにしかなりませんが、これもやはり朴正煕政権が民間のお金を着服したのではなく、請求権を持ついくつかの金融機関、朝興銀行、韓国産業銀行、農協、漁協、金融組合連合会など国有金融機関に対しては補償しないことにしたからです。

盧武鉉政権の強制動員被害者支援事業

戦時動員関連負傷者や行方不明者のような被害者が補償を受けることができないことについては、批判され続けました。このため、盧武鉉政権の二〇〇四年に強制動員被害真相糾明法が制定され、政府委員会が二〇〇五年二月から被害補償に先立ち真相調査活動を始めました。そして軍人、軍属、労務者、慰安婦などにわたって二十二万八千余人の被害申告を受け付けました。被害調査が行なわれたあと、補償金や慰労金の支給を始めました。

同じ盧武鉉政権の二〇〇七年一二月、国外強制動員犠牲者などについての支援法が制定されました。そして二〇一〇年三月には二つの法、つまり真相糾明法と犠牲者支援法を統合して「対日抗争期強制動員被害調査及び国外強制動員犠牲者等支援に関する特別法」が制定されました。

犠牲者として、死亡者と行方不明者には一人当たり二〇〇〇万ウォン、負傷者には一人当たり最高二〇〇〇万ウォンの慰労金が支給されました。一九七五～七七年に補償金が支給された死亡者に対しては、二三四万ウォン（三〇万ウォンの二〇一〇年現在の価値換算額）が控除されました。未収金については一円当たり二〇〇〇ウォンずつを未収金支援金として支給し、生存者に対しては医療支援金が支給されました。

	慰労金支給		支援金支給		計
	死亡・行方不明	負傷・障害	未収金	医療支援金	
件 数	17,780	13,993	16,228	24,530	72,531
支援金額（億ウォン）	3,600	1,022	522	1,040	6,184

表16-1　委員会の被害者支援決定の実績

	真相糾明委 2005-09年	犠牲者支援委 2008-09年	統合委員会 2010-15年	計
人件費及び行政費	713	28	998	1,739
支援金額	—	1,751	4,258	6,009
計	713	1,779	5,256	7,748

（単位：億ウォン）

表16-2　強制動員委員会予算の内訳

　被害者支援として、十一万二千余件の支給申請中六四・五パーセントである七万二千五百余件に対し、支給が決定されました。死亡・行方不明が一万七七八〇件で、一九七〇年代に認定された八千五百余件の二倍を超えました。死亡者と行方不明者に対する慰労金三六〇〇億ウォン、負傷・障害者に対する慰労金一〇二二億ウォン、未収金支援金五二二億ウォンなど、合わせて六一八四億ウォンの支給が決定されました（表16−1）。

　支給が決定された支援金の大部分である六〇〇九億ウォンが、二〇一五年末までに支給されました。そして委員会の人件費と行政費として、合わせて一七三九億ウォンが使われました。全部で七七四八億ウォンという巨額を費やした事業でした(表16-2)。

調査作業の結果、戦時動員の多くの実態が明らかになりました。委員会が直接または委託して調査研究したものもあり、何よりも動員被害者が申告時提出した各種の写真、通知書、給与明細書などから、新たに多くの動員の客観的実情が判明しました。委員会は多くの調査報告書と写真集を出しました。二〇〇九年に出た『写真で見る強制動員物語 北海道編』はその中の一つです。この本には、韓国人労務者を宿所と作業場で撮った写真、給与明細書、死亡者補償関連資料などが、一目瞭然によく整理されています。この資料をうまく活用すれば、労務動員に関する、より正確で進展した論理が展開できると思います。八〇〇〇億ウォンに近いとてつもない資金が注ぎ込まれた事業の、当然の結果と言えるでしょう。

盧武鉉政権の強制動員被害者支援事業の過ち

この支援事業は、決して見逃せない重大な過ちを犯しました。私は、過ちは大きく三つと見ています。まず、満洲事変以後、日本など海外に行った労務者をみな強制動員された者と規定し、日帝下の強制動員規模を大きく膨れ上がらせました。この事業における国外強制動員被害者と犠牲者に対する定義を見てみます。

二〇一〇年の統合法では、国外強制動員被害を「満洲事変以後（一九三一年九月）太平洋戦争に至る時期に日帝によって強制動員され、軍人、軍属、労務者、慰安婦などの生活を強要された者が受けた生命、身体、財産などの被害」としました。また、国外強制動員犠牲者を「一九三八年四月一日から一九四五年八月一五日までの間に日帝によって軍人、軍属、または労務者などとして国外に強制動員され、その期間中または帰国する過程で死亡したり、行方不明になった人、または大統領令で決められた障害を受けた人」と定義しました。

被害者と犠牲者とで定義の始点が違うのも問題ですが、とにかくこの法では、一九三一年九月の満洲事変勃発以後、日本や海外の日本占領地に行った軍人、軍属、労務者、慰安婦らをみな強制動員された者としました。また、陸海軍特別志願兵、学徒兵、徴兵などを通して動員された軍兵士も被害者としました。

しかし、一九四四年九月に朝鮮人徴用制が実施される前は、労務者は募集と官斡旋で日本など海外に行ったのです。法的には自分の意思です。その募集と官斡旋の過程で、面長、面書記、面労務係、巡査などの強い勧誘があったとしても、基本的には本人の意思によるものでした。それなのに盧武鉉政権のこの事業は、それらを皆強制動員だったとすることによって、日帝による戦時動員の被害を大きく膨らませました。同様に、朝鮮人兵士の中には陸軍特別志願兵制に従い自発的に応募した人も多かったのですが、これらもみな強制動員被害者としました。そうしながらも、将校として行った人は強制動員被害者とはみなしませんでした。兵士と将校の間に志願動機や意識にどれほどの差があったのか、実は疑問です。これで今後、労働移動、労務動員、軍事動員の実態に関する研究がどんなに進展したとしても、一九三〇年代以降の全ての労働移動、軍事動員は、強制動員と呼ぶしかなくなりました。もう一つの歴史歪曲と言えるでしょう。

二つ目の過ちは、被害者支援に際しての、誰かは重複支援をし、誰かは支援しないという公平性からの逸脱です。軍人、軍属、労務者で解放前に死亡した人が、死亡補償金をきちんと受け取っているケースもたくさんありました。死亡補償金とは労務者の場合、遺族扶助料、団体生命保険金、退職手当、預金、成果金、積立金、債券などを言います。この死亡者のうち八千五百余人が一九七〇年代に補償金を受け取りました。同じ一つの事態に対し、日本の政府と企業、韓国政府の二カ所から補償金を受け取ったことになります。ところが、二〇〇〇年代には政府が、慰労金の名目でまたお金を支給しました。被害者ならば二重、三重どころか五重、十重でも補償を受け取ることができるというのは、果たして理にかなっているのでしょうか。

一方、被害者でありながら補償が受けられない人もいました。ビルマ（現ミャンマー）の戦線で右腕を失《な》くした傷痍《しょうい》軍人・金成寿《キムソンス》氏が、その一例です。彼は、『傷痍軍人金成寿の「戦争」――戦後補償を求める韓国人元日本兵』（日本語版、社会批評社、一九九五年刊）という本で自分の話を書きました。彼は一九二四年蔚山《ウルサン》の生まれで、日本軍に入隊し、一九四四年一二月、ビルマ戦線で右腕を失いました。帰国後、事業がうまくいき、生活に何の支障もなかったものの、老年になって事業に失敗し、生活が苦しくなったそうです。日本に帰化していたら月四〇〇万ウォンの軍人援護年金を受け取ることができたそうですが、彼は一九七五年の民間請求権補償を受けることができませんでした。負傷者は最初から対象ではなかったからです。朴正煕政権が処理を間違えたのです。補償にけち臭かったとでも言いましょうか。韓国政府から何の補償も貰えなかった彼は、一九九〇年代に入り、日本の裁判所に補償を求める訴訟を起こしましたが、結局、敗訴しました。請求権協定で日本の政府は韓国政府に無償三億ドルを支給し一括補償をした、というのが理由でした。朴正煕政権は日本の軍人として参戦し負傷した金成寿氏のような人への補償金を、きちんと支給しなかったのです。

国家の補償原則はきちんとしていなければなりません。韓国の現代史において国家的大事件で被害を受けたのは、一人や二人ではありません。同じ日本戦時動員者でも、ある人は三重の補償を受け、ある人は何も貰えない、また韓国戦争での戦死者やその後の対北スパイ作戦における戦死者は一回だけ補償を受けるというのは、著しく公平性に欠ける話です。一言で、国家の援護体系がでたらめであったと言うしかありません。

三つ目の過ちは、これから新たに現われると予想される被害補償要求の道を開いたということです。日本に行った労務者のうち無事に帰って来た、いわゆる生還者は、盧武鉉政権のときに初めて医療費扶助を受けた以外は、何の補償も受けられませんでした。彼らは、私にはどうして補償してくれないのか、と不満を持ったでしょう。このうちの一部は、日本の企業に強制動員された被害に対する補償を求め、日本の裁判所に訴えて出ましたが、却下されました。すると今度は、韓国の裁判所で訴訟を起こします。二〇一二年と二〇一八年、韓国の大法院は、労務者のうち「無事」に生還した者に対しても精神的被害への慰謝料を支給せよ、という判決を下しました。生還労務者はそれまで自身の被害に対する補償を受ける手立てがありませんでしたが、その大法院の判決でその手立てを得ることになりました。

大法院は、請求権協定が結ばれていたにもかかわらず、個人の対日請求権は消滅していないと考えました。こうなると、これからは死亡者、負傷者、生還者を問わず、みな慰謝料請求権を持つようになります。今回は生還者が慰謝料を請求しましたが、死亡者の遺族が慰謝料請求訴訟を起こしたらどうしたらよいのでしょうか？　韓国政府が支給した死亡者慰労金は二〇〇〇万ウォンですが、今回の生還者の慰謝料に対する判決額は一億ウォンです。今度は死亡者遺族が不満を持つでしょう。死亡者遺族は、慰謝料として何億ウォンずつかを貰わなければいけないと思うようになるでしょう。死亡・行方不明者として認定された二万人近い人たちの遺族がみな訴訟を起こし、五億ウォンずつ支給しろという判決が出たとしたら、合わせて一〇兆ウォンです。それ以外の負傷・障害者、未収金及び医療支援金受給者など、委員会から被害者と認定された人たちを加えれば、対象者は七万二千余人です。これらの人々に平均二億ウォンずつ支給せよという判決が出されたら、合わせて一四兆ウォンです。彼らがみな日本の企業を相手に個別訴訟を起こせば、大韓民国はこの訴訟で夜が明け日が暮れることでしょう。
慰謝料は日本の企業を相手に請求することになりますが、解放前に朝鮮人労働者を使った企業がみな存続しているわけではないので、誰かは慰謝料を請求でき、誰かは請求できないという不平等が生じます。また、今回の大法院の判決によって実際に日本の企業の財産の差し押さえが始まりましたが、これが政府次元の交渉で解決される見通しはほとんどありません。今後韓日関係は非常に悪化して行くでしょう。国交断絶の危機が来ないとも限りません。親しい隣国が一国もなくなるということです。これで韓国が生存できるのでしょうか？

このようなやり方の、いわゆる「強制動員被害に対する賠償要求」は永久に終わることがないでしょう。日本は罪を犯したのだから何を要求してもいい、というのが現在の韓国人の国民感情です。これは反日種族主義に伴う誤解と偏見によるものです。韓国戦争で南韓（韓国）だけでも一〇〇万人を死亡させ、一〇〇万人を負傷させた北朝鮮に対し、ただの一ウォンでも賠償や補償を要求したでしょうか？　日本に対しては地の果てまでも追って行って賠償要求をしながら、遥かに大きな被害を与えた北朝鮮に対しては一言も発せられないというのは、正常なことでしょうか？　これでいいのでしょうか？

参考文献
対日抗争期強制動員被害調査及び国外強制動員犠牲者等支援委員会『委員会活動結果報告書』

２０１６年刊
［대일항쟁기강제동원피해조사및국외강제동원희생자등지원위원회 (2016),『위원회 활동 결과보고서』.］
崔永鎬「韓国政府の対日民間請求権補償過程」（『韓日民族問題研究』８巻〔２００５年刊〕所収）
［최영호 (2005),「한국 정부의 대일 민간청구권 보상과정」,『한일민족문제연구』8.］
河スンヒョン「日帝強占期強制動員被害救済―韓国政府の被害補償内容を中心に」（成均館大学校修士学位論文、２０１１年）
［하승현 (2011),「일제강점기 강제동원 피해구제―한국 정부의 피해보상 내용을 중심으로」,성균관대 석사학위논문.］

17 反日種族主義の神学

李栄薫

ブローデルの歴史学

フランスの有名な歴史学者にフェルナン・ブローデルという人がいます。「二〇世紀歴史学の皇帝」とまで称賛された人です。彼は、歴史を構成する時間には三つの層位がある、と言いました。短期、中期、長期の三つです。一日一日あるいは年ごとに、数多くの事件が尾に尾を引いて起こります。時には戦争が起き、多くの人が死に、傷つきます。これは短期の時間です。その激動の変化にもかかわらず、ふつうの人々の日常生活は、彼らが置かれた自然環境のリズムや彼らの信仰する宗教の儀礼に従い、大きな変化もなく続いて行きます。これが長期の時間です。「長期持続」または「構造」とも言います。自然地理、気候、言語、宗教、心性などが、長期を構成する要素です。中期の時間については説明を省きます。

長期の時間はとてもゆっくり流れます。一〇〇年単位でやっと少しの変化が観察される程度に、その速度はゆるやかです。その時間に起こる民衆の日常生活と心性の歴史を追究したのが、ブローデルの偉大な業績です。私は反日種族主義という概念を提起しながら、ブローデルの歴史学を思い起こしました。反日種族主義は韓国人の内面を構成する長期持続の心性と同じだ、と思い至ったからです。

不変の敵対感情

ふつうの韓国人は、日本に対し良い感情を持っていません。不快な、あるいは敵対的な感情を持っています。それは長い歴史の中で受け継がれて来たものです。私は七世紀末、新羅が三国を統一したときからそうなったのではないかと考えています。以後千数百年間、韓国と日本は非常に近くにありながらも、為政者次元でも民間次元でも、交流が薄かったと言えます。近くにある二つの国がここまで疎遠であったのは、世界史の中でもその類例を探すのが難しいほどです。そのような中で日本に対する客観的理解は、ほとんど完璧《かんぺき》なまでに欠如しました。朝鮮王朝が描いた日本の地図が何枚かありますが、どれを見ても日本の姿ではありません。一八世紀半ばに描かれたある地図では、日本は多くの島から成る国です。他のある地図では、天皇の暮らす京都と畿内はありますが、将軍の暮らす江戸と関東はありません。朝鮮は日本の地理、文化、政治、経済について何も知りませんでした。ただ海の中にいる野蛮人とだけ捉えていました。

その点はおおまかに言って、二一世紀に入った今においても同じです。今日韓国の学者の中で、日本の歴史、文化、政治、経済について専門的識見を持っている人はまずいません。数年前私は、朝鮮の奴婢と日本の中世の奴婢を比較分析した論文を書きました。そのとき、韓国の歴史学者で日本の中世史について論文を書いた人はただの一人もいない、という事実を知りました。何人かの日本についての専門家がいますが、彼らも韓日両国の関係史を専攻するのに留まっているのが実情です。隣の国に対しこんなにも無関心なこと、そんな中で理にかなわぬ無知が横行していること、その無関心と無知がしばしば強烈な敵対感情として表出されることは、我々韓国人が遠い昔から引き継いで来ている長期持続の心性によると言えます。

土地気脈論

反日種族主義の形成には、これ以外にもさらに、いくつか考慮を要する文化的要因があります。種族水準の敵対感情を持続的に再生産するある「構造」が、韓国人の自然観、さらには生と死の原理に内在していると言えます。この章のタイトルを「反日種族主義の神学」としたのも、そのような趣旨からです。

初めに指摘したい要因は、韓国人が共有している自然観としての土地気脈論です。つまり、土地に吉だとか凶だとかいう気脈が流れている、という考えです。このことに関しては本書の所々で何度か言及しているので、詳しい説明は省きます。それによって韓国人は、全国土を一つの身体と捉えました。朝鮮王朝時代には、中国を世界の中心と考える世界観を反映して、国土を中国にお辞儀をする老人の姿に描きました。二〇世紀に入ると、その姿が白頭山を頭頂とする虎の姿に変わります。

そのような身体感覚は、いつのまにか強烈な反日感情の源泉にその役割を変えました。「日本よ、富士を自慢するな。我々には白頭があるんだ」。白頭山で活動した独立軍が歌ったという軍歌の一節です。そのように白頭山は、反日独立運動の象徴に変わって行きました。独島（日本で言う竹島）の場合も同じです。朝鮮王朝時代は独島について何も知りませんでした。おおまかに言えば、一九五〇年代までもそうでした。以後日本と紛争が始まると、独島は突然反日感情の最も熾烈な象徴として立ち上がって来ました。そこにもまぎれもなく、土地気脈論と国土身体論が作用しました。二〇〇五年に独島を訪れた韓国詩人協会の会員は、独島は「我が祖先の胆嚢」であるとか、「独島の岩を砕けば韓国人の血が流れる」などと、まるで独島が我々の体の一部であるかのように謳いました。

儒教的死生観

土地気脈論が二〇世紀に入り韓国人を一つの民族に結束させた文化的背景について、少し補足しておこうと思います。人の死体を地面の下に埋める韓国の土葬の風俗は、朝鮮王朝時代に入った一五世紀から始まります。それ以前は仏教の時代であり、葬礼はたいてい火葬でした。祖先に対する祭祀（日本風に言えば供養）も、寺に行き、亡き人の極楽往生を願う仏教の形式でした。朝鮮王朝時代が始まると共に儒教の時代となりませんでした。家々で行なう祖先への祭祀は、高麗時代まであります。朝鮮王朝時代が始まると共に儒教の時代となりました。それによって生と死の原理、すなわちこの世とあの世の関係も変わりました。儒教の世界では、人の生命は魂《こん》と魄《はく》の結合です。人が死ぬと魂は空中に散らばり、魄は地に染み込んで行きます。それで死体を土に埋める風俗が生まれたのです。

死んでからのある期間は、魂と魄は生気を維持します。それで子孫が祭祀を行なって呼ぶと、空中の魂と地中の魄が結合して子孫を訪ね、祭祀のもてなしを受け、子孫に福を授けます。そうして再び空中と地下に戻ります。長い歳月を経て魂と魄は生気を失い、完全に消滅します。ちょうどいろりの火がだんだん小さくなって行って灰になるのと同じです。魂と魄が生気を維持している期間は、死んだ当人の地位と密接な関連があり、天子は五代、諸侯は四代、大夫は三代、それ以下の人は二代と言われました。そうした代が過ぎると、死んだ人に対する祭祀は終了し、その位牌さえ地に埋めます。以上が中国古代の『周礼《しゅらい》』から成立した儒教の死生観と祭祀の意味です。

伝統と儒教の相互作用

外来儒教は伝統文化と相互に作用し合いました。儒教は伝統文化を抑圧しましたが、制約もされました。その過程で、中国とは相違した朝鮮儒教が形成されました。儒教が伝統文化に影響を与えた一つの例として、土地気脈論の強化を挙げることができます。

土地気脈論がいつ頃成立したのかはっきりしていませんが、遅くとも三国時代（四〜七世紀）からだと言われています。しかし、仏教が支配した高麗時代までは、それほど大きな威勢をふるうことはありませんでした。土地気脈論は朝鮮王朝時代以降、人の死体が土に埋められ、生命の一つの要素である魄が地に染み込むと観念されるようになって、だんだん強まり始めました。朝鮮王朝が残した地図でその点を知ることができます。後代になるほど、全国の地図は山脈の地図に変わって行きます。それは、白頭山に源を発する気運が、山脈に沿って全国に広がって行く様子を描いているのです。一八世紀以後は、吉相のある墓地を探す風水地理が勢いをふるうようになりました。一九世紀に入ると、全国各地で墓地をめぐる訴訟が広範囲に起こるようになります。

逆に、伝統文化が儒教に与えた影響もあります。少し前に説明したように、地に埋められた魄は一定期間が過ぎると完全に消滅します。ところが、朝鮮王朝時代の魄は永遠不滅です。他でもない土地気脈論の作用でした。朝鮮王朝時代に祖先の墓を重視する

写真17-1　慶尚北道安東の義城金氏の墓祭（金光億撮影）

葬礼と祭礼が生まれたのは、そのためです。父親が亡くなると息子は、墓の横に草幕（粗末な小屋）を建て、その中で二年間暮らしました（これを「侍墓」と言います）。侍墓が終わっても、毎年定期的に墓祭を行ないました。どんなに遠い祖先だとしても、墓がある限り墓祭は続けられました。なぜなら、墓に眠る祖先の魄は永遠不滅だからです。

その結果、中国とは相違した朝鮮固有の親族集団が生じました。中国では四代先祖、つまり高祖を同じくする血縁集団が親族です。五代以上は親族ではありません。もちろん中国は広い国なので、地方によっていろいろですが、たいていの場合はそのようです。それに比べて朝鮮では、大宗[注54]とか不遷位[注55]などと呼ばれるものを中心に、親族集団が五代以上無限に拡散しました。

墓祭が行なわれると、遠近各地の子孫たちがみな、代数の制限なく集まりました。その結果生まれたのが、世界的にほとんど類例を見ない族譜です。族譜によって一〇代、二〇代の遥か昔の祖先を共有する韓国人の親族文化は、以上のような一五世紀以来の儒教と伝統文化の相互作用により生まれたのです。

民族形成の原理

今ではある程度常識となった話ですが、韓国人が「民族」という言葉と概念を知るようになったのは、二〇世紀初期のことです。アンドレ・シュミットというカナダの学者が書いた『帝国のはざまで―朝鮮近代とナショナリズム』(糟谷憲一他訳、名古屋大学出版会、二〇〇七年刊)という本があります。韓国人が民族という概念を受容して行く過程と実態をよく描写した本です。民族という言葉は英語ではネイション nation です。ドイツ語ではフォルク Volk です。それをどのように翻訳するかについて、明治時代の日本はいろいろ模索しましたが、結局「民族」に落着しました。その翻訳語が朝鮮に入って来て定着する過程も、やはり朝鮮の伝統文化と相互作用する過程でした。その点をシュミットの本はよく描き出しています。一言で言えば、朝鮮における民族は、親族の拡大形態として受容され、定着しました。

最初に民族という言葉を広めた『皇城新聞』は、民族を解釈するに当たって親族の概念を活用しました。我々はみな同じ祖先から続く子孫だ、というようにです。伝統社会で親族とは、後代に無限に拡張するものなので、それはごく自然な現象でした。民族の歴史に対する叙述は、広大な族譜の形式をとるようになりました。シュミットは、韓国人が民族と親族を共通のものとして捉えたのには、地に気脈が流れるという風水地理説が作用した、と指摘しています。

民族の形成と関連して私が追加して指摘したい点は、親族間の横のつながりも重要だったということです。一九三一年、『万姓大同譜』という族譜が編纂されました。全国に分布した三三〇の有名親族集団を一つに統合した族譜です。朝鮮王朝時代では、これらはたいてい不遷位の祖先を祀《まつ》った一級身分の両班でした。『万姓大同譜』は、これら一級両班身分の婚姻関係を追跡したものです。『万姓大同譜』の序文は、何人かが書いたものを一つに集めたものですが、それぞれの内容は大同小異です。家ごとに族譜があるが、これを横につなげたのは、我々みなが元来は一つの祖先から分かれた子孫であるからだ、と述べています。ある人は、檀君から今に至るまで四三〇〇年の間に増えた人口を推算すると今の人口になる、という論理を展開しました。我々は皆檀君の子孫であるという民族意識は、このような精神作用の産物として生まれました。

一五～一九世紀の朝鮮では、そのような意識はありませんでした。朝鮮人が檀君を知らなかったわけではありません。朝鮮の建国に当たって国家と文明の正統性は、三〇〇〇年前に中国から渡って来たという箕子という聖人に求められました。「朝鮮」という国号自体が、箕子が立てた「箕子朝鮮」という国を継承した、という意味でした。そのような文化史観が支配する世の中で、我々はみな檀君の子孫だという共同体意識が生まれるわけがありません。しかも社会は、箕子の教えを悟った両班と、そうでない常民（サンノム）と奴婢とに分かれ対立する構造でした。そのような社会構造も、やはり民族の成立を阻害しました。民族は、箕子の国が滅び両班身分も解体された二〇世紀に入って、韓国人みなが日帝の抑圧と差別を受ける中で生まれた、新しい共同体意識でした。

申采浩の『夢天』

民族の形成と関連し、伝統文化の作用をもう一点、指摘しようと思います。これは従来全く注目されなかった点ですが、私はこれこそが最も重要だと思います。

まず申采浩《シンチェホ》[注56]が書いた小説『夢天』を紹介します。これは申采浩が民族主義者に変身して行く過程を叙述した自伝的小説です。ある日、ふと夢から目覚めると、申采浩は「ハンノム」という名の人間に生まれ変わっていて、大きな木槿《むくげ》の花の上に座っています。ハンノムとは「三韓の大丈夫」という意味です。ハンノムの前に高句麗の乙支《ウルチ》文徳《ムンドク》将軍[注57]が現われ、こう言います。「ハンノマ（ハンノムに呼びかける言い方）、この世の勝者はあの世の勝者であり、この世の敗者はあの世の敗者である」「この世の両班はあの世の両班であり、この世の下男はあの世の下男である」。そうして乙支文徳の高句麗軍と中国の隋の軍が衝突する場面を再生してみせ、乙支文徳軍が隋の大軍を滅ぼしてしまいます。

この幻想の場面は徹底して伝統的です。他ならぬ韓国人の精神世界を長い間支配して来たシャーマニズムが、あますところなくその姿を現わしています。シャーマニズムの世界では、死者の霊は不滅です。仏教やキリスト教では、人が死ぬと渡って行くあの世があります。人は死ぬと三途《さんず》の川やヨルダン川を渡ります。再び戻って来られない永遠の離別です。そのあの世の世界で、人間は絶対者である神の前で審判を受けます。人間は死ぬとみな平等になります。両班も下男もありません。審判の結果、善なる者は極楽や天国に行き、悪なる者は奈落や地獄に落ちます。

シャーマニズムの世界には、そのように渡って行くあの世がありません。この世とあの世を分ける確かな境界がないのです。死者の霊はあの世に行かず、この世の空中をさ迷います。そうする中で、生者とは別の独立的人格として活動します。父親の死霊は、息子が自分をきちんと遇しないと、腹を立てて息子に危害を加えます。最も緊密な父と息子の間柄だとしても、父親の死体は息子にとって恐ろしい存在です。それが有史以来、韓国人の精神文化を支配して来たシャーマニズムの世界です。仏教の時代になっても、シャーマニズムの世界は存続しました。

朝鮮に入った儒教の死生観は、伝統シャーマニズムの作用を受け独特なものに姿を変えました。死者の魄が土地気脈論の作用を受け永遠不滅になったように、死者の魂もシャーマニズムの作用を受け永遠不滅になりました。有名な両班身分の親族集団が不遷位の位牌を守るのも、偉大な祖先の魂は不滅だと考えるからです。先に指摘したように、もともと祖先の祭祀には代数に制限がありました。四代が過ぎれば位牌を地に埋め、祭祀を中断すべきでした。それにもかかわらず、官僚や学者として格別の評価を受けた祖先を持つ家門では、不遷位と言って位牌を埋めずに、永遠に祭祀を行ないます。そのような親族集団は、一九世紀まではだいたい二〇〇くらいに過ぎなかったのですが、それが日帝下では三三〇、今日では四七六にもなると言われています。不遷位祭祀は、それよりもっと広範な墓祭と共に、死者の霊は不滅であるという観念を拡散させました。その全てが、儒教の死生観とシャーマニズムの相互作用によって作り上げられたものです。

民族の身分性

不遷位祭祀が象徴するように、死者は死んでも生者の身分を維持します。申采浩が「ハンノマ、この世の両班はあの世の両班であり、この世の下男はあの世の下男である」と書いた言葉は、彼が作ったものではありません。彼が幼いときから馴染《なじ》み呼吸して来た伝統文化の死生観を表現したに過ぎません。そのような伝統文化から申采浩が発見した民族は、乙支文徳、姜邯賛《カンガムチャン》[注58]、李舜臣《イスンシン》[注59]のような偉人たちの魂魄が織り込まれたものだと言えます。戦争で負けたり、戦場から逃げたりした者は、死んでも敗北者なので民族の成員になることができません。申采浩の表現によれば、彼らは「肥溜の汚物にまみれて捨てられる」存在です。みすぼらしい下男は死んでも下男なのだから、神聖な民族の隊列に加わることができません。こうやって二〇世紀に入り、韓国人たちが発見した民族は身分を持ちました。庶民的ではなく貴族的身分です。

その点で韓国の民族は、近世の西ヨーロッパ人たちが彼らの宗教、神話、民俗から発見した自由人の共同体としての民族と相違しています。西ヨーロッパで生まれた民族は、王と貴族の横暴に抵抗する自由市民の共同体でした。それとは違って韓国の民族は、一般庶民とは分離された、その上に君臨する独裁主義や全体主義です。それが純粋な形態で完成されたのが、他ならぬ今日の北朝鮮世襲王政体制の金日成民族です。北朝鮮は一九九八年、憲法を改定し、「偉大な首領・金日成同志は民族の太陽であられ、祖国統一の構成であられる」（憲法における文章）と宣布しました。以後北朝鮮では、民族は金日成民族に変わりました。

韓国の民主主義がこれとは無関係だと思ったら大きな間違いです。何といっても同じ民族なので、南と北は長期持続する心性でお互いに通じ合っているようです。例えば韓国の現在の執権勢力は、いわゆる「民主化勢力」または「進歩勢力」ですが、北朝鮮の世襲王政体制に対して寛大です。理解しなければいけない、と言って批判しません。批判でもしようものなら「進歩的」でないと言って、その陣営から追い出されるそうです。甚だしくは、北朝鮮の世襲王政体制を「白頭血統」と公然と賛美するデモ隊が、白昼の

写真17-2　民族の太陽、金日成を崇拝する北朝鮮住民

ソウルの真ん中を歩き回っています。

種族主義の神学

整理しましょう。韓国民族主義の底辺には、長期持続する心性としてシャーマニズムが流れています。文明以前の、野蛮の上段に置かれた種族あるいは部族の自然宗教としてのシャーマニズムです。それが文明時代以降も長く続きました。そのため、二〇世紀に成立した韓国の民族主義は、種族主義の特質を強く帯びています。韓国の民族は、自由な個人の共同体とは距離があります。韓国の民族主義は、種族主義の神学が作り上げた全体主義的権威であり、暴力です。種族主義の世界は外部に対し閉鎖的であり、隣人に対し敵対的です。つまり、韓国の民族主義は本質的に反日種族主義です。

韓国の政治が自由民主体制に発展して行くためには、韓国の経済が自由市場経済に進出して行くためには、韓国の文化が先進的教養を培い成熟して行くためには、この歴史と共に歩んで来た反日種族主義から脱却する必要があります。簡単ではないと思います。ゆるやかな速度で進む長期持続の領域だからです。しかし世界は変化しています。情報・通信革命が急速に進行中です。そのような希望を抱いて、反日種族主義清算のための一大文化革命を推進して行かなければなりません。

参考文献

申采浩『夢天』1916年刊
[신채호 (1916), 『꿈하늘』.]
＊アンドレ・シュミット著、糟谷憲一他訳『帝国のはざまで―朝鮮近代とナショナリズム』名古屋大学出版会、2007年刊
琴章泰『鬼神と祭祀』ジェイエンシ、2009年刊
[금장태 (2009), 『귀신과 제사』, 제이앤씨.]
鄭炳碩「儒家の死観―生死の連続と不朽の死―」(『民族文化論叢』58巻〔2014年刊〕所収)
[정병석 (2014), 「儒家의 죽음관―生死의 連續과 不朽의 죽음―」, 『민족문화논총』58.]
姜祥淳「朝鮮社会の儒教的変換とその裏面―鬼神と祭祀共同体―」(『歴史民俗学』50巻〔2016年刊〕所収)
[강상순 (2016), 「조선 사회의 유교적 변환과 그 이면―귀신과 제사공동체―」, 『역사민속학』50.]
朴賛勝『民族・民族主義』小花、2016年刊
[박찬승 (2016), 『민족·민족주의』, 小花.]

注54：朝鮮の宗族制度において、長子相続によって祖先から引き継がれて来た父系の親族集団全体を指す。これに対して小宗とは、そこから分かれた傍系のことで、高祖父を共通の祖先とする子孫の集団である。

注55：不遷之位の略。国に大きな功績を残した人物について、死後5代が過ぎても位牌を祠堂に置いて祭祀を続けること。一般に祖先の祭祀は4代前までであり、5代になれば位牌を地に埋めることになっている。

注56：独立運動家・歴史学者・小説家（1880〜1936）。『大韓毎日申報』主筆となって愛国啓蒙運動を行ない、韓日併合後に中国に亡命して独立運動に参加。1928年に台湾で逮捕され獄死した。『朝鮮上古史』などを刊行し民族史学を樹立した歴史家とされる。

注57：6世紀末から7世紀初めの高句麗の将軍。生没年不詳。612年、隋の煬帝が高句麗に遠征軍を送った際、これを迎え撃ち、30万5000人の隋軍が2700人になるという大勝利を収めた。今も救国の英雄とされる。

注58：高麗の政治家（948〜1031）。1018年の契丹による高麗侵略に際し、71歳の高齢にもかかわらず、上元帥として20万人以上の軍を率い大勝利した。10万人の契丹軍のうち生還できたのは数千人だったという。

注59：朝鮮王朝の武将（1545〜98）。武官を選ぶ科挙・武科に合格し、1591年に全羅左道水軍節度使（全羅道沿岸を防御する水軍の司令官）となる。文禄の役に際し、亀甲船などの活躍により日本軍を破って制海権を握る。その後、誣告により入獄するが、慶長の役では水軍を率いて奮戦、戦死する。今も救国の英雄として銅像や硬貨の肖像になっている。

第3部

種族主義の牙城、慰安婦

18 我々の中の慰安婦

李栄薫

葛藤の原因

一九九一年、日本軍慰安婦問題が発生しました。金学順《キムハクスン》という女性が、日本軍慰安婦だった自分の経歴を告白しました。以降、百七十余人の女性たちが、自分も同様の経験者だった、と告白しました。彼女たちは、自分たちを慰安婦として連れて行った日本軍の犯罪行為に対して、日本の謝罪と賠償を要求しました。それから今までの二八年間、この問題をめぐって韓国と日本の関係は悪化の道を歩んで来ました。韓国人の日本に対する敵対感情は益々高まりました。日本の首相が何回も謝罪をし、補償を試みましたが、元慰安婦と彼女たちを支援する団体は、拒否しました。彼らは関連事案が日本の戦争犯罪であるため、日本が法律を制定し、公式の謝罪と賠償をすることを要求しました。日本政府は、そのような事例ではない、と拒否しました。何回か政府間の妥結がなされましたが、解決策にはなりませんでした。韓国内でさえ、それに対する意見は一致しませんでした。例えば、朴槿恵政権は日本政府との間で、この問題を最終的かつ不可逆的に清算するという協約を締結しました。しかし文在寅政権は、それを破棄しました。そして日本政府はそのことに対して反発し、両国関係は、さらに悪化しました。

私は、研究者の一人として指摘します。日本軍慰安婦問題に関する韓国側の理解には、多くの問題があります。ある問題に対して隣の国と争うとき、史実認識の水準に大きな差異があれば、例えば、一方が相手が認めていない史実が実在しているかのように主張すれば、討論や妥協は難しくなります。ここまでの二八年間、両国の友好関係が大きく損なわれたのには、問題の実態を客観的に理解しない韓国側の責任が大きいと思います。

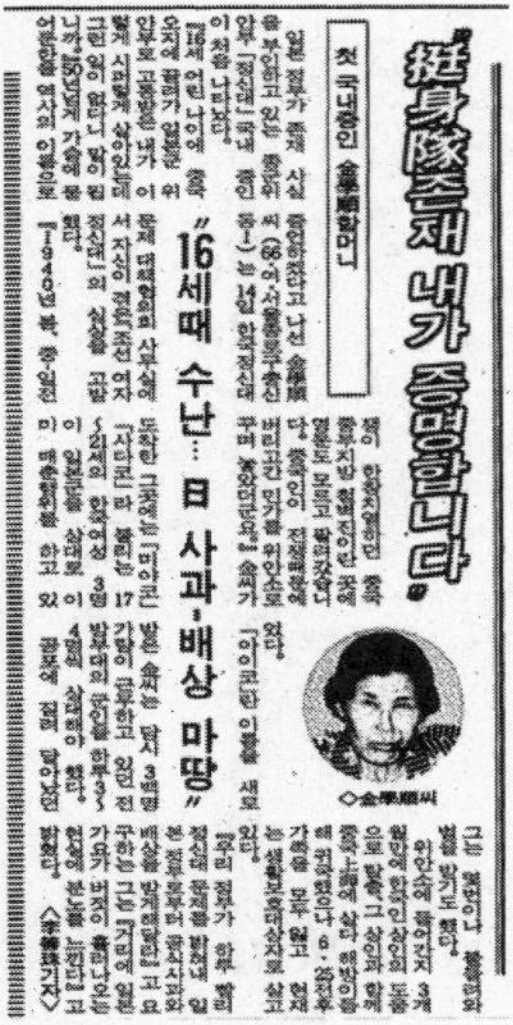
"挺身隊 내가 증명합니다"
첫 국내증인 金學順할머니
"16세때 수난… 日 사과·배상 마땅"
◇金學順씨

写真18-1　金学順の国内初めての慰安婦証言記事（『朝鮮日報』1991年8月16日）。見出しに「挺身隊」とあることに留意されたい

率直に言って、この問題に関する韓国側の優秀な学術書は一冊もない、と言ってもよいほどです。今からしっかりとその話をして行きたいと思います。

慰安婦の蔓延

日本軍が慰安所を設置し慰安婦を置いたのは、一九三七年から一九四五年までのことです。しかし、歴史を詳しく調べてみると、軍慰安婦は以前からずっと存在していたことが分かります。慰安婦という呼び方がなかっただけです。大きく見て、一五世紀以来の朝鮮王朝時代からありました。また、一九四五年に日帝が敗れ韓半島から撤退した後でも、慰安婦は、我が社会の中でずっと存在していました。繁盛したと言ってもいいでしょう。しかし既存の研究は、その長い歴史の中で一九三七~四五年の歴史だけを切り離し、日本軍の戦争犯罪だと責めています。そのため、史実に関する客観的理解に大きな問題が生じたのです。まず、解放後の慰安婦の歴史を説明します。

一九五六年、韓国政府は、性売買産業に従事する女性を、ダンサー、慰安婦、接待婦、密娼の四つに分類しました。ダンサーは英語そのままのダンサーdancerで、日帝期には芸妓と呼ばれました。料理屋で舞と歌を披露する女性のことを指します。慰安婦は英語ではプロスティテュートprostituteで、遊廓や私娼街で性売買を専業とする女性です。一般的な呼び方は娼女です。日帝期には娼妓と呼ばれました。接待婦は英語ではエンターテイナーentertainerで、飲食店で客席に座り、客の世話をする女性を指します。日帝期には酌婦と呼ばれました。密娼は英語ではハルロットharlotで、カフェ、バー、茶房、旅館などで性売買をする女性たちを指します。日帝期には女給と呼ばれました。このように性売買産業に従事する女性たちを四つに分類することは、政府が毎年発表した『保健社会統計年報』で一九六六年まで続きました。

表18-1は、一九五五年、一九五九年、一九六六年に性病検診を受けた彼女たちの部類別の実人数を表わしています。一九五五年には、総計一一万六四二人の女性が性病検診を受けました。そのうちの六万一八三三人が性売買を専業とする慰安婦でした。この数値は、月末や年末など特定時点で働いた慰安婦の人数を表わすものではありません。私娼街に短期的に滞在した後、一年以内に出て行く女性が多く、どの程度が出て行ったのかは、場所と年度により違うため一概には言えませんが、私は約三分の一程度と見ています。一九五五年の場合は、一年以内に出て行った女性は約六万人の三分の一の約二万人なので、年末に実在した慰安婦の総数は四万人程度ではなかったのかと推測しています。とにかく、性病検診を受けた慰安婦の実数は、一九五五年の六万一八三三人から一九五九年の九万八八九一

	1955年	1959年	1966年
総人数	110,642	164,471	391,713
ダンサー	3,196	4,734	8,524
慰安婦	61,833	98,891	250,964
接待婦	14,020	21,285	32,856
密娼	31,593	39,561	99,369

（単位：人）
資料：『保健社会統計年報』各年度版

表18-1　部類別性病検診女性の実数

人へ、一九六六年の二五万九六四人へと増加しました。性病検診の保健行政が強化されたことも理由として挙げられますが、私娼街の女性たちが急速に増えたのが主な原因であったことは否定し難いところです。

『保健社会統計年報』には、性病検診を受けた女性たちの年齢分布に関する情報があります。それによると、その四分の三が二〇代でした。これを利用し、政府が国勢調査を通して把握した二〇代女性の総数に対する慰安婦の比率を求めることができます。その結果は、一九五五年は三・二パーセント、一九五九年は三・二パーセント、一九六六年は八・一パーセントです。要するに、一九五〇年代では、二〇代女性の三三人に一人が私娼街の慰安婦であり、一九六〇年代では、一二人に一人がそうでした。実に少なからぬ比率であったと言えます。

前述の通り、韓国政府が『保健社会統計年報』で性売買を専業とする女性たちを慰安婦と規定したのは、一九六六年までです。つまり慰安婦は、一九四五年の日本の敗亡と共に消えたのではなく、一九六〇年代まで存続したのであり、むしろ盛んであったのです。このような「我々の中の慰安婦」については、今まで誰も注目しませんでした。彼女たちは、間違いなく日本軍慰安婦の系譜を継いだ存在でした。「慰安婦」という言葉そのものが「日本軍慰安婦」から生まれたものです。したがって、彼女たちをよく調べると、日本軍慰安婦の実態が分かります。しかし、誰もそうしませんでした。そのため、日本軍慰安婦に関する客観的認識に、大きな問題が発生せざるを得なくなったのです。

韓国軍慰安婦

「我々の中の慰安婦」の中に、日本軍慰安婦をそのまま複製したものがあります。韓国戦争期の韓国軍慰安婦がそれです。一九五一年のあるときと推測されますが、韓国軍は将兵に性的慰安を提供する特殊慰安隊を設立しました。一九五六年に陸軍本部が編纂した『六・二五事変後方戦史（人事篇）』によると、特殊慰安隊は、将兵たちの士気を高揚し、性的欲求を長期間解消できないことで生じる副作用を予防する目的で設立されました。ソウルに三個小隊があり、江陵《カンヌン》、春川、原州《ウォンジュ》、束草《ソクチョ》にそれぞれ一個中隊がありました。最前線の直ぐ後方の地域でした。特殊慰安隊の女性たちは、一つの地域に留まって行き来する将兵たちを受け入れたこともありますが、指示により、あるいは部隊の要請により、各部隊に出動して慰安を提供することもありました。江陵の場合、一つの中隊は八つの小隊で構成され、各小隊に配属された慰安婦は平均二〇人でした。その数値に基づくと、特殊慰安隊に所属した慰安婦の総数は七〇〇人程度と推算されます。

『六・二五事変後方戦史（人事篇）』は、一九五二年の一年間に慰安隊が挙げた慰安実績を月別統計で提示しています。ソウルの第一、二、三小隊と、江陵の第一小隊だけの実績です。これら四個小隊に属する慰安婦は八九人でした。彼女たちが慰安した将兵の総数は二〇万四五六〇人です。月平均では一万七〇四七人、一日平均では五六〇人、慰安婦一人当たりの一日平均は六・三人です。このように、韓国軍慰安婦に課せられた性交労働の強度は、一日平均六・三回でした。

複数の回顧録からも、韓国軍慰安婦に関するいくつかの情報を得ることができます。車圭憲《チャギュホン》という将校は、師団が送った慰安隊は、到着すると二四人用の野戦天幕に収容され、簡易の仕切りが設置されたあと兵士たちと接した、と回顧しています。兵士たちは、天幕の前で列を作って順番を待ち、女性にチケットを渡してから慰安を受けました。金《キム》喜午《ヒオ》という将校は、連隊から隷下の中隊に八時間ずつ働く六人の慰安婦を第五種補給品として送った、女性たちは連隊の幹部らが、士気高揚のため、大金をはたいてソウルから調達した、と書き残しています。このことから、韓国軍の幹部たちが慰安婦を、戦争遂行のための補給品として認識していたことが分かります。また、韓国軍が正式に編成した特殊慰安隊以外にも、部隊長の裁量によってソウルなどの私娼街で慰安婦を募集し、臨時的に運営した慰安隊もあったことが分かります。

韓国軍慰安婦について最も詳しい回顧録を残した人は、蔡命新《チエミョンシン》将軍です。黄海道が故郷の信心深いキリスト教信者で、解放後に共産主義体制の北から南に逃げて軍人になった人です。韓国戦争時は、敵の占領地域に浸透した南のゲリラ部隊を率いた勇将でした。後の朴正熙政権時代には、ベトナムに派遣された韓国軍の司令官も務めました。この人が『死線を越え、また越えて』という回顧録を執筆しました。その第五連隊の連隊長時代の話の中に、要約すると次のような慰安婦に関する回顧が出て来ます。

第五連隊が後方に退《ひ》いて来た。私は、武功を挙げて勲章を貰った将兵たちに、チケットを優先的に配分した。チケットを貰った一九歳の朴《パク》パンド軍曹は童貞で、慰安部隊の天幕の中に入ることを頑《かたく》なに拒絶したが、分隊員らにむりやり押し入れられた。女性にイチモツを触られ、童貞であることをからかわれたため、朴パンドは逃げ出した。翌日、彼は再挑戦し、とうとう成功した。朴パンドは、チケットをもう一枚ほしい、と言って来た。我が部隊は再び戦線に投入され、朴パンドは惜しくも戦死した。

この滑稽で悲しい事件のことで、蔡命新連隊長を責めないでください。彼は信心深いキリスト教徒でしたが、旗下の将兵たちに慰安婦を提供することには、何ら罪悪感を抱いていませんでした。それは戦争の文化でした。その戦線では、皆が歴史の犠牲者でした。天幕内の慰安婦も悲しい人生ですが、一九歳で戦死した朴パンド軍曹の人生も、悲しいことでは同様です。朴パンド軍曹が乱暴な軍人で、かよわい女性の性を搾取した、と言えるでしょうか？　私は言えないと思います。私が軍慰安婦の存在を正当化している、と非難しないでください。私は、人間の歴史がはらむ矛盾と複雑性、現在も存在するその同時代性を指摘しているだけです。

一九五〇年代の韓国人たちも、その点を鋭く認識していました。韓国軍は、特殊慰安隊を設立しながらも、「表面化した理由だけを以て（売春を禁止した）国家施策に逆行する矛盾した活動であると断案すれば別問題ではあるが」、戦争の遂行上、不可避なことである、と弁明しました。そして、戦争が終わると「設置の目的が解消するに至り、公娼廃止の潮流に応じて、一九五四年三月特殊慰安隊を一斉に閉鎖した」と言明しました。

民間慰安婦

韓国軍慰安婦は、一九五〇年代に実在した慰安婦全体の中の、非常に小さい部分に過ぎませんでした。全国のほぼ全ての都市で私娼街が形成されており、約四万人の女性がそこで性売買を専業とする慰安婦として生活していました。一九六〇年代に入ると、何人もの保健学研究者たちが、彼女たちの履歴、勤続期間、労働実態、所得水準などを調査しました。一九六一年のソウル市婦女保健所に収容された六〇〇人の慰安婦、一九六三年のソウル市城東《ソンドン》区保健所に登録された一四四人の慰安婦、一九六四年の群山市保健所に登録された一八八人の慰安婦が調査対象でした。彼女たちの履歴から、ソウルでは女中出身が最も多く、群山では孤児出身が最も多かったことが分かります。戦争によって家庭が破壊され、極貧階層の子供として父母の保護を受けられず孤児院を転々としたり、家庭の不和で家出をしたり捨てられたりした女性が、女中生活、あるいは他の職種の接客業に従事したあと慰安婦になるのが、最も一般的な経路でした。その具体的な動機を見ると、「生活苦」が最も多く、「友人からの誘い」も多かったことが分かります。「男から誘惑された」や「売られた」というケースも少なくなく、これらは人身売買です。

慰安婦になったあと、どれほどの期間にわたり性売買に従事したかは、地域によって異なります。ソウル市の婦女保健所に収容された女性たちは平均一・一年、城東区の保健所に登録された女性たちは平均六カ月、群山市の保健所に登録された女性たちは平均二・五年です。特定の抱え主に縛られず、個別に、または何人かが同業の形態で従事した場合は、その期間は長くありません。ソウル市城東区のケースがそうだったと思います。一方、有名な集娼村注60があった群山では、半分以上の女性たちが二年以上で、四年以上も二二人いました。群山では、相当数の慰安婦が抱え主に作った借金のため、債務奴隷の状態でした。

ソウル市城東区と群山市では、彼女たちが一日に何人の客と接したのかまで調べられました。城東区の一四四人は一日平均三・七人、群山市の一八八人は一日平均四・四人と接しました。

群山市の場合は一日の性交回数も調べられ、平均五・五回でした。少し前に述べたように、韓国軍慰安婦の場合、一日平均六・三回でした。それに比べると少ないかもしれませんが、民間慰安婦の労働強度も同じく高かったのです。この情報は非常に貴重です。軍部隊の天幕内の女性たちと集娼村の女性たちは、具体的な存在形態において同様でした。城東区と群山市では、慰安婦の月所得が調べられました。城東区では月平均五五五六ウォン、群山市では月平均三四五五ウォンでした。一九六四年の製造業従事者の平均賃金は三八八〇ウォンでした。女子従業員の月給は、平均額に到底及ばない二五〇〇ウォン程度でした。しかも、小学校卒業以下の学歴の女性には、就業の機会すらありませんでした。これからすると慰安婦の所得は、相対的に高い水準でした。そのため、最貧困階層の女性たちが毎年一万人以上も慰安婦になったのです。

ほとんどの女性たちは、二年以内に、若干の貯蓄と共に私娼街を脱出しました。しかし、全ての女性がそうだったわけではありません。抱え主に負わされた借金の罠《わな》に嵌まり、抜け出せずにいた女性も多かったのです。民間慰安婦に対する政府の管理と監督は、非常に疎《おろそ》かでした。悪徳抱え主の慰安婦に対する奴隷的支配は、賄賂《わいろ》で繋がった第一線警察との結託の下で公然と行なわれました。奴隷的束縛に抵抗する女性たちには暴力が加えられました。

私は、そのような場面を何回か見たことがあります。一九七六年、ソウルの東大門の外側にある昌信洞《チャンシン》のある家で家庭教師をしていた頃のことです。近くの東大門付近には、私娼街が発達していました。ある日の夜八時頃の薄暗い裏路地でした。ある男が棒で二十歳前後の若い女性を乱暴に殴っていました。壁にもたれ、しゃがんだまま殴られているその女性は、悲鳴をあげながら、両手で拝むようにして謝っていました。田舎から無計画に上京し、「友人からの誘い」か人身売買に遭って私娼街に身を落としてしまった少女だったのでしょう。私はじっと見ているしかありませんでした。今でもその場面が生々しく目に浮かびます。

米軍慰安婦

解放後、「我々の中の慰安婦」を最も長く代表するのが、他ならぬ米軍慰安婦です。民間で一般に用いられた呼び名は、洋嫁（ヤンセクシ）、洋姫（ヤンゴンジュ）、洋ガルボ（ヤンガルボ）など[注61]ですが、公式的な呼称は「米軍慰安婦」でした。一九七〇年代に入ると、民間で性売買をする女性をもう慰安婦とは呼ばなくなりますが、米軍慰安婦にだけは一九九〇年代まで、「慰安婦」という言葉が公式的な行政用語として使われ続けました。それで、慰安婦の歴史を最も長く代表したのです。

米軍慰安婦の数がどのくらいかは正確には分かりませんが、おおよそ一万人程度と推定されています。五・一六（一九六一年五月一六日に起きた軍事クーデター。一三五頁注26参照）以降、朴正熙軍事政権は、米軍慰安婦を組合か協会に強制登録させましたが、その際、おおよそ一万人という数値が新聞で何回か報道されました。全国にわたって、米軍部隊が駐屯していたところでは基地村が発達しました。坡州《パジュ》が最も繁盛していて三八カ所の基地村に五〇〇〇人がおり、次いで烏山《オサン》の基地村に一九〇〇人、その次は平沢《ピョンテク》の基地村で六〇〇〇人いました。その他、東豆川《トンドゥチョン》、楊州《ヤンジュ》、富

写真18-2　東豆川の基地村風景（1965年）

平、抱川《ポチョン》、群山、倭館《ウェグァン》、釜山などが基地村として有名でした。

米軍慰安婦の実態に関しては、一九六四年に朴大根《パクテグン》という人が、群山市保健所に登録された民間慰安婦一八八人と共に、米軍慰安婦一三二人を調査した修士学位論文を参照することができます。それによると、米軍慰安婦の年齢は平均二七歳で、民間慰安婦の二一歳より高く、学歴は、民間慰安婦より米軍慰安婦のほうが高いことが分かります。米軍慰安婦には高校卒業または大学中退者までいたそうです。この相対的に高学歴の女性たちが慰安婦になったのは、米国の軍人と結婚し、アメリカに行くためだったそうです。従事した期間を見ると、民間慰安婦は平均二・五年であるのに対し、米軍慰安婦はより長く、平均三年です。履歴では大差はありませんでした。戦争で家庭が破壊されて孤児院を転々としたり、極貧階層の娘で女中生活を送ったあとに、ある程度の年齢になって「友人からの誘い」か「男からの誘惑」により基地村に流れて行く、というのが一般的でした。

労働強度を見ると、少し前に紹介したように、民間慰安婦の性交が一日平均五・五回であったのに対し、米軍慰安婦は平均一・七回に過ぎませんでした。米軍慰安婦の半分は契約同居の形態で、慰安する相手が固定された場合が多かったのです。そうでない慰安婦は、基地村のクラブに行き、遊びに来る米軍を相手に性売買をしました。米軍慰安婦の月所得は、民間慰安婦が三四五五ウォンであるのに対し、一万一四二三ウォンもありました。月生活費はそれぞれ二〇六二ウォンと八七五七ウォンであり、月貯蓄額は一三九三ウォンと二六六六ウォンでした。このことから、米軍慰安婦の境遇は民間慰安婦より良かったと言うことができます。

このような米軍慰安婦の歴史を今日どのように理解すればよいでしょうか。一九九一年、日本軍慰安婦問題が提起されると、米軍慰安婦の問題も共に提起されました。米軍基地村を訪問して米軍慰安婦の生活実態を調査し、彼女たちの可哀そうな境遇を支援するための社会団体の活動も開始されました。何冊かの読むに値する研究書や資料集も刊行されました。その中の一冊、金《キム》ジョンジャ氏が自分の米軍慰安婦としての人生を回顧した『米軍慰安婦基地村の隠された真実』をお勧めします。基地村の抱え主が仕掛けた罠に嵌まって苦しんでいた一人の女性の、苦しくて悲しい人生史が生々しく書かれています。多くの女性たちが、基地村で殴り殺されたり、病死したり、自殺したりしました。人間を隷従させる限りなく残酷な歴史が、韓国社会の片隅で刻まれていました。

政治的接近に対する疑問

しかしながら私は、金ジョンジャ氏の回顧録を編纂した社会運動家たちの主張に、全ては同意しません。私は、延べ人員一〇万人余りにもなったはずの全ての慰安婦たちが、そんなに悲惨だったとは思いません。大体、二〜三年以内に基地村を脱出するのが一般的でした。米軍慰安婦は、韓国人を相手にした民間慰安婦より境遇が良好でした。社会運動家たちは、米軍慰安婦の問題は国家の暴力であった、と批判します。彼らは、米軍慰安婦問題は朴正熙と全斗煥政権の責任だと主張し、国家賠償を要求しています。私は彼らに指摘したい。同時代の全国至るところで発達した私娼街の女性たちはもっと悲惨だった、ということをです。米軍慰安婦が政府の責任であれば、民間慰安婦はもっと大きい政府の責任です。それなのに、どうしてそのことに対しては沈黙しているのでしょう。

さらに彼らは、慰安婦問題の根源には韓米同盟がある、と主張しています。朴正熙政権は、基地村の浄化事業を行ないました。慰安婦の登録制を実施し、性病検診を強化しました。彼らは、朴正熙政権がそのようにしたのは、在韓米軍に性病に感染しない清潔な性的サービスを提供し、韓米同盟を強化する意図からだった、と解釈しています。また、慰安婦たちを外貨稼ぎの手立てとして動員した、とも主張しています。

私は、そのような主張に同意しません。政府が慰安婦を対象に性病検診を実施し、強化することは、怠ることのできない政府の責務なのです。一九六一年、朴正煕政権は、「淪落《りんらく》行為等防止法」を制定して民間の淪落行為を禁止しました。一方で、米軍慰安婦の存在を認めて登録を強制し、検診を強要したのは確かに偽善的です。しかし、私は、私たちの人生そのものがそのように偽善的だと思います。そういうことに対して、韓米同盟を強化するためだとか、ひいては外貨稼ぎのためだと解釈することは、あまりにも政治的だと思います。

ぎこちない不均衡

米軍慰安婦問題を提起する社会運動家たちは、韓国国民と政府が日本軍慰安婦問題に対して注いでいるような関心と配慮が、米軍慰安婦問題にも同様に注がれるべきだ、と主張しています。私も、米軍慰安婦と日本軍慰安婦は、その歴史的属性において同質的であると思います。しかし韓国民は、米軍慰安婦に対しては、特別な関心を示していません。さらに奇妙なのは、日本軍慰安婦問題に従事する社会運動家たちも同様であるということです。彼らは、日本軍慰安婦と米軍慰安婦は異なる問題だと主張し、一線を引いて来ました。

この、ぎこちない不均衡は、何でしょうか？　私から見ると、両グループの主張は、政治的であるという点では同様です。それでも、政治的波長の大きさは全く異なります。他ならぬ反日種族主義がその答えです。日本軍慰安婦問題に対して韓国人たちは、限りなく憤怒します。反日種族主義という集団情緒が作用するからです。しかし、米軍慰安婦問題に対しては、そのように反応する集団情緒がありません。「私は日本軍慰安婦でした」と告白した女性は百七十余人もいますが、「私は米軍慰安婦でした」と告白した女性はわずか二、三人しかいません。まして「私は韓国軍慰安婦でした」と告白した女性は、たったの一人もいません。告白することを勧められた女性がいることを知っていますが、頑なに拒否したそうです。なぜでしょうか？　彼女たちを保護し、支援してくれる集団情緒が、そこでは作動しないからです。保護と支援どころか、「歴史的に最も古い職業」に従事した卑賤《ひせん》な女性、と言われ投げ出される危険性が遥かに大きいからです。日本軍慰安婦問題の底には、韓国人の日本に対する種族主義的な敵対感情が潜んでいます。解放後の「我々の中の慰安婦」に対する考察は、このような問題意識を呼び起こします。

参考文献

陸軍本部『六・二五事変後方戦史（人事篇）』1956年刊

[陸軍本部 (1956)，『六・二五事変後方戦史 (人事篇)』.]

保健部『保健社会統計年報』各年度版

[保健部，『保健社会統計年報』, 各年度版.]

李有淑「淪落女性に関する社会環境調査」(ソウル大学校保健大学院修士学位論文、1961年)

[李有淑 (1961)，「淪落女性에 関한 社会環境調査」, 서울대학교 보건대학원석사학위논문.]

尹鳳子「接客業者たちに対する社会医学的環境調査」(ソウル大学校保健大学院修士学位論文、1963年)

[尹鳳子 (1963)，「接客業者들에 対한 社会医学的 環境調査」, 서울대학교 보건대학원석사학위논문.]

朴大根「慰安婦たちに対する社会医学的調査研究—群山地区を中心に—」(ソウル大学校保健大学院修士学位論文、1964年)

[朴大根 (1964)，「慰安婦들에 대한 社会医学的 調査研究—群山地区를 中心으로—」, 서울대학교 보건대학원석사학위논문.]

蔡命新『蔡命新の回顧録—死線を越え、また越えて—』毎日経済新聞社、1994年刊

[채명신 (1994)，『蔡命新 회고록—死線을 넘고 넘어—』, 매일경제신문사.]

金ジョンジャ証言、金ヒョンソン編集『米軍慰安婦基地村の隠された真実』ハヌル、2013年刊

[김정자 증언，김현선 엮음 (2013)，『미군 위안부 기지촌의 숨겨진 진실』, 한울.]

注60：多数の売春施設が集まっている地域を指す。ソウルのミアリテキサス、清涼里588、龍山駅前、大邱のチャガルマダン、坡州のヨンジュコル、仁川のイエローハウス、釜山のワンウォルドンなど、全国に多数存在していたが、2004年に制定された性売買特別法による取り締まり強化で、多くの施設が廃業に追い込まれた。

注61：いずれも売春婦を貶めていう言葉。「ヤン」は「洋」で西洋を意味し、「セクシ」は嫁、「ゴ（コ）ンジュ」は公主（王女）である。「ガ（カ）ルボ」は売春婦の卑称。

19 公娼制の成立と文化

李栄薫

性支配の長い歴史

日本軍が慰安所を設置したのは一九三七年のことです。これがある日、突然できたかのように考えるのは誤解です。諸研究者が指摘するように、日本軍慰安婦制度は、一八七〇年代に日本が施行した公娼制を土台にして生まれたものです。その公娼制が一九一六年に朝鮮に移植されました。だとしたら、それ以前の朝鮮王朝時代はどうだったのでしょう。ふつう韓国人は、朝鮮王朝時代は性的に清潔な社会で、二〇世紀の売春業は日本が持ち込んだ悪い風習だとみなしています。

しかし、それは事実ではありません。私は世界史において性的に清潔な社会は存在したことがなく、今もそうだと思います。朝鮮王朝時代に女性に強要された貞操律は、あくまでも両班身分の女性が対象でした。常民や賤民身分の女性はその対象ではありませんでした。中でも女婢や妓生《キーセン》のような賤民身分の女性たちは、両班身分の男性たちから至るところで性暴力を受けていました。日本から移植された公娼制は、このような性支配の歴史を土台にして根づき、発展したのです。

さらに、日本軍慰安婦制度は一九四五年の日帝の敗亡と共に跡形もなく消え去ったのではありません。慰安婦制度は一九六〇年代まで、韓国軍慰安婦、民間慰安婦、米軍慰安婦の形で健在であり、むしろ発展しました。日本軍慰安婦制度は、このような女性に対する男性、家父長、国家の支配という長い歴史のほんの一部に過ぎません。その点を前提にしてこそ、日本軍慰安婦制度の歴史的性格をまともに理解することができます。前章では、日本軍慰安婦の後史を扱いましたが、本章ではその前史を見て行きます。

妓生制

朝鮮王朝の地方行政機構である監営[注62]や郡県には、官婢、すなわち官に属した女婢がいました。官婢は二つの部類から成っていました。一つは、水を汲み、料理をする女婢で、汲水婢《クプスビ》と呼ばれました。もう一つは、官衙《かんが》（朝鮮王朝時代の地方官庁）で行なわれる宴会や行事で歌って踊る役を担う妓生で、酒湯《チュタン》とも呼ばれました。妓生はまた、守令や官衙を訪れて来た賓客の寝室に入り、性的慰安を提供する役も担っていました。そういうことを指して「房直」または「守庁」と言いました。女婢が房直または守庁をするのは、妓生のような官婢だけの役ではありませんでした。民間の女婢、すなわち私婢も同様でした。民間でも大事なお客様が訪れて来ると、女婢に守庁をさせました。

両班官僚が妓生の性をどのように支配し、享受したのかに関しては、慶尚道蔚山府出身の朴就文《パクチュイムン》の例がよく知られています。一六一七年生まれで、一六四四年に武科（武将になる国家試験）に合格した人です。彼は、合格したその年の一二月から一年五カ月間、咸鏡道の会寧《フェリョン》と鏡城で軍官を務めました。彼は蔚山を出発してから帰るまでの毎日を、日記に書き残しました。それが有名な『赴北日記』です。その日記には、彼と床を共にした女性たちの名前と事情が書かれています。

朴就文は、蔚山を発ち、東海岸に沿って咸鏡道の会寧に向かい北上する途中の各所で、官衙の妓生や民間の私婢に夜伽《よとぎ》の相手を務めさせました。会寧に到着するまでに朴就文は、全部で一五人の妓生あるいは私婢と床を共にしました。赴任地に到着した彼には、房直妓生が配属されました。その後の五カ月間、その妓生は誠意をもって彼の面倒をみました。朴就文が鏡城に赴任地を移すと、新しい房直妓生が配属されました。彼は、その房直妓生だけに満足せず、他の多くの妓生との性をも求めました。特に国境地帯の諸村を巡視する過程でそうでした。ある日など、二人の妓生と床を共にしたこともあります。私は朴就文の日記を読み、「ああ、ここに、また別範疇の軍慰安婦がいたのか」と思い至りました。

妓生というのは、いつから生まれたものなのでしょうか？　妓生の身分は官婢であり、妓生の娘も母親の身分を継承して妓生になる、という法が作られたのは、朝鮮初期の世宗（第四代朝鮮国王）のときです。妓生を軍慰安婦と規定して、その設置を制度化したのも、やはり世宗でした。一四三六年のことです。世宗は、咸鏡道の会寧と鏡城のことを挙げ、「北方の辺境で勤務する軍士たちは、家から遠く離れ、寒さと暑さで苦労が多い。また、日常の雑多な仕事を全てこなすのも難しい。だから、妓女を置いて士卒を接待させるのは理に適《かな》っている」として、軍士を接待する妓女を配置するよう命じました。大以降、北方の辺境の地域はもちろん、全国の全ての郡県に妓生たちが置かれました。大きい監営や軍営では妓生が一〇〇人を超えることもあり、規模が小さい郡県でも二〇～三〇人の妓生たちを置くのがふつうでした。『赴北日記』によると、一六四五年に鏡城府に属した妓生は一〇〇人にものぼりました。全国では、ほぼ一万人に達していたと推測できます。

このように朝鮮の妓生制は、当初から軍慰安婦制度として作られたものです。一八世紀以降、奴婢制が衰退するにつれ、妓生制も衰退して行きました。それでも妓生制は、二〇世紀初めの朝鮮王朝滅亡まで脈々と続きました。一九世紀まで主要監営と兵営には、なお三十余人の妓生が配置されていました。なぜでしょうか？　朝鮮の政治哲学は、どういう論理で妓生制を最後まで正当化したのでしょうか？　とにかく、朝鮮王朝時代は性的に清潔な社会ではありませんでした。卑賤な身分の女性に対する性暴力が、身分制の論理の下で正当化されていた社会でした。

公娼制の施行

一九一六年、朝鮮総督府は「貸座敷娼妓取締規則」を発布し、公娼制を施行しました。ここで娼妓というのは、性売買を専業とする女性を言います。娼妓が営業をするためには、貸座敷営業者が連署した申請書を管轄警察署に提出し、許可を得る必要がありました。貸座敷というのは、娼妓を受け入れる「抱え主」すなわち貸座敷営業者が提供した営業場所のことです。簡単に言えば遊廓です。娼妓が申請書を提出するときには、娼妓の父、母、戸主などが印鑑を押した就業承諾書、娼妓と抱え主間の前借金契約書、健康診断書、娼妓業をする理由書などが添付されなければなりませんでした。娼妓の住居は、遊廓区域に限定されました。貸座敷営業者は、毎月、娼妓の営業所得、前借金の償還実績などを警察署長に報告しなければなりませんでした。また、娼妓は、毎月二回、定期的に性病検診を受けなければなりませんでした。娼妓業を辞めるときは、許可証を警察署長に返納し、廃業許可を得なければなりませんでした。以上が、一九一六年に施行された公娼制の主要内容です。

公娼制は、近代の西欧諸国で始まりました。公娼制は、娼婦登録制、性病検診義務制、営業区域の集中制を基本要件としました。娼婦登録制は、娼婦と抱え主の関係に国家が介入し、不当な契約条件や待遇を改善するためのものでした。性病検診を義務化したのは、性病を統制し、国民の健康を守るためでした。特に、兵士たちの性病感染は、軍の士気と戦闘力に大きな支障となりました。近代国家が公娼制を施行した直接的契機は、兵士たちの性病感染を防ぐためだったと言われています。営業区域を集中させたのは、売春業による風紀の乱れから一般社会を保護する趣旨でした。

日本は、一八七〇年代にフランスとドイツから公娼制を導入しました。それ以前の江戸時代には、遊女屋という商業的売春業が成立していました。店主が貧しい家の娘を人身売買の形で購入し、売春に従事させたのが遊女屋です。欧州諸国から人身売買に対する非難が殺到したので、日本は遊女の人身売買を禁止し、遊女を娼妓、遊女屋を貸座敷に名前を変えて、貸座敷を一定区域に集めました。それが近代日本の公娼制です。一九一六年、朝鮮総督府が施行した公娼制は、若干の差異はあるものの、その公娼制を朝鮮に移植したものでした。

一九世紀までの朝鮮王朝時代に、日本の遊女屋のような性売買を専業とする売春業は成立していなかったように見えます。その理由は、商業経済の発展が高い水準になく、娘を売ることのできる家父長権が成立していなかったからです。とはいえ、漢城や地方監営のような都会に、または交通の要衝に「酒店」の形態で商業的売春がある程度成立していたのは事実です。とにかく、商業的売春の水準が低い中、少し前に指摘した通り、賤民女性の性に対する身分的支配が甚だしかったのが朝鮮王朝時代だった、と言うことができます。

	日本人	朝鮮人	合 計
娼妓人数(人)	1,900	1,385	3,285
年間遊客人数(人)	450,615	110,683	561,298
遊客1人当たりの遊興費(円)	8	4	
娼妓の1カ月間接客人数(人)			14.2

資料：宋連玉「日本の植民地支配と国家的管理売春―朝鮮の公娼を中心にして」
備考：娼妓の1カ月間接客人数は筆者が計算

表19-1　貸座敷娼妓業の概況(1929年)

少数のための特権的売春業

したがって、女性の性に対する支配の歴史においては、一九一六年の公娼制施行を以て身分的性暴力の時代が去り、商業的売春の時代が始まった、と言ってもよいと思います。しかしこの移行は、漸進的かつ段階的な過程を踏みました。最初は、日本人娼妓と日本人遊客が中心を成した、少数のための特権的売春業でした。一九三〇年代に入ると、娼妓と遊客の中心が朝鮮人に移り、大衆的売春業に様変わりします。一九三〇年代は、「大衆売春社会」が成立した時期と言うことができます。

公娼制の施行と共に、全国の主要都市二五カ所に遊廓区域が設定されました。表19-1は、一九二九年における貸座敷娼妓業の概略的な状況です。娼妓は合わせて三二八五人で、うち一九〇〇人という多数が日本人女性でした。年間遊客の総数は五六万人余りで、うち四五万人が日本人でした。つまり一九二九年の娼妓業は、日本人のための日本風の売春業だったのです。もちろん遊廓別に差異があります。全国で最も大きいソウル中《チュン》区の新町遊廓（写真19-1）では遊客の九五パーセント以上が日本人でしたが、馬山の遊廓では、主に朝鮮人が遊客でした。

遊客一人当たりの遊興費を見ると、日本人が八円であるのに対し、朝鮮人は四円でした。日本人娼妓の花代は朝鮮人娼妓の二倍でした。日本人娼妓は、所得水準が低かった朝鮮人には費用のかかる贅沢だったのかもしれません。娼妓一人が接した遊客の数は、月平均一四人でした。大体、二日に一回、一人の客と接したことになります。遊興費を娼妓の人数で割った娼妓一人当たりの月売り上げは一〇二円でした。そのうちの三分の一か二分の一を娼妓の分け前としてみると、三四円か五一円です。当時、小学校を卒業して工場に勤めた女工の月の賃金は、大体一八円程度でした。そういう点を考慮すると、一九二九年当時の貸座敷娼妓の待遇は、前章で紹介した韓国の一九五〇～六〇年代の慰安婦より、遥かに良かったと言えます。少数の日本人のための特権的売春業だったからだ、と言うことができます。

軍慰安施設としての公娼制

移植された公娼制が持つ重要な特徴を一つ指摘します。それは、遊廓区域は最初から

写真19-1　ソウル新町の遊廓街

日本軍が駐屯した所と密接な関連性があったということです。つまり、公娼制は最初から軍慰安施設として導入された気配が濃厚だということです。例えば、ソウルで最初に建設された新町遊廓は、朝鮮駐劄《ちゅうさつ》軍の本部と非常に近い所にありました。後にその本部は、龍山に移転しました。以降、麻浦《マポ》に建設された遊廓も、事実上、日本軍のための施設でした。咸鏡北道の羅《ラ》南《ナム》は、朝鮮駐劄軍の重要駐屯地で、後に朝鮮軍第一九師団の司令部が設置された軍事都市です。その羅南に一九〇八年、遊廓が設置されました。当時の状況について、ある記録は次のように述べています。

> ここに遊廓が早くから設置されたのは、ここが軍営地で、軍人が多く徘徊するため、万が一風紀を乱すことが起きると、面倒なことになるからである。

咸鏡北道の会寧も軍事都市でした。そこに一九一二年、徳川楼という遊廓が開業しました。『植民地遊廓―日本の軍隊と朝鮮半島』(金富子・金栄著、吉川弘文館、二〇一八年刊)という本には、この徳川楼で一九二九年頃、日本人の女将《おかみ》と二人の子供、また三人の朝鮮人娼妓が一緒に撮った記念写真が掲載されています。一人の娼妓が一人の子供を抱えていて、まるで家族の団欒《だんらん》のような雰囲気です。

先に、一六四五年に蔚山府出身の軍官の朴就文がここ会寧で勤務しながら結んだ妓生たちとの関係を紹介しました。私は、写真の中の娼妓たちを見ながら、その妓生たちの顔を思い浮かべました。朝鮮王朝が置いた軍慰安婦たちでした。その妓生制が一九世紀末まで続きました。写真の中の娼妓たちの出身地はどこか分かりませんが、歴史的には朝鮮妓生の系譜を継ぐ存在でした。朝鮮王朝が滅びてから、総督府が公娼制を施行すると、既存の妓生たちは娼妓という新しい名前を得たのです。軍慰安婦であるという属性に大きな変化があったのではありません。会寧に設置された遊廓は、最初から軍慰安婦の供給所としての性格を持っていたからです。その後、一九三七年に日本軍が公式に慰安所を設置すると、これらの遊廓は民間人の出入りが禁止された軍専用の慰安所に変わります。つまり、妓生制、公娼制、慰安所制は、その本質的属性を変えないまま、一つの系列として、ずっと続いて来たのです。徳川楼の記念写真は、その歴史的系譜を他の何よりも明らかに物語っています。

売春業の大衆化

一九一六年に公娼制が移植されたあと、時間が経つにつれて朝鮮人たちも、徐々に積極的に遊廓に出入りするようになりました。おおよそ一九三〇年代の半ばからだと思います。少数の日本人のための特権的売春業が、多数の朝鮮人のための大衆的売春業に発展したのです。そのことに関連して、仁川にあった敷島遊廓の例を紹介します。次頁の表19-2が『東亜日報』で報道された関連情報です。敷島遊廓は、朝鮮人楼と日本人楼とに分けられていました。一九二四年、日本人楼は朝鮮人楼より繁盛していました。朝鮮人楼の娼妓が九五人であるのに対し、日本人楼の娼妓は一一五人でした。遊客の人数も一万八四人対二万二九七二人という差がありました。遊客一人当たりの消費額にも約二倍の差がありました。ところが一九三七年になると、朝鮮人楼のほうが、娼妓の人数や遊客人数において日本人楼を凌駕しました。日本人楼は、業所数そのものが一四軒から八軒に減りました。『東亜日報』の報道によると、一九三四年に花町の海岸六万坪余りを埋め立てる五カ年計画が立てられ、一九三六年に京仁産業道路の建設が始まって、労働需要が急増し、全国から労務者たちが仁川に集まって来ました。敷島の朝鮮人楼が繁盛したのは、そのことが原因だったようです。

要するに、植民地的開発によって所得水準が高くなるにつれ、朝鮮人も徐々に日本風

年度	朝鮮人楼				日本人楼			
	軒数	娼妓人数（人）	遊客人数（人）	消費額（円）	軒数	娼妓人数（人）	遊客人数（人）	消費額（円）
1924	25	95	10,084	38,428	14	115	22,972	190,902
1937	27	149	24,974	101,872	8	83	22,913	199,366

資料：『東亜日報』1925年2月10日、1938年2月3日

表19-2　仁川敷島の遊廓の概況

の商業的売春に関わるようになったということです。特権的売春業が大衆的売春業に移行したのです。このような時代の流れは、日本でも同じでした。一九二〇年代、日本の京都地域の成人男性は、ほぼ一カ月に一回遊廓を訪れました。このことを以て関連研究者たちは、「大衆売春社会」が成立したと言っています。そこまではいかないものの、朝鮮でも「大衆売春社会」が始まっていたということができます。一九三七年の日中戦争の勃発と共に、日本軍が駐屯した全ての地域に軍慰安所が開設されたのも、このような時代の流れに乗ったからだということができます。こうしたことから、本章の冒頭で日本軍慰安婦制度を、ある日、突然できたものと理解してはならない、と言ったのです。

朝鮮風の公娼制

公娼制の大衆化過程は、同時に移植公娼制が朝鮮風に変わる過程でもありました。その点を見て行きます。公娼制下で売春業に従事した女性たちは、大きく三つの部類に分

けられます。一つ目はここまで説明して来た娼妓で、性売買を専業とする女性たちです。二つ目は芸妓で、芸妓置屋や料理屋で舞と歌を披露する芸能の所持者です。芸妓の売春はもともとは許可されていませんが、客の要求があれば売春をするのがふつうでした。日本から芸妓が渡って来ましたが、朝鮮の伝来妓生もこの範疇に含まれると言えます。三つ目は、料理屋や飲食店の客席に座り、客を接待する酌婦です。酌婦も客の要求に応じて性売買に従事するのが一般的でした。

娼妓は、前に指摘したように、もともとは日本風で、日本人女性が多数でした。日本人娼妓の数は、一九一六年の二〇七七人に始まり、一九二一年の二五九九人で頂点に達し、徐々に減って行く傾向にあります。それに比べ朝鮮人娼妓の数は、最初は七七四人しかいなかったのが、一九四〇年には二一五七人にもなり、日本人娼妓の一七七七人を凌駕しました。芸妓も最初は日本人が多数ですが、朝鮮人芸妓が徐々に増え、一九二九年には日本人の数を追い越し、一九三九年には六一二二人というピークに達しました。酌婦も、最初は日本人が多かったのですが、一九一九年には朝鮮人が日本人を凌駕し、一九三九年には一四四五人もいました。三つの部類を総合すると、日本人が一九一六年から一九四〇年まで四〇〇〇人の水準で停滞したのに対し、朝鮮人は一九一六年の一七〇八人から一九四〇年の九五八〇人にまで大きく増加しました。このことから、一九三〇年代に入り、公娼制の中心が朝鮮人に移ったということができますが、そのような時代の流れを作ったのは朝鮮人芸妓の急速な増加でした。

朝鮮の妓生はもともと一、二、三牌《ぺ》に区分されていたそうです。一牌は、宮中や官衙の宴会で舞と歌を披露した一級芸能の所持者で、売春とは無関係でした。二牌は、芸能水準が一牌より低く、売春も兼業しました。三牌は、芸能の訓練を受けたことのない自称妓生で、主に売春に従事しました。一九三〇年代に入って、朝鮮人芸妓が急に増加したのは、伝統妓生のうち主に二牌と三牌が芸妓名簿に名前を登録し、料理屋に出て歌と舞の芸能を売って売春をすることが急増したことを意味します。つまり、娼妓業を中心とした移植公娼制は、伝統妓生制の作用を受けて芸妓業を中心とする朝鮮風となって定着し、拡散して行ったということができます。後に日本軍慰安婦となった女性たちの相当数が妓生養成所である券番や料理屋の妓生出身であったのは、このような時代的背景からでした。

戸主制家族

それでは、女性たちはどのような経緯で貸座敷の娼妓、芸妓置屋と料理屋の芸妓、飲食店の酌婦になったのでしょうか。朝鮮王朝時代の妓生は身分世襲の原理で再生産されましたが、そのような時代は過ぎ去りました。実態はともかく、形式的には商業的契約の時代になりました。店主と女性たちの関係は、あくまでも契約に基づいた雇用関係でした。一九一六年に発布された公娼制関連法規を見ると、店主は「雇人周旋業」をしてはならない、となっています。つまり、貸座敷営業者の場合、直接娼妓を募集することはできず、誰かが娼妓を募集して周旋してくれなければなりません。売春業も一種の労働市場であるため、周旋業の名で、職業紹介所のような市場機構が働きました。周旋業者間では、小売市場―卸売市場―中央市場のような位階が成立し、募集した女性たちを地域内または地域間、さらには国境を越えて外国にまで送り出しました。

次に、周旋業者が地域で女性を募集する最初の過程を見てみます。前に少し紹介しましたが、女性が娼妓となるには、保護者の就業承諾書が必要でした。保護者はふつう父親ですが、父親がいなければ母親、母親もいなければ戸主になっている兄や他の親族が保護者でした。これら保護者をひとまとめにして戸主と言ってもいいでしょう。周旋業者は戸主を説得して、就業承諾書に印鑑を押させます。それから、女性と戸主との関係を証明する戸籍謄本と印鑑証明書を発給してもらいます。このような書類を揃えなければ、管轄警察署長から就業許可を得ることはできませんでした。

ところで、今私が言及した戸主、戸籍謄本、印鑑、印鑑証明書などの制度は、全て日本が朝鮮を支配した初期に生まれたものです。それどころか、「家族」という言葉と概念ができたのも、日帝初期のことです。朝鮮王朝時代には、家族という言葉はありませんでした。似たような言葉として、家率、家眷のような言葉がありますが、その意味は家族と一致するものではありません。私は、二〇世紀初めに成立した朝鮮の家族制度を「戸主制家族」と規定しています。従来あまり注目されていませんでしたが、「戸主制家族」の成立は、二〇世紀の韓国人の家庭生活や精神文化に重大な影響を及ぼしました。そのことに関しては、私が書いた『韓国経済史』Ⅱという本の中の「戸主制家族の出現」の節を読んでください。私は、「戸主制家族」についての理解がなくては、日帝期に成立した公娼制や日本軍慰安婦制度をきちんと理解することは難しい、とまで思っています。

戸主制家族が生まれたのは、一九〇九年の民籍法、一九一一年の戸籍法、一九一二年の民法を通じてでした。その過程で日本式の家族制度が移植されました。すなわち戸主制家族です。戸主は、家族成員を養育し保護する権利を国家から与えられた、一種の権力者としての家父長です。あたかも軍隊組織が末端の分隊を基礎単位とするように、近代国家は家族を基礎単位としました。近代国家は家族を基礎単位とする軍隊組織のようなものなのです。分隊長が分隊員を統率するように、戸主は家族成員を保護し、支配する義務と権利を有します。家族内での成員の地位変動、例えば出生、死亡、結婚、離婚、養子縁組、相続、分家などは、戸主の承認と申告を通じてこそ効力を発します。成員は、家父長戸主に対して無権利です。例えば、成員が取得した所得は、別規定がない限り、戸主の所得に帰属します。妻の社会活動も、戸主の承認があってこそ法的効力を有します。戸主制家族は、徹底的に男性優位の家父長制文化です。このような文化、このような権力であったため、女性の性を国家が管理する公娼制が成立できたのです。戸主制家族の成立は、逆説的に、何も持っていない貧困階層の戸主に娘の就業を承諾する権利を与えました。そのため、周旋業者が来て「甘言利説」で説得し若干の前借金を提示すれば、仕方なく、あるいは喜んで娘の就業承諾書に印鑑を押したのです。娘は拒否することができませんでした。家族成員の地位変動は、戸主権力の所管でした。娘は泣きながら周旋業者に連れて行かれました。これが公娼制を取り巻く、いわゆる人身売買の実態です。

朝鮮王朝時代には、この類《たぐい》の人身売買はありませんでした。朝鮮王朝時代に売買の対象となったのは奴婢だけでした。奴婢は法的に主人の財産でした。そのため売買されていたのです。そのような奴婢人口が、全盛期の一六～一七世紀には全人口の三～四割にも達していました。奴婢の身分が衰退する一九世紀に入ると、一般常民身分の人間が自分と家族を奴婢として売る「自売」という現象が現われます。しかし、父親が家族の一部を、例えば、娘だけを離して売ることはありませんでした。数多くの古文書が今まで伝わっていますが、その類の人身売買を示す文書は、一枚も発見されたことがありません。二〇世紀のような家父長権力が、制度的に成立していなかったのです。

家庭倫理と性文化

父親が娘を周旋業者に娼妓や芸妓として売り渡すのは、単に貧困からだけではありませんでした。家族を養育し、保護する家父長の義務が、貧困階層の家庭倫理として成熟していなかったことも一因と言えます。そのことに関連して、一九二一年の『開闢《かいびゃく》』という雑誌に載った一記事を引用します。

従来、サンノム（常漢、下層身分を指す蔑視語）は、極めて堕落して信道の自由も就学の自由もなく、まさに人間の屑《くず》として生きて来た。両班は彼らの人格を認めず、サンノムも自らを軽んじていた。廉恥心がなく、道徳など彼らの知ったことではなかったのである。彼らの生活難は、一層、彼らの良心を麻痺させた。朝鮮の娼妓と言えば、誰もが慶尚道の女が最も多いと思うであろう。そこに行って聞いてみたら、娼妓は皆、微賤なサンノムたちが生活難により、自分の娘を売り放したのである。

この記事を以て、娘を娼妓として売り渡した下層民の非道徳性を批判する趣旨、と理解してもらっては困ります。長い歳月にわたる非人間的な身分支配と差別は、下層民の家庭倫理を堕落させるしかありませんでした。そのように、身分制社会が残した負の遺産という視点から植民地期の朝鮮社会の矛盾を見る必要があります。右記の記事の中で、「朝鮮の娼妓と言えば、誰もが慶尚道の女と思う」という指摘は、まぎれもない事実でした。一九九一年、日本軍慰安婦問題が生じて以来、自分は日本軍慰安婦であった、と告白した女性百七十余人の中で、慶尚北道と慶尚南道出身が九七人もいました。全羅南道と全羅北道出身は二七人、忠清北道と忠清南道出身は一〇人に過ぎません。つまり、日本軍慰安婦問題と朝鮮王朝時代の強固な身分制とは、無関係ではありませんでした。前にも指摘しましたが、妓生制、公娼制、慰安婦制は、もともと歴史的に一つの系譜なのです。

身分制と性道徳の歴史的関連性について、もう一つ付け加えます。朝鮮王朝時代の両班たちは妾《めかけ》を持ちました。おおよそ三〇パーセントの両班がそうだったと推定されています。郡県の守令として派遣された両班が妓生を連れて帰れば、その妓生は妾になります。妓生制と妾制は密接な関連を持っていました。日帝期に入って妾制がどのような動向を見せたかは分かりませんが、少なくとも衰えることがなかったのは確かなようです。むしろ旧来の常民身分の人たちの中で社会的に成功する人が増え、また、彼らが両班身分を自称するにつれ、妾を持つ人々が増えた可能性が高いと思います。そのことも、貧しい下層民が娘を売りに出す時代的傾向を促しました。

一九三四年、有名な小説家・李光洙《イグアンス》注63は、「売られて行く娘たち」という随筆の中で、次のように述べています。

　娘を売ることは、そんなに珍しいことでもない。人の娘や自分の妻を売り出すこともある。売る者もいれば、買う者もいる。いわゆる娼妓、芸妓、酌婦、妾のようなものである。

このように妾は、当時の時代的感覚から娼妓、芸妓、酌婦と変わらない存在でした。彼女たちは皆、旧来の身分制社会と移植された近代文明が結合して創出した家父長権力により、その性を搾取された貧困階層出身の女性たちでした。一九三七年以降の日本軍慰安婦も同様でした。

抵抗と脱出

しかし女性たちは、ただ泣きながら、または殴られながら、連れて行かれたのではありません。彼女たちは抵抗しました。より良い生活を求めて、貧困に苦しむ家から飛び出すこともありました。家父長の無慈悲な暴力から脱出することもありました。このような視点から、女性たちが公娼へと向かって行った道のりの全体像を眺望する必要があります。

まず、一九三七年三月二八日付の『毎日申報』に出た記事を一つ紹介します。ソウル中区に住んでいた二二歳の金草香《キムチョヒャン》は、三年前に朝鮮券番に入り、妓生として生きていました。最近、収入が減り、廃業するに至って、家族の生活はだんだん苦しくなりました。それで彼女の父母は、満洲国の図們《ともん》で遊廓を経営する申向範《シンヒャンボム》という者から一三〇〇円を受け取り、彼女を娼妓として売り渡しました。しかし、申向範が毎日のように来て遊廓に連れて行こうとしても、彼女は「歌と作り笑いを売る妓生にはなっても、体まで売る娼妓にはなりたくない」と頑なに拒否しました。ついには鍾路《チョンノ》警察署に飛び込んで泣訴したので、警察署が彼女の父母を呼び出し前後の事実を調査中である、という内容です。草香の父母が不法なことをしたのではありませんでした。それは、その時代の制度であり、文化でした。しかしながら、彼女はそういう親の意思に抵抗しました。彼女は、独立的人格として自我を実現しようとした新女性でした。

自我実現の熱望は、多様な形態で噴出しました。金草香は娼妓になることを拒否しましたが、知らずにその道に入ってしまった女性たちも少なくありませんでした。日本軍慰安婦になったある女性がいました。学校に通い、勉強をして立派な新女性として生きて行くことを夢見ました。しかし、彼女の父親は「女が勉強をすると、キツネにしかならない」と言い、学校に通わせてくれませんでした。どうしても学校に行きたかった少女は、こっそり学校に行きました。そのことを知った父親は、少女を教室から連れ出して殴りました。そのように子供をむやみに殴り虐待したのが、当時の家父長たちでした。少女の心は傷つきました。何年か後、「勉強もできるし、稼ぐこともできる」というある人からの誘惑に嵌まり、家出を敢行しました。しかし、少女を待っていたのは日本軍慰安所でした。無慈悲な家父長の暴力が、新女性としての自我実現を夢見た一人の少女を慰安婦にした原因でした。

一九二六年に出た玄鎮健《ヒョンジンゴン》注64の短編小説「故郷」の中に、当時の人々が歌っていた、次のような歌が載っています。

稲束の田畑は新作路になるし（中略）別嬪《べっぴん》の女は遊廓に行くよ

新作路、すなわち総督府が造った国道は、植民地的開発を象徴しています。人々は、植民地的開発に反感を抱きました。肥沃な田畑を収用し、無駄に見える新作路に造り変えたからです。しかし、新作路は人々の生活圏を変えました。農村は、新作路を通して都市と繋がりました。都市と都市を繋ぐ鉄道は、人々の生活の地平を開きました。都市では、女性の性を売買する市場が生まれました。周旋業者たちが活発に農村を回り、女性たちを寄せ集めました。父親によって売り渡された少女は、悲しく泣きながら、新作路を通って都市の遊廓に行きました。貧困と暴力から脱出した少女たちも遊廓に行きました。他に行ける所があまりなかった時代でした。そのため一九二〇年代は、玄鎮健が書いたように、「別嬪の女は遊廓に行く」時代でした。

一九三〇年代に入ると、女性たちを遊廓に導く人身売買は、より活発になりました。植民地開発に伴って「大衆売春社会」が始まったからです。それと共に、周旋業者が引き連れる女性たちの一団が、国境を越え、遥か遠くの満洲、台湾、日本、中国にまで渡って行きました。

売春業の域外進出

公娼制の成立と「大衆売春社会」の展開は、売春業の域外進出過程でもありました。早くも一九一〇年末には、関東州と南満洲一帯で日本人と中国人を顧客とする朝鮮人売春業が登場しました。朝鮮人売春業が満洲の主要都市で活発に成長するのは、何と言っても一九三一年の満洲事変以降でした。例えば一九三二年、満洲で一番大きい都市の奉天で朝鮮人酌婦は一六四人でしたが、一九四一年までに四六一人に増加しました。満洲では、性売買を専業とする娼妓はおらず、酌婦が娼妓の役割をしていました。満洲国全体で見ると、一九四〇年に各種売春業に従事する女性は三万八一八〇人で、そのうちの五二パーセントが中国人、三六パーセントが日本人、朝鮮人は四四七六人で一二パーセントの比率でした。朝鮮人接客業所は総計五九九軒で、業所当たり平均七～八人の規模でした。同年、朝鮮で活動した朝鮮人娼妓、芸妓、酌婦の総数は九五八〇人でした。つまり、その半分に近い数多くの女性が満洲に渡り、主に南満洲一帯で活発に売春業に従事していたのです。彼女たちの主要顧客は、満洲に定着し自分たちの社会を作っていた朝鮮人と、下層日本人でした。日本人は、朝鮮人女性が清潔で花代も安く言葉も通じることから、中国人女性より好みました。朝鮮人売春業は、満洲売春市場において第二級の市場でした。最上級市場は、日本人社会を舞台とした日本人売春業、その次が朝鮮人と下層日本人を顧客にする朝鮮人売春業、その次が中国人売春業でした。

満洲に続き、朝鮮人売春業が早くから進出したところは台湾です。早くも一九二一年には、台湾の主要金鉱地帯に朝鮮人売春業の朝鮮楼という店が出現します。一九三〇年、台湾にいた朝鮮人女性は四五八人で、そのうちの九〇パーセント以上が売春業に従事しており、一九四〇年には九四〇人に増加しました。一九四一年、台湾の娼妓総数のうち朝鮮人娼妓が占める比率は四分の一にもなりました。台湾には朝鮮人社会がなく、台湾で活動した朝鮮人売春業の主要顧客は、日本人でした。一九三〇年代以降、日本では公娼制廃止運動が起こりました。そのため、日本人娼妓が台湾に渡るのに制約が生じました。その隙間を埋めたのが朝鮮人娼妓でした。満洲におけるのと同様に、台湾でも朝鮮人売春業は、第二級の地位にありました。

中国で朝鮮人売春業が繁盛するのは、やはり一九三〇年代でした。一九三二年、日本軍が上海を占領しようとしました。上海に居住する朝鮮人女性は、一九三一年の一三九人から一九三六年の九一三人に増加しました。女性たちの九〇パーセント以上は、売春業に従事していましたが、上海で売春業が繁盛したのは、日本軍の周辺に軍人を顧客とする売春市場が開かれていたからです。日本人売春業がその市場を掌握しました。一九三一年、上海には約三〇軒の日本人貸座敷と料理屋があり、そこに所属する娼妓と酌婦は二一六人でした。その他、カフェの女給や私娼を含めた売春に従事する女性の総数は、一二〇〇人余りだったそうです。このように、日本軍周辺で大規模な売春市場が開かれると、朝鮮人売春業は朝鮮または満洲から上海へと移って行ったのです。

一九三七年、日本軍は中国大陸に本格的に侵攻しました。日本軍は、北京から広東までの広大な沿岸地域を占領したあと、内陸の奥深くまで進出しました。それと共に、大量の朝鮮人が新しい仕事を求めて日本軍占領地域に入って行きました。一九四一年の朝鮮総督府北京出張所の報告によると、朝鮮人は少ない資本にもかかわらず、得意の語学力と強靱な生活力で、軍の進撃と共に、軍の後について軍が必要とする雑貨を運搬し、あるいは特殊婦女子の一団を連れて軍慰安所を開業しました。総督府の資料によると、日中戦争が勃発した直後の一九三七年九月から一九三八年六月までの一〇カ月間、貸座敷業者と料理屋・飲食店業者五一二人が身分証明書を貰って華北に発《た》ち、彼らに同行した娼妓と芸妓は七四四人もいました。一九四一年、中国の華北に定着した朝鮮人の総数は、一万六五三一戸、五万二〇七二人でした。そのうちの三六二戸が料理屋、飲食店、カフェを経営し、一一戸が軍慰安所を開業しました。これらの業所に所属する娼妓、芸妓、酌婦、女給は全部で一二九二人で、そのうちの娼妓二一九人は、一一カ所の軍慰安所に所属する慰安婦でした。

朝鮮人の売春業は、日本にも進出しました。一九三五年、日本各地に居住する朝鮮人娼妓、酌婦、芸妓、女給は一七三五人にもなります。一九三七年以降、日本に移住する朝鮮人が大幅に増え、それに伴い、朝鮮人売春業も大きく膨張しました。鉱山と工場地区では朝鮮人労働者を主要顧客とする料理屋と売春業が繁盛しました。

以上のように、一九二〇年代以降、域外に進出した朝鮮人売春業は、一九四一年頃にはその規模が、国内のそれに匹敵するほどであったと推測されます。女性たちを域外に送り出す周旋業者らの活動も、また非常に活発でした。とりわけ「女商売」には非常に稼ぎの良い時代でした。列車に乗せられ鴨緑江《おうりょくこう》と豆満江《とまんこう》を越え、域外に連れて行かれる女性たちの一団は、少しも珍しくない時代的風景でした。諸新聞は、周旋業者の詐欺的行為に関して少なからぬ記事を残しました。その中では、少女を一五〇人も誘拐して満洲などで売った河允明《ハユンミョン》と金春教《キムチュンギョ》という夫婦の話が最も有名です。既に見て来たように、女性たちの域外への送出は、日本軍慰安婦の送出でもありました。

参考文献

＊鄭鎮星『日本軍の性奴隷制―日本軍慰安婦問題の実像とその解決のための運動』論創社、２００８年刊
＊李東振「民族、地域、セクシュアリティ―満洲国の朝鮮人〝性売買従事者〟を中心として―」（『クァドランテ』22号〔２０２０年刊〕所収）
蘇貞姫「教育を受けて自立した自我実現を熱望したが」（朴枝香他編『解放前後史の再認識』１（冊世上、２００６年刊）所収）
[소정희 (2006), 「교육받고 자립된 자아실현을 열망했지만」, 박지향 외 편,『해방 전후사의 재인식』1, 책세상.]
日帝強占下強制動員被害真相糾明委員会『戦時体制期の朝鮮の社会像と女性動員―毎日申

報（1937年1月〜1945年8月）を中心に―』２００７年刊
[일제강점하강제동원피해진상규명위원회(2007),『전시체제기 조선의 사회상과 여성동원―매일신보(1937.1 ~ 1945.8)를 중심으로―』.]

*李栄薫『大韓民国の物語―韓国の「国史」教科書を書き換えよ』文藝春秋、２００９年刊

朴貞愛「日帝の公娼制の施行と私娼管理研究」（淑明女子大学校大学院史学科博士学位論文、２００９年）
[박정애(2009),「일제의 공창제 시행과 사창 관리 연구」, 숙명여자대학교 대학원사학과박사학위논문.]

李栄薫『韓国経済史』Ⅱ、一潮閣、２０１６年刊
[이영훈(2016),『한국경제사』Ⅱ, 일조각.]

李栄薫『世宗は果たして聖君なのか』百年の間、２０１８年刊
[이영훈(2018),『세종은 과연 성군인가』, 백년동안.]

*宋連玉「日本の植民地支配と国家的管理売春―朝鮮の公娼を中心にして」（『朝鮮史研究会論文集』32巻〔１９９４年刊〕所収）

*宋連玉「公娼制度から『慰安婦』制度への歴史的展開」（『「慰安婦」・戦時性暴力の実態』Ⅰ〔緑風出版、２０００年刊〕所収）

*木村健二・申奎燮・幸野保典・宮本正明「戦時下における朝鮮人の中国関内進出について」（『青丘学術論集』23巻〔２００３年刊〕所収）

*金富子・金栄『植民地遊廓―日本の軍隊と朝鮮半島』吉川弘文館、２０１８年刊

陳姃湲「在殖民地台湾社会夾縫中的朝鮮人娼妓業」（『台湾史研究』17巻3号〔２０１０年刊〕所収）

注62：朝鮮王朝時代、地方行政区画である8道の主要都市に置かれた官庁（京畿道は漢城（現ソウル）、忠清道は公州、慶尚道は大邱、全羅道は全州、江原道は原州、平安道は平壌、黄海道は海州、咸鏡道は咸興）。長官である観察使以下の官人が行政、司法、軍政を司った。

注63：小説家・詩人・思想家（1892～1950?）。留学生として明治学院・早稲田大学に学び、朝鮮最初の言文一致小説「無情」を発表するなど、新文学運動の中心的な人物となった。独立運動にも積極的に参加したが、後に転向して香山光郎と創氏改名、日本の戦争遂行に協力した。韓国戦争の際に北朝鮮軍によって平壌に連行され、その後の消息は不明である。

注64：小説家、ジャーナリスト（1900～43）。『朝鮮日報』『東亜日報』などの記者をしながら小説を発表した。1936年のベルリン・オリンピックで孫基禎がマラソン競技に優勝した際、『東亜日報』は胸の日の丸が塗りつぶされた表彰式の写真を掲載したため停刊処分を受け、社会部長だった玄鎮健も入獄した。その後、言論界を去った。

20 日本軍慰安婦問題の真実

李栄薫

公娼制の軍事的編成

　日中戦争が勃発した一九三七年、日本軍は軍の付属施設として慰安所を設置しました。将兵の性欲を解消し、性病を統制し、軍事秘密の漏洩《ろうえい》を防ぐためでした。慰安婦は、おおよそ兵士一五〇人当たり一人の比率で充当されました。慰安所は、二八〇万人に近い日本軍が駐屯したほぼ全ての地域で設置されました。朝鮮でも、日本軍が駐屯した各所に慰安所が設置されました。慰安所は、一九三七年以前にも、場所によって、第一線司令官の裁量で設置されたことはありましたが、そこに所属する女性たちを「慰安婦」とは呼びませんでした。「慰安婦」という言葉は、一九三七年以降、慰安所が公式に設置されてから生まれたと言われています。

　前章で説明した通り、日本軍が慰安所を設置し、慰安婦を充当したことを、ある日の突然の出来事だと誤解してはいけません。多くの研究者たちが指摘するように、日本軍の慰安婦制は民間の公娼制が軍事的に動員・編成されたものに過ぎません。実は公娼制そのものが、最初から軍慰安所の性格を持っていました。そのため、「公娼制から慰安婦制への移行」とは言うものの、それは形式的な変化に過ぎませんでした。生まれたのは「慰安婦」という偽善的な名称だけ、と指摘する研究者もいます。

同じく前章で紹介しましたが、咸鏡北道の会寧で一九一二年に開業した徳川楼という遊廓がありました。主人は日本人で、娼妓は朝鮮人でした。その遊廓が一九三七年以降、日本軍専用の慰安所に指定されました。すると、女性の身分が娼妓から慰安婦に変わりました。一九三七年、平安道《ピョンアンド》の義州《ウィジュ》出身の朴日碩《パクイルソク》という人が、上海で「亜世亜」というカフェを開業しました。一九三九年、彼のカフェは慰安所に指定されました。当初二〇〇〇円で始めた彼の資本金は、一九四〇年に六万円に増えました。慰安所はまさに盛業だったのです。カフェが慰安所に指定されると、どうなるのでしょう? 女性たちの身分が女給から慰安婦に変わるのです。慰安所が設置された経緯は、大体このようなものでした。何もない土地に建物を建て、女性たちを拉致して監禁したように思ってはいけません。

慰安所の実態

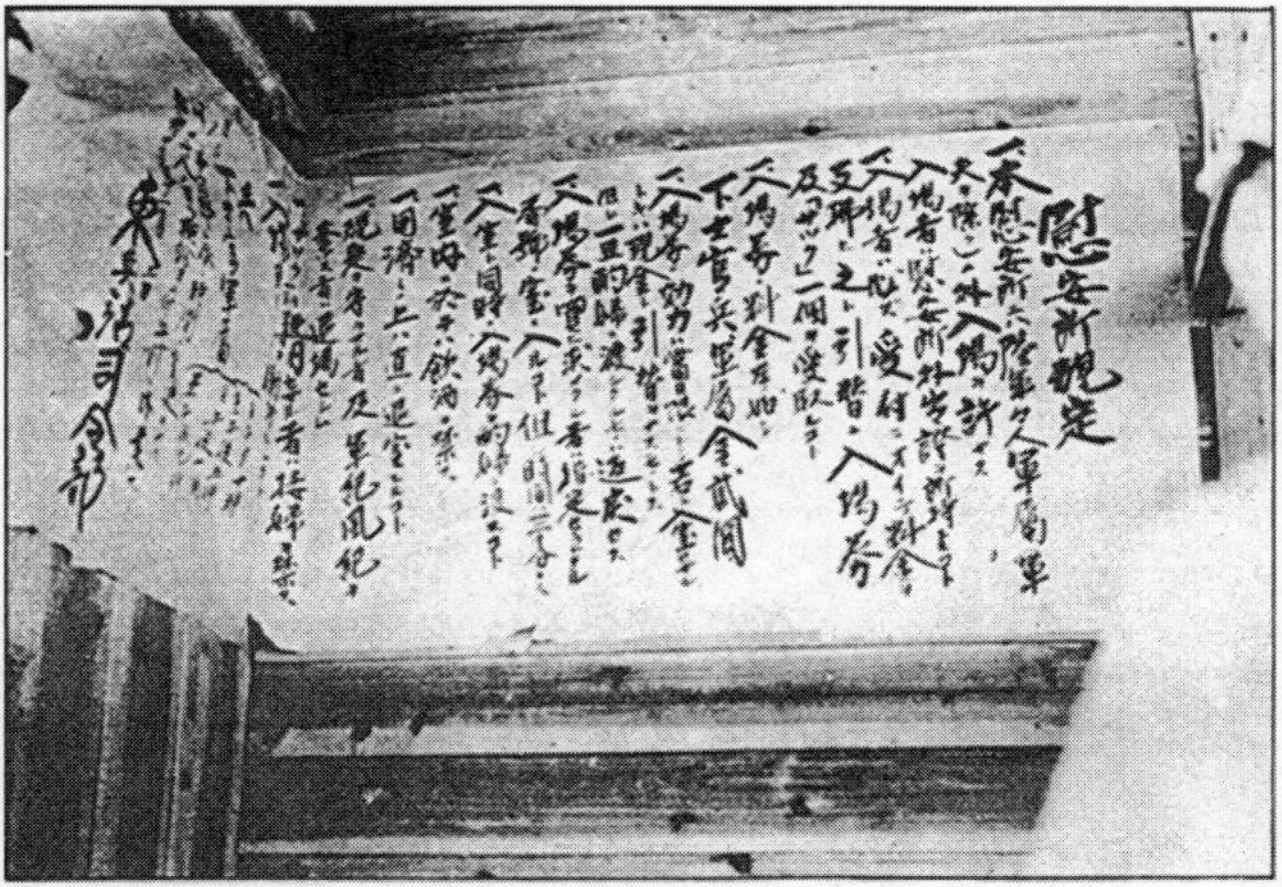

写真20-1　慰安所の壁に貼り出されていた慰安所規定

慰安所には、多様な形態がありました。軍が直接設置して運営したものもありますが、ほとんどは民間の業所を軍専用の慰安所に指定し、管理する形態でした。いずれにしても、慰安所の運営は軍の細かい統制下にありました。

慰安所には、軍が定めた運営守則がありました。将兵たちが慰安所を利用するには、部隊長が発給した許可証がなければなりません。利用時間帯と長さは階級によって異なりました。大体、兵士たちは昼間であり、下士官と将校は夕方か夜でした。階級によって花代は異なりました。慰安所内では飲酒や放歌などは禁じられていました。慰安婦に対する乱暴な行動は取り締まりの対象でした。慰安所の入り口で許可証を見せて花代を支払うと、店主が避妊器具のサックを支給しました。サックの着用は義務事項でした。慰安婦たちは定期的に性病検診を受けなければならず、月二回の休日以外は、むやみに外出することはできませんでした。店主は、毎月定期的に所定の様式に従って、業所の営業状況を軍に報告しなければなりませんでした。その際、慰安婦別収支まで詳しく報告されました。

部隊によって異なりますが、大体の慰安所は、以上のような守則によって運営されました。多くの慰安所の運営守則を読んでいて私は、それが一九一六年に朝鮮総督府が公娼制を施行したときに発布した貸座敷運営守則と変わらないことに気づきました。遊客が民間人から軍人に、監督官が警察署長から軍部隊長に替わった以外に、店主と女性たちとの関係を含めて、業所運営の細部に至るまで、大差はありませんでした。そのため、慰安婦制は軍によって編成された公娼制である、という既存の研究成果に同意したのです。

もちろん差異はありました。民間の公娼制に比べ軍慰安婦制は、〝高労働、高収益、高危険〟でした。大体、兵士一五〇人当たり慰安婦一人でした。兵士の慰安所訪問を月一回と考えると、慰安婦の労働強度は一日に五人でした。一九三七年、日本の大阪の二カ所の遊廓区域における娼妓一人当たりの一日に接する遊客数は二・五人でした。「大衆売春社会」の発達と共に娼妓の労働強度は強くなって行きました。日本人娼妓の場合、軍慰安婦になるのは労働強度の面で、それほど激しい変化ではありませんでした。朝鮮での大衆的売春業が発達した水準は日本より低く、一九三〇年代末までも娼妓一人当たりの遊客数は一日一人に達しませんでした。したがって朝鮮人娼妓の場合は、軍慰安婦になったときの労働強度は、日本人娼妓より格段に強まりました。とにかく、軍慰安婦の労働強度が民間娼妓に比べて高かったのは事実です。

しかし、その分、高収益でした。兵士たちの花代は民間遊廓より安かったのですが、下士官と将校の花代は民間とほぼ同じでした。軍の管理が厳しく、店主の中間搾取は統制されました。このような環境下で、慰安所は、慰安婦の立場からは需要が確保された高収益の市場でした。慰安婦は少なからぬ金額を貯蓄し、また、実家に送金しました。しかし何事であれ、収益には反対給付がつきものです。高収益である分、大きな危険がありました。後方地域の慰安所はそうではなかったのですが、第一線に配置された慰安婦は、大きな危険に晒《さら》されていました。特に、南太平洋とビルマ戦線で日本軍が崩壊したときにはそうでした。慰安婦たちは、敵機の空襲に遭ったり、所属部隊から捨てられたり、日本軍と共に玉砕することを強要されたりしました。関連記録が伝える惨状はこの上ないものでした。とは言え、戦場で命を落とした慰安婦たちの数を誇張してはいけません。ほとんどの慰安婦は戦後、無事に帰還しました。戦争が終わる以前にも、少なからぬ慰安婦が契約期間が満了して慰安所を離れました。

少しあとでまた説明しますが、朝鮮人慰安婦の総数は、おおよそ三六〇〇人でした。一九四〇年、国内で活動した娼妓、芸妓、酌婦は九五八〇人でした。満洲、台湾、日本、中国で活動した娼妓などもその程度で、全て合わせて一万九〇〇〇余人でした。そのうちの三六〇〇人が日本軍慰安婦でした。その三六〇〇人と残りの一万五四〇〇人は、同質の存在でした。つまり日本軍慰安婦は、公娼制という大集合の部分集合でした。そのため、多くの研究者が指摘しているように、慰安婦制は、公娼制を後方部隊とし、その一部を前方に配置したのと同様なものでした。日本軍慰安婦制についての私の理解はこのようなものです。しかし、この問題が提起されて以来、あまりにも多くの誤解と嘘が乱れ飛び、その実態と本質を覆って来ました。

強制連行説

最も深刻な誤解は、慰安婦たちが官憲によって強制連行されたというものです。例えば憲兵が、道端を歩く女学生や畑で仕事をしている女性たちを、奴隷狩りをするようにして強制的に連れて行った、というようなものです。こんな話を最初もっともらしく作り、本まで書いた人がいますが、驚いたことに日本人です。一九八三年、吉田清治という人が『私の戦争犯罪—朝鮮人強制連行』という本を書き、その中で一九四三年、部下六人と共に済州島の城山浦《ソンサンポ》に行き、ボタン工場で働く女性一六人を慰安婦にするため連れて行った、と記しました。この本は韓国人に大きな衝撃を与え、以降、慰安婦問題が発生するのに大きな役割を果たしました。しかし、それは嘘でした。本が刊行されたあと、済州島の郷土史家と記者たちが関連証言を聴取しようとしましたが、城山浦の住民たちは、そのようなことはなかった、と否定しました。それどころか、本を売るための軽薄な日本人の悪徳商魂だ、と憤慨しました。

それでも吉田清治の嘘は、なお長い間、事実のように扱われて来ました。多くの小説や映画が作られ、似たような話を広めました。最近封切られた「鬼郷」注65という映画では、日本の憲兵が少女を連れて行く場面で、数多くの観客が瞼《まぶた》を熱くしたそうです。第一章でその荒唐無稽さを批判した趙廷来の小説『アリラン』にも類似した場面が出て来ます。ある面長が面に割り当てられた慰安婦を徴発するために、ある農民を呼んで「仕方なく、君の娘を慰安婦に徴発するよ」と通達する場面です。私は、作家の精神世界を軽蔑します。汚い種族主義の標本です。日本を強暴な種族と捉え、自分の娘が徴発されるのにも抵抗できない、無限に弱く卑劣な存在と自らを貶《おとし》める精神世界が、他ならぬ種族主義です。

強制連行説を裏付けて来た、これとは別の根拠が元慰安婦たちの証言です。一般的に歴史学者は、他の資料により傍証されない個人の証言を、史料として認めていません。二〇世紀に入って米国の歴史学者たちは、南北戦争で解放された黒人奴隷を対象に、彼らの奴隷生活に関する記憶を採集しました。そのとき歴史学者たちは、インタビューが繰り返されると、彼らの記憶が一貫性を維持できないことを知りました。昔のことであるため、記憶が薄らいでいることも、前後関係が混乱することもあり、またその間に、新たな記憶が作られることもあります。何よりも、記憶を聴取する人との相互作用で、記憶という行為自体を政治化できるというところに留意する必要があります。

元慰安婦たちの証言においても、そのような問題点が多く露出しました。ある女性は、鉄道駅の前で日本軍に捕まえられて中国に連れて行かれた、汽車には多くの女性と軍人が乗っていた、と証言しました。ところが、この女性が最初に行なった証言は、その話とは違っています。彼女は、継父が自分を売った、だから自分は日本軍よりも継父をもっと恨んでいる、と言いました。証言が変わった理由を説明するのは難しくありません。継父が自分を売ったと言うと、聞き手があまり興味を示さなかったり、そのような話をしてはいけない、と忠告までしたりするのです。そのため、次第に聞き手が期待する内容に変えるようになります。そうなると、政治的待遇も大きく変わります。ある状況に達すると元慰安婦は「二度とこのようなことがあってはならない」と、日本に訓戒を垂れる独立運動の志士に変身します。日本軍に奴隷狩りをされるようにして連れて行かれた、という証言は、ほとんどこの経路で創作されたと言ってもいいでしょう。

前章で詳しく説明しましたが、女性たちが公娼に向かった道のりは、周旋業者たちが貧しい階層の戸主に若干の前借金を提示し、就業承諾書を貰い、娘たちを連れて行く過程でした。時には、良いところに就職させるという口車に乗せられたりもしました。娘たちは、泣きながら、または殴られながら、連れて行かれましたが、そこには貧困と暴力が支配する家庭を離れ都市の新生活に向かう、というときめきが無くもありませんでした。慰安所に向かう道のりも同じでした。その事実が五〇年後、違った環境で政治的に口述されるときに、「奴隷狩り」されたといった、とんでもないものになってしまったのです。

女子挺身勤労隊との混同

強制連行説を煽ったもう一つの嘘は、女子挺身勤労隊との混同です。以下、挺身隊と略称します。一九九一年、金学順という女性が自分は日本軍慰安婦だったと告白したとき、報道した『朝鮮日報』は慰安婦を挺身隊と呼びました。前々章で該当記事を掲示したので（二四七頁写真18-1）、確認してみてください。慰安婦と挺身隊は別のものです。挺身隊は、戦時期に女性の労働力を産業現場に動員したものです。一九四四年八月、日本は「女子挺身勤労令」を発布し、一二～四〇歳の未婚女性を軍需工場に動員しました。ただし、この法律は朝鮮では施行されませんでした。そういう環境ではなかったからです。ただ、官の勧めと斡旋で接客業の女性あるいは女学生が挺身隊として組織され、平壌の軍需工場や仁川の工廠《こうしょう》で二カ月ほど働いた事例はあります。日本の軍需工場にまで渡って行った挺身隊もあり、その総数は約二〇〇〇人と推測されています。

そうした少数の女性たちが挺身隊に組織されて工場に投入されたわけですが、それに対する民間の認識には大きな混乱が生じました。とにかく一九九一年、慰安婦問題が起きたときに、韓国国民は慰安婦と挺身隊を混同しました。人々は限りなく憤怒しました。

日帝が女性たちを動員して戦線に連れて行き慰安婦にした、これは人間世界にあってはならないことだ、と言ってです。しかし、今までそのような事例は、ただの一件も報告されたことがありません。つまり日本軍慰安婦問題は、最初からとんでもない誤解と無知から爆発したものでした。

最初は知らなくてそうしたとしても、のちに慰安婦と挺身隊が別のものであることに気づいたときには、誤報を訂正しなければなりません。しかし、どのメディアもそうはしませんでした。誤報を出したことを全く恥ずかしく思いませんでした。それどころか、一種のハプニング程度と認識して笑い飛ばしました。私がある記者に訂正を提案したときの、彼の反応がそうでした。韓国のメディアは、正直という徳目とは距離があります。

メディアだけではありません。慰安婦問題を主導したのは、韓国挺身隊問題対策協議会（八七頁注18参照）という団体です。この団体は、挺身隊と慰安婦が別物だということが明確になったあとも、ごく最近まで「韓国挺身隊問題対策協議会」という団体名を変えようとしませんでした。挺身隊と慰安婦を同一視する集団認識は、それなりの理由があって生まれた、と言い張っています。嘘を合理化する韓国文化の極致を、この団体の厚かましい態度に見ることができます。

実は、韓国の歴史学界こそが「嘘文化」の元祖です。今でもなお韓国史教科書には、日帝が「女子挺身勤労令」を発動し、一部の女性たちを日本軍慰安婦にするために連れて行った、と書かれています。六種の検認定教科書には、その点において例外がありません。たった一人でもその証拠となる事例があれば私は批判はしませんが、そんな事例はないのです。我が国の歴史学者たちは、堂々と嘘をついて来たのです。それが、彼らの職業文化としての反日種族主義です。日本軍慰安婦問題は、一九八〇年代まで存在しませんでした。そのときまで日本軍慰安婦の存在を知らなかったからではありません。反日種族主義が成熟していなかったのです。一九九一年、金学順の告白で日本軍慰安婦問題が爆発したのは、そのときにやっと反日種族主義が成熟し、皆が大きい声で嘘をつく態勢になったからです。

とんでもなく誇張された人数

日本軍慰安婦問題の解決を難しくさせた、もう一つ別の要因は、その数値がとんでもなく誇張されたという点です。一時は、朝鮮人慰安婦は二〇万人もいた、という荒唐無稽な説が教科書にも載っていました。今もなお、教科書によっては数万人と言い、その人数を誇張しています。二〇万という数値に最初に言及したのは、一九六九年の某日刊紙でした。一九四三～四五年、挺身隊として動員された日本人女性と朝鮮人女性は二〇万人だった、そのうち朝鮮人女性は五万～七万人だった、という記事でした。このように二〇万という数値は、もともと朝鮮人慰安婦とは何の関係もありませんでした。しかし一九八四年になると、宋建鎬《ソンゴノ》という人が自分の本の中で、日帝が挺身隊として連行した朝鮮人女性は二〇万人で、そのうち五万〜七万人が慰安婦だった、と主張しました。それが歳月と共にもう一度脚色されたのが朝鮮人慰安婦二〇万人説です。読者の皆さんは、子供時代の遊びを覚えているでしょうか。一人の子供が、別の一人の子供にだけ聞こえるように耳元で囁いた話が、何人かに同じようにして伝えられて行くうちに、全く違う内容に変わってしまう遊びです。慰安婦二〇万人説は、それと同じ現象で作られた話です。

日本軍慰安婦の総数がどの程度で、そのうち朝鮮人がどの程度いたのかに関しては、合理的に推測できるいくつかの根拠があります。一九三七年、日本軍が慰安所を設置した当時、慰安婦は、兵士一五〇人当たり一人の比率で充当されました。そうすると、全日本軍二八〇万人を相手にする慰安婦は総計一万八千余人です。一九四二年、日本軍が将兵に支給したサックの総数は三二一〇万個でした。この数値からサックの一日の使用量を求め、一人の慰安婦が一日に五人の兵士と接したとすれば、やはり一万八〇〇〇人に近い数値が導き出されます。

日本軍慰安婦の総数は、その程度のものでした。慰安婦たちの民族別構成は、日本人四〇パーセント、現地人三〇パーセント、朝鮮人二〇パーセント、その他一〇パーセントと推算するのが一般的です。何人もの韓国の研究者が、日本軍慰安婦のほとんどが朝鮮人だった、と主張していますが、関連資料を読んだこともないのではないかと思います。その二〇パーセントという比率で朝鮮人慰安婦の総数を求めると、三六〇〇人と推算されます。朝鮮にいた慰安婦を除いた、満洲など域外に出て行った慰安婦がどの程度だったのかについては、私は大体三〇〇〇人前後ではないかと思っています。一九三七年から一九四五年まで活動した慰安婦の延べ人員は、どの程度だったのでしょうか？この数値を求めるには、慰安所を離れ民間に戻って来た女性たちの人数を知る必要がありますが、信頼できる情報がありません。漠然と三六〇〇人の二倍と見て、七二〇〇人くらいと推測していますが、特別根拠のある推算ではありません。

とにかく、二〇万人だ、数万人だというのは、全く根拠のない荒唐無稽な説です。私は以前、韓国女性運動の指導者級の人とこの数値で論争したことがあります。対話中、偶然二〇万人説が出ました。私は、それはとんでもない数値だと説明しましたが、全く聞こうとせず、結局は、怒り出して席を蹴って出て行ってしまいました。その、どうしようもない頑固な先入観こそが、二八年間この問題の解決を妨げる最大の敵でした。

東南アジアの慰安所

一九四一年一二月、日本と米国との間で戦争が勃発しました。以降、日本軍は東南アジアに出て行き、マレーシアとシンガポールを占領し、ビルマにまで進出しました。その新しい占領地でも、日本軍は慰安所を設置しました。日本から娼妓が渡って行くのは無理でした。新しい市場を埋める娼妓が足りなかっただけでなく、警察の取り締まりが

写真20-2　1944年8月14日、ビルマのミッチーナーで米軍の尋問を受けている朝鮮人慰安婦

厳しく、娼妓でない女性を募集するのが難しくなったからです。そのため東南アジアの日本軍は、一九四二年五月頃、朝鮮軍司令部と朝鮮総督府に女性たちを送ってくれるよう頼みました。朝鮮軍司令部は、朝鮮の周旋業者と接触しました。前章で指摘しましたが、当時の朝鮮の周旋業には、小売市場—卸売市場—中央市場のような位階がありました。推測するに、朝鮮軍司令部は、中央市場に該当する大物の周旋業者何人かに、その仕事を依頼したと思います。その結果、周旋業の全国的なネットワークが作動し、おおよそ八〇〇〇人の女性を東南アジアに送り出しました。女性たちは一九四二年七月前後、四回に分けて釜山港を出発しました。女性たちが身分証明書と旅行許可書を受け取り日本軍の輸送艦に乗るには、総督府警察の協力が必須でした。

　二年後の一九四四年八月頃、二十余人の慰安婦が米軍の捕虜となって尋問を受けました。そのとき作成された尋問記録から、慰安婦制の本質と実態に関する、他のどの記録よりも詳しく正確な情報が引き出せます。この記録は、慰安婦の募集過程についての記述で始まりますが、簡略化して引用します。

日本軍からの依頼人が、慰安サービスをする女性たちを募集するために朝鮮に到着した。サービスの内容は、負傷兵の慰問や看護を含めた、一般的に将兵たちを楽しくさせる仕事、と紹介された。依頼人たちは、多額の収入、家族負債の免除、きつくない労働、新天地シンガポールでの新生活を餌にした。多くの女性がその虚偽の説明を信じ、前借金を貰って応募した。彼女たちの一部は、以前から売春業に従事していたが、ほとんどは無知で教育を受けていない女性たちだった。彼女たちは、受け取った前借金の大きさによって、六カ月間、または一年間、軍の規則と慰安所店主に縛られた。

このように、東南アジア慰安所の開設には、他の地域に比べて日本軍と総督府の介入が目立ちました。日本人や朝鮮人の社会が形成されたところではなかったからです。民間業者が女性たちを連れ軍の後をついて行けるほど近かったり、交通手段が備わっていたりするところでもありませんでした。日本軍が民間の大物周旋業者に慰安婦募集を依頼し、彼らの周旋で慰安所を経営する店主たちが選ばれました。第一線で慰安婦を募集したのは、彼ら店主でした。彼らは、甘い言葉と前借金の提供で、貧しくて無知な貧困階層の女性たちを募集しました。

しかし、軍によって編成された公娼制というその本質においては、東南アジアの慰安所は、他の地域の慰安所と何らの差異もなかったのです。米軍の尋問記録は、その点を明確にしています。いくつかの関連記述を引用します。

慰安婦とは、日本軍に付属した職業的娼婦である。彼女たちは男性を弄《もてあそ》ぶ方法を知っていた。個人が一人部屋で生活し、営業した。食事は慰安所の店主が提供した。彼女たちの生活は比較的贅沢であった。食料と物資を購入できる充分なお金を持っていたため、彼女たちの生活は良かった。

続いて米軍の尋問記録は、慰安所の運営守則について言及しますが、その内容は、前に紹介したのと同様なものでした。慰安婦の所得と店主との分配についても言及していて、これは、他のどの記録にもない、非常に貴重な情報です。彼女たちの月所得は、少ない人で三〇〇円、多い人で一五〇〇円でした。店主に対する分配比率は五〇パーセントから六〇パーセントでしたが、具体的比率は、前借金の大きさによって異なりました。分配後の残りが慰安婦の所得でした。そこから食費を含めた生活費が支出されましたが、店主は高い価格を要求して彼女たちを困らせました。しかし、不平を言う程度で、彼女たちを縛るほどではありませんでした。そのことは、彼女たちが到着した一年後の一九四三年後半に、負債を全て返済した慰安婦は帰国できる、という命令が下り、その命令により一部の慰安婦が朝鮮に帰ったことからも明らかです。

要するに米軍の尋問記録は、慰安所が軍によって編成された公娼制下のもので、〃高労働、高収益、高危険〃の市場であったことを、これ以上なく生々しく裏付けています。史料が一つだけなら、人々はそれを疑います。歴史学者たちは、そのような癖を持っています。それを裏付ける他の史料があれば「錦上添花（錦の上に花を添える）」です。今からそれを紹介します。

ある慰安所の帳場人の日記

一九四二年七月一〇日、約二〇〇〇人の女性が一〇人余りの店主に連れられて釜山港を出、東南アジアに向かいました。その一行に朴治根《パクチグン》という人がいました。この人は慶尚南道の金海《キムヘ》が故郷で、一九〇五年に生まれ、一九七九年に死亡しました。金海で代書屋業に従事しましたが、一九四一年に戦時統制のため廃業しました。それからは大邱で旅館を経営しました。妻は、時々慶尚北道地域を廻って女性たちを募集しました。旅館というのは実は売春業所だったのです。このような経歴から彼は、自然に軍慰安所経営に関わるようになりました。一九四二年七月、彼は義弟と共に女性一九人を集め、慰安所経営のために東南アジアに出発しました。彼もある程度出資したようですが、店主は義弟でした。以降、朴治根は一九四四年末まで、ビルマとシンガポールで慰安所の帳場人として働きました。帳場人というのは、慰安所の入り口で客が来たら受け付けをし、慰安所の会計をはじめ諸般の業務を行なう人のことです。この人の一九四三年と一九四四年の日記が残っており、私が所属している落星垈経済研究所でそれを現代語に翻訳し、若干の注釈を付けて『日本軍慰安所管理人の日記』というタイトルで刊行しました。不十分ながら、慰安所の実態を現場から伝える貴重な史料と言えます。

一九四二年八月、ビルマに到着した朴治根一行が日本軍の指示によって慰安所を開設したのは、アキャブという都市でした。インド洋に面する現在のシットウェという都市です。一九四三年一月、朴氏は義弟の頼みで、三万二〇〇〇円のお金を持ち、ラングーンに出かけます。義弟の家に送金するためでした。今日の価値だと約一億円、韓国の通貨で一〇億ウォンに達する大金でした。六カ月でそれほど稼いだのです。最前線の慰安所経営はそれほど儲かる事業でした。

同時に、非常に危険でもありました。朴氏がラングーンにいる間に、義弟は何か大きい事故に遭って死んでしまいます。慰安婦二人も死亡しました。また、一人は大怪我をしました。生き残った慰安婦はラングーンに撤収しました。日本軍は朴氏に、彼女たちを連れて来て慰安所を経営するよう慫慂しますが、朴氏にはその意思がありませんでした。慰安婦たちは、各自の希望に従い他の慰安所に行きました。慰安所店主と慰安婦たちは、縛られた関係ではありませんでした。その点が私には印象的でした。当初、慰安婦たちに前借金として貸し付けたお金は、六カ月で全部償還されたように見えます。三万二〇〇〇円は、そのようにして集めたお金だったと考えられます。

以降、朴氏はラングーンで、いくつかの慰安所に帳場人として勤めました。それからシンガポールに出て、菊水倶楽部という慰安所の帳場人として暮らしました。彼は毎朝、近くの市場に行って各種の食材を購入しました。調理は慰安所店主の妻が担当しました。客が来たら受け付けをし、花代を貰い、サックを支給し、慰安婦の部屋に案内するのは、当然帳場人の仕事でした。帳場人の主要対外業務は、慰安婦の就業と廃業申請をし、定期的に慰安婦を引率して性病検診を受けさせ、月一回営業月報と収支計算書を作成してシンガポール軍政庁警務部保安課に報告することでした。その他、銀行に行って、慰安婦たちの貯金と送金の代行をしました。帰国する慰安婦の旅行許可を取得したり、乗船の手続きをしたりするのも、帳場人の仕事でした。

軍の細かい統制下にあったものの、慰安所はあくまでも店主の個人経営でした。店主らは慰安所の経営権を売買しました。朴氏も、慰安所を引き受けないかと提案されたことがありましたが、断りました。稼いだときには喜び、稼げなかったときには失望する事業でした。ある日の日記には「今日はお客様が少なく、兵丁券が一四枚しか売れていない」と失望感を記し、他の日には「今日は天長節の慶祝日であるため、軍人の外出が多くて倶楽部の収入が二四五〇余円もあり、開業以来の最高記録だった」と嬉しい心情を書き残しました。

女性たちも同じでした。女性たちは一所懸命にお金を貯めて実家に送金するか、貯金しました。朴氏は、何回もシンガポールの横浜正金銀行を通して慰安婦たちのお金を送金しましたが、その中の一件は送金額が一万一〇〇〇円もありました。女性たちは前借金の償還を完了し、契約期間が満了したら、酌婦許可証を返納して故郷に帰りました。一九四四年の一年間、朴氏が管理した菊水倶楽部で一五人の女性がそうしました。このように、慰安婦業はあくまでも個人の営業でした。慰安所店主にとって、離れて行く女性たちの空席を埋めるのは大変なことでした。朴氏の日記によると店主らは、女性たちの募集のため朝鮮にまで帰ることもありました。

月二回の休日になると、女性たちは外出をしました。団体で映画を見に行ったりもしました。防空訓練に動員されることもあり、時局演説会を聞きに行くこともありました。慰安婦たちは、慰安所組合の会員として毎月定額の会費を納付しました。組合長は日本人で、副組合長は朝鮮人でした。朴氏は、時々菊水倶楽部を代表して組合会議に出席しました。シンガポールには、多様な事業に従事する朝鮮人がいました。その中には大金を稼いだ人もいました。それでも、やはり慰安所営業が最も繁盛した業種だったようです。朴氏の日記は、そのような戦線の後方地域においてお金とセックスで繁盛する朝鮮人社会を描いています。慰安婦たちも、戦争特需を利用して、一儲けして新しい人生を開拓して行った人たちでした。彼女たちを世間知らずの無能力な存在とみなしてはいけません。

一九四四年一二月、朴治根は二年四カ月の東南アジア生活を清算し、故郷の金海に帰ります。高等女学校（日本での中学校）に通う最愛の娘が病気で死亡したからです。その後、彼は全てのことに意欲を無くしました。帰国するとき彼が家に送金した額は、三万九〇〇〇円という大きなものでした。それから六年間の日記はありません。一九五一年から再び始まる彼の日記を読むと、彼は代書屋を継続する中、果樹園を経営していました。地域の有志として、ある中学校の理事としても活動しました。彼はもともと、日本の天皇の万寿無疆《ばんじゅむきょう》と大日本帝国の繁栄を祈願する忠良なる皇国臣民でした。戦前の日記は、そのような彼の内面をよく描いています。ところが解放後の彼は、反共主義者として大韓民国の忠実な国民に変わっていました。私は、彼の人生もやはり、その時代を生きたふつうの人のものではなかったかと思っています。

楯師団の慰安婦、文玉珠

一九四二年七月一〇日、朴治根一行が釜山港を出るとき、文玉珠《ムンオクチュ》という女性が他の一行の一員として同じ船で東南アジアに向かいました。松本という男（日本風に創氏した朝鮮人）が導く一行で、彼が募集した慰安婦は全部で二〇人でした。文玉珠は一九二四年生まれ大邱出身で、一九九六年に死亡しました。文氏は死亡する三年前、森川万智子という日本人作家に、慰安婦時代を含めた自分の人生を話しました。森川氏は、文氏の回顧を一九九六年『文玉珠　ビルマ戦線楯師団の「慰安婦」だった私』という本にして刊行しました。今から、この本に書かれた文氏の人生を紹介します。

文玉珠は極貧家庭に生まれました。食料が無くなると、七～八歳だった文玉珠は隣家を廻って物乞いをしました。学校に通うことはできませんでした。その代わりに、早くから大邱券番で妓生教育を受けました。一九四〇年秋、一六歳の文玉珠は満洲の東安省にある日本軍慰安所に連れて行かれました。憲兵に強制連行されたと言っていますが、そのまま信じてはいけません。彼女の母親か兄の承諾によって周旋業者に連れて行かれたのを、そのように言っているだけです。慰安所に到着したら、そこは大邱の人が経営していたところで、慰安婦二〇人も皆大邱出身でした。そのことは、彼女が大邱と東安省を繋ぐ周旋業のネットワークに引っ掛かったことを証明しています。そこで一年間、慰安婦として暮らした文玉珠は、同僚と一緒に慰安所を脱出し大邱に帰って来ました。妓生生活に復帰した文玉珠は、一年後、前述した松本が募集した東南アジア行きに加わりました。釜山の指定された旅館に到着すると、東安省で一緒に慰安婦生活を送った同僚たちも来ていました。おそらく松本は、一九四〇年に文玉珠を東安省に送ったのと同一人物のように思われます。

二カ月後、松本の一行が定着したのは、ビルマのマンダレーというところでした。楯師団の駐屯地でした。文玉珠は日本軍を慰安することに最善を尽くしました。妻子を置いてやって来て、いつ死ぬか分からない兵士たちのために、歌を歌ってあげました。彼女の歌は逸品でした。彼女は兵士たちの間で、人気の慰安婦として有名になりました。慰安婦には大体、日本軍の彼氏がいました。文玉珠にも山田一郎という彼氏がいました。文玉珠は彼と会うことを楽しみに、慰安婦生活に耐えました。七〜八カ月後、文玉珠が所属した慰安所は、部隊と共にアキャブというところに移動しました。前に紹介した、

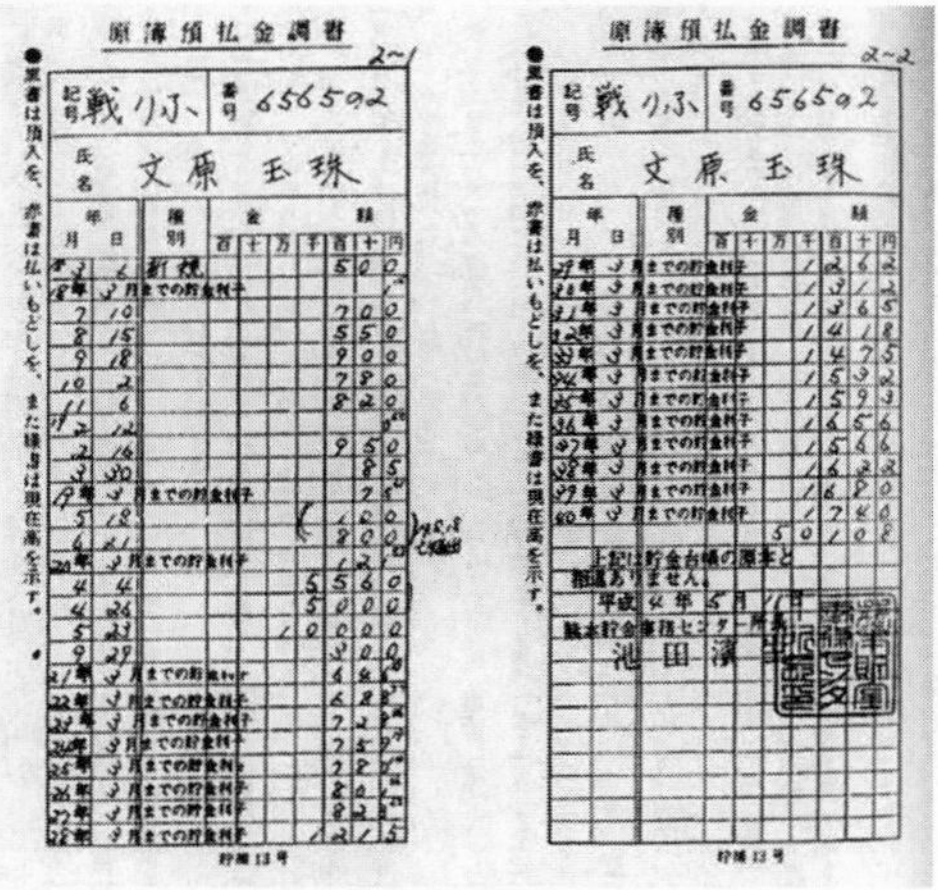

写真20-3　文玉珠の軍事郵便貯金原簿の調書

朴治根の一行が慰安所を開業し、事故に遭い、撤収したところです。アキャブに到着してからも、山田との関係は続きました。しかし、戦争はそれ以上、二人の愛を許してくれませんでした。山田は、ある密林で戦死しました。

やがて日本軍の敗走が始まりました。連日のように英軍の飛行機が、アキャブの日本軍を襲いました。文玉珠の一行は、退却する日本軍と共にラングーンに出ました。ラングーンではラングーン会館という慰安所で働きました。そこには全部で三十余人の朝鮮人慰安婦がいました。ラングーン会館でも文

玉珠は人気の慰安婦で、将校倶楽部からよく呼ばれました。このときから文玉珠は、稼いだお金を貯金し始めました。「お金を一所懸命に貯めることこそ生きる意味だった」と言っています。

前頁の資料写真（写真20-3）は、日本のゆうちょ銀行貯金事務センターが今でも保管している文玉珠の軍事郵便貯金原簿の調書です。それによると、文玉珠は一九四三年三月から貯金し始めました。推測ですが、その前は、前借金を償還するため、お金を貯めることが難しかったようです。貯金は、一九四五年九月が最後となっており、総額は二万六三四二円でした。貯金以外にも文玉珠は、大邱にいる母親に五〇〇〇円を送金しました。ラングーンでは、外出をしてワニ革の鞄、ダイヤモンドなどを買ったりしました。とにかく文玉珠は、懸命に相当の額のお金を稼ぎました。人気のある、能力のある慰安婦だったからです。

文玉珠と、共に大邱からビルマに働きに出た同僚五人は、一九四四年夏、帰国の途に就きました。ビルマに来てからすでに二年、前借金も償還し、契約期間も満了した状態でした。それで、帰ろうとしたら、六人全員に旅行許可が出たのです。一行はラングーンで列車に乗り、ベトナムのサイゴンまで行きました。港に到着すると、他のところから来ていた朝鮮人慰安婦五〇人もいました。ところが、文玉珠ら四人は帰国船に乗らず、キファとヒトミという姉妹だけが船に乗りました。あとで分かったことですが、姉妹を乗せた船は米軍の潜水艦の攻撃を受け沈没しました。キファは死んでしまい、ヒトミは何とか救出されて大邱に帰りました。文玉珠ら四人は、幸いにもその死の船に乗らなかったのです。彼女たちが帰って来ると、ラングーン会館は彼女たちを歓迎しました。この事件が慰安婦の地位について示唆することは、非常に重要です。つまり慰安婦の生活は、あくまでも彼女たちの選択と意思によるものであるということです。職業としての慰安婦は、慰安所という場所で営まれた個人の営業だったのです。

その後、文玉珠は、ラングーン会館をひっくり返すような大きな事件を起こしました。ある日本軍兵士が酔っ払って、彼女を「朝鮮ピー」とからかったのです。「ピー」は、プロスティテュート prostitute の頭文字で、「朝鮮の娼婦」という意味です。文玉珠が抗議すると、兵士は軍刀を抜いて彼女を脅しました。彼女が退かずに抵抗すると、兵士は軍刀を落としました。彼女がその軍刀を手にして兵士の胸を刺したので、兵士は死んでしまいました。文玉珠は軍法会議にかけられましたが、無罪判決が下りました。彼女は「私たちも同じ日本人である。天皇陛下から授かった軍刀を、日本軍を慰安するために遥か遠くまで来た慰安婦に向けるのは良いことか」と抗議し、裁判官がその言葉に感服したということです。

この事件については、関連した軍法会議の記録がなく、また、あり得ない事件でもあるため、そのままは信じ難いと言う人がいます。私も、そういう面があると思います。ただ、乱暴な兵士と喧嘩したあげく、兵士にかなり重い傷を負わせたが、部隊長の裁量によってなかったことにしてもらった、という程度のことではなかったかと思います。

とにかくこれも、慰安婦の在り方について示唆に富む話ではないかと思います。文玉珠と慰安婦一同は、「私たちも日本人だ。娼婦ではない。日本軍を慰安する神聖なる責務を与えられた帝国の慰安婦だ」という意識を持ちました。彼女たちは正式な軍属ではありませんが、それに準ずる待遇を受ける中、それ相応の政治意識で自分たちの存在価値を確認したと思われます。

生と死が交錯する戦線で兵士と慰安婦は、ある意味では一つの運命共同体でもありました。荒々しく押さえつけられたりもしましたが、男女として体を交える関係でもありました。慰安婦を愛した兵士もいれば、兵士を愛した慰安婦もいました。九死に一生を得て大邱に帰ったヒトミは、愛する兵士の子供を身ごもっていました。つまり、慰安婦とは言え、生活実態でも、政治意識でも、心理感情の面でも、無権利の奴隷状態では決してなかったのです。

果たして性奴隷だったのか？

ここからは、日本軍慰安婦の性格を性奴隷と規定して来た学説を検討します。性奴隷説を先駆的に主張した研究者は、日本の吉見義明という歴史学者です。彼の主張によれば、慰安婦たちには行動の自由がなく、事実上、監禁された状態で意図しない性交を強要され、日本軍は彼女たちを殴ったり蹴ったりするなど乱暴に扱っており、店主への前借金と増えて行く利子に縛られていて、お金を稼ぎ貯蓄する機会を持っていなかった、だから慰安婦は日本軍の性奴隷であった、と主張しています。吉見は、日本軍が慰安婦を奴隷として連行、監禁、暴行、殺害する、反人道的犯罪を犯した、と批判しています。性奴隷説を主張する、もう一人の研究者は、日本の宋連玉《ソンヨノク》です。この人は慰安婦だけでなく、公娼制下の娼妓や酌婦も同様に性奴隷であった、と主張しています。彼女の主張は、娼妓と酌婦は自由意志で廃業することができず、ならず者の監視の下、事実上監禁された状態で客と接しなければならず、抱え主の前借金に縛られ、化粧品などを購入するために借りたお金も利子となって増えて行く、耐えられない隷属状態にあった。さらに朝鮮の場合は、貧困と差別がより過酷で、女性を略取・売買する周旋業者の悪徳行為に対する取り締まりが緩かった。要するに日本と朝鮮の公娼制は、近代国家が男性と軍人の性欲を満たすために女性たちを奴隷的に拘束した暴力装置であり、このような公娼制の属性は、日本軍慰安婦制でより露骨に貫徹された、というものです。

しかし私は、関連する研究成果や史料を読んで行く過程で、性奴隷説から徐々に離れて行きました。私は性奴隷説は、慰安婦制を成立させた歴史の複雑性や矛盾をあまりにも単純化するという誤謬《ごびゅう》を犯していると思います。問題の核心は、慰安婦たちに選択の自由が全くなかったのか、という点です。もしそうだったとすれば、まさに奴隷でした。慰安婦たちが慰安所やその周辺から気ままに離れることができなかったのは事実です。しかし、その程度の不自由は、慰安婦という職業の特性に付帯する制約として理解できます。それは、契約と規則遵守の問題でした。契約期間が満了したとき、または一定の条件が満たされたときにも、彼女たちは帰ることができなかったのでしょうか？

私は、そうではないと思います。前にいくつかの事例を紹介しました。捕虜慰安婦に関する米軍の尋問記録が指摘しているように、一九四三年に東南アジアの日本軍は、前借金を償還し、契約期間が満了した慰安婦の帰郷を許可しました。朴治根が帳場人として勤めたシンガポールの菊水倶楽部では、一九四四年の一年間、二十余人の慰安婦のうち一五人が廃業し、朝鮮に帰りました。同年、ビルマのラングーン会館の文玉珠と彼女の同僚五人は、共に帰国許可を得て慰安所を出ました。結果的に文玉珠ら四人は帰国を諦めてまたラングーン会館に戻りましたが、サイゴン港で帰国船を待つ五〇〇人の朝鮮人慰安婦を目撃しました。このような事例は、慰安婦たちが絶望的な監禁状態に置かれてはいなかったことを証明しています。満洲や中国での状況も同様です。中国広東の南寧と欽州地区に設置された四三軒の慰安所の場合、一九四〇年六月の一カ月間に二五人が慰安所を離れ、一一四人が新しく入って来ました。そのように、慰安婦の居住は、本人の選択による流動性を特徴としていました。

慰安婦たちは高額の前借金と増えて行く利子によって奴隷的に縛られていた、という主張は、厳密に言えば、然るべき証拠が提示されたことのない先入観に過ぎません。朴治根の日記や文玉珠の回顧録から分かるように、女性たちは一所懸命にお金を稼いで送金し、貯金しました。それに関する記録が、他にも多く存在します。戦争はお金とセックスで賑わう後方の支援により行なわれました。その市場で債務奴隷となり抜け出せなくなった女性たちがいなくもありませんが、針小棒大はいけません。職業としての慰安業は、あくまでも慰安婦個人の営業であり、収益が発生しなければ最初から成立できない市場でした。

宋連玉教授が性奴隷説を民間の公娼制にまで拡張したことは、さらに納得しがたい主張です。一九二四年、道家斉一郎《どうけ》という人が、平安北道を除く朝鮮全域に居住する娼妓、芸妓、酌婦の移動状況を調査したことがあります。彼によると、一九二四年の一年間、娼妓などとして新規に就業した女性は三四九四人でした。一方、廃業して娼妓名簿から削除された女性は三三八八人でした。『朝鮮総督府統計年報』によると、一九二三年末に全国に居住した娼妓、芸妓、酌婦の総数は七五二七人でした。一九二四年に廃業した娼妓らはその四五パーセントです。平安北道が除かれていたため、実際の廃業率はもっと高かったはずです。このことから推算される娼妓らの平均勤続期間は二年六カ月程度です。もちろん、不運にも売春業から抜け出せなかった女性たちもいました。娼妓としての暮らしが一〇年以上に及んだ人も、人生に絶望したあまり自殺した女性もいました。しかし、その人数を誇張したり、そのことによって売春業の実態を覆い隠したりしてはいけません。

一九三〇年代に入って、朝鮮でも公娼制廃止運動が行なわれました。運動家たちは、娼妓業の悲惨な状態を社会に告発しました。「性奴隷」という用語は、そのときから使われ始めました。その主観的意図は善なるものだと思います。歴史を進歩させる政治的修辞でした。しかし、歴史学者が過去のことを歴史的事件として扱うときには、主観的価値観を排除し、厳格な客観的視野を確保しなければなりません。時代は、言わば近代でした。人間たちの関係は、身分的関係から商業的関係に移行していました。売春業もこのような時代的状況に規定されました。店主と娼妓は基本的に契約関係にありました。それは、産業革命期の工場制下の労働者がいくら悲惨であっても、奴隷ではなかったのと同様の原理です。

再び「我々の中の慰安婦」に

私の「性奴隷説」に対する批判は、一種の憤怒に近い感情がその底にあります。日本の研究者たちが「性奴隷説」を主張するとき、その主要対象は日本人慰安婦や娼妓でした。その人数は朝鮮人慰安婦や娼妓よりずっと多かったのです。何よりも、日本で自生した売春業でした。したがって、「性奴隷説」が正しかろうが間違っていようが、それは近代日本の歴史を説明する学説であって、日本の学界の問題と言えます。しかし、日本軍慰安婦問題が起きて以来、韓国の研究者と運動家たちは、その説を無分別に導入しました。彼らは、近代韓国の歴史とは何かを理解する知性の所持者ではありませんでした。運動を主導した何人もの研究者がおり、その中の一部の人は大学に所属する教授を名乗っていましたが、韓国社会史や女性史に関して、研究成果を蓄積したり体系的な理解ができていたりする人たちではありませんでした。研究者なら、ある課題に接近するときには、まずその歴史的背景から、その土台を成す法と制度まで、丁寧に調べなければなりません。さらに、近い歴史であるため、すなわち今も続いている現実の一部にもなり得る以上、その全体像を把握し、歴史的意味を与えるに当たって、極めて慎重でなければなりません。しかし、慰安婦問題をめぐる研究者たちの態度は、情けないものでした。彼らは他人の学説を輸入・乱用し、むやみに煽動しました。

ここで再び、第一八章の「我々の中の慰安婦」に戻ります。慰安婦制は、日本帝国主義の敗亡と共に消えたものではありません。韓国軍慰安婦、民間慰安婦、米軍慰安婦の形態で存続した我々の現代史の一部でした。一九四六年、日帝が移植した公娼制が廃止されました。民間の売春業は私娼制に変わりました。性売買に従事する女性たちが韓国戦争の破壊と混乱により激増しました。その総数は、なんと日帝期の一〇倍でした。私娼街で性売買を専業とする女性のことを「慰安婦」と呼びました。英語ではプロスティテュート prostitute でした。日本軍慰安婦に対する韓国人の記憶がそのまま反映された結果でした。

その女性たちの労働強度を含めた生活実態は、どのようなものだったでしょうか？第一八章で紹介したので、ここでは繰り返しませんが、一言で言えば女性たちの労働強度は、日本軍慰安婦のそれとさほど違いがありませんでした。しかし所得水準では、か

人工中絶回数	韓国人相手 188人中（人）	米軍相手 132中（人）
1	25	20
2	3	16
3	2	13
4	1	1
5		10
6		3
7		1
15		2
20		2
計	31	68

資料：朴大根「慰安婦たちに対する社会医学的調査研究
—群山地区を中心に—」（1964年）

表20-1　人工中絶回数別の群山市慰安婦の人数（1964年）

なりの違いがありました。彼女たちは国家から保護されていませんでした。私娼街の暴力は、その時代の文化でした。彼女たちの健康状態は最悪でした。一九五九年、ダンサー、慰安婦、接待婦、密娼の性病感染率は、なんと二六パーセントでした。日帝期の娼妓たちの感染率は五パーセント前後でした。日本軍慰安婦たちは、性病の危険から保護されていました。米軍の尋問記録によると、彼女たちの健康状態は、発達した避妊器具により良好だったそうです。文玉珠は、自分で衛生管理を徹底し、一回も性病にかからなかったことを誇らしく思っていました。

女性たちの体がどれほど虐待されたかは、彼女たちが強要された人工中絶の実態を見ればよく分かります。表20-1は一九六四年、群山市保健所に登録された民間慰安婦と米軍慰安婦が経験した人工中絶の回数です。米軍慰安婦の人工中絶が民間慰安婦よりずっと多かったという事実は、米国の軍人がほとんどコンドームを着用しなかったことを意味します。基地村の抱え主は、妊娠した慰安婦たちに中絶を強要しました。一三二人の慰安婦のうち六八人が、人工中絶を経験しました。経験者の中絶頻度は平均三・五回です。中には二〇回に達する女性もいました。基地村の女性たちは、妊娠と中絶の恐怖に無防備に晒されていました。それに比べると日本軍慰安婦は、保護された境遇にありました。日本の軍人は義務的にサックを着用しました。朴治根の日記に出て来る女性たちの妊娠件数は、ビルマで一件、シンガポールでも一件に過ぎません。

私は、日本軍慰安婦が性奴隷であったなら、解放後の民間や基地村の慰安婦は、それよりもずっと過酷な状況に置かれた性奴隷だったと思います。もちろん私は、どちらの慰安婦についても、性奴隷説に賛成していません。私が指摘したいのは、性奴隷説を主張する運動家と研究者たちの無知と偏見です。彼らが本当の人道主義者であれば、彼らが本当の女性主義者であれば、彼らは解放後の韓国軍慰安婦、民間慰安婦、米軍慰安婦に対しても、彼女たちは性奴隷だったと主張し、韓国男性、国家、米軍に責任を問うべきでした。しかし、彼らはそうはしませんでした。彼らは、貧困階層の女性たちに強要された売春の長い歴史の中で一九三七～四五年の日本軍慰安婦だけを切り離し、日本国家の責任を追及しました。彼らは、人道主義者でも、女性主義者でもありません。民族主義者、いや、乱暴な種族主義者でした。

暴力的心情

再び、楯師団の文玉珠の話に戻ります。戦争が終わったあと、文玉珠はタイのバンコクで八カ月間収容され、一九四六年春、大邱の実家に戻りました。彼女が二一歳か二二歳のときでした。以降、五〇歳になるまで彼女は、大邱と釜山の料理屋で第一級妓生として働きました。下関郵便局に貯金しておいたお金に関しては、通帳を無くしてしまいましたが、気にしませんでした。一所懸命にお金を稼いで、兄と弟に家を買ってあげました。その間、ある男性と出会って一一年間同棲し、彼が死んだあとは彼の三人の子供を育てました。また、本妻のいるある男と出会い、本妻も認める仲になりました。本妻が子供を出産したら、その子供を自分の子供として育てましたが、その子供が問題を起こしました。成長して結婚もしましたが、ギャンブルに嵌まって商売にも失敗し、離婚もしました。結局、文玉珠は、その子供のために家まで処分してしまいました。

その頃、日本軍慰安婦問題が起きました。一九九一年に金学順という女性が、自分は元慰安婦だった、と告白しました。次いで韓国挺身隊問題対策協議会（以下「挺対協」と略称）が、放送を通して「挺身隊のおばあさんたちは、世の中に出てください。日本政府に対して公式謝罪と賠償を要求しましょう」と呼びかけ始めました。そのとき文玉珠を、古くからの知り合いの李《イ》ヨンナクという人が呼び出しました。有名な両班身分である真城李氏の子孫（李退渓《イテゲ》の後裔）である彼は、「私は、あなたは日本軍慰安婦だったと思う。事実を明かすのには大きな意味がある。これは歴史的な問題だ」と告白するよう促しました。文玉珠は、恥ずかしくて身が縮まるようでしたが、承諾しました。その後、李ヨンナクがソウルの挺対協に電話をかけました。文玉珠は、金学順に次いで二番目に、自分は元慰安婦だ、と告白した女性になりました。

以後、文玉珠に残された五年の人生は、どういうものになったでしょうか？　ここが、日本軍慰安婦問題を見る立場の分かれ道です。文玉珠の話が放送されると、多くの人が電話をかけて来ました。「おねえさん、挺身隊のおばあさんだったと、どうして名前を出したの？　お金のためなの？　補償金を貰うよりは、黙っていたほうが良かったわ。おねえさんとは、もう会わない」。こうして彼女は、友人と身内を無くしました。二年後、共にビルマに行ったヒトミの家を訪れました。ヒトミは、ビルマで日本軍の彼氏の子供を身ごもり、帰国を決行した女性でした。帰国船が米軍の潜水艦の攻撃を受けて沈没し、一緒に乗っていた妹は死亡しましたが、ヒトミは何とか救出されました。下関に到着して、郵便貯金を下ろしてから大邱に帰り、男の子を出産しました。ヒトミの下の妹は旅館を経営していました。その妹が文玉珠を叱責しました。「おねえさん、どうして、どうして今になって、自分の恥ずかしい過去を明かすの？　何千万ウォン貰っても、そんなことするものじゃないわよ」。ヒトミは良い生活をしていて、日本人の血筋を継ぐ息子は、大きくなって出世もしたそうです。ヒトミは、自分の過去を文玉珠が明かすのではないか、と震えていたのかもしれません。

そのように多くの女性たちが、当時まで生存していた数千人の女性たちが、息を殺して自分たちの過去を隠したと思います。愛する子供や孫、友人を無くすかもしれないという心配のためです。私は、そのほうがより素直なふつうの人々の感情だと思います。文玉珠に過去を暴露させた李ヨンナクという両班の子孫と挺対協は、「あなたが慰安婦だった事実は、あなた個人の恥でも家の恥でもない。それは日本が犯した戦争犯罪だった。それを暴露することで、あなたは自ら恥ずかしい過去から解放され、一人の人間としての尊厳と名誉を回復することができる」と説得しました。果たしてその考えは正しいのでしょうか？　私はその考えに決して同意できません。

当時、文玉珠は個人的に苦しい状況にありました。それで、自分の過去史を告白し、政府から補助金を貰い、永久賃貸住宅があてがわれ、生活費も貰いました。しかしながら、そうすることで、彼女の全人生は消されました。わずか三年の慰安婦生活が、彼女の全ての人生をひっくり返してしまったのです。ビルマから帰って四五年間、彼女は熾烈に人生を生きました。苦しくても、やりがいのある人生でした。その全てが消えました。彼女の友人、身内、彼女が育てた子供たちの皆が、彼女から離れて行きました。

私は、慰安婦制を日本軍の戦争犯罪とする認識に同調しません。ここまで説明して来た通り、それは当時の制度と文化である公娼制の一部でした。それを日本軍の戦争犯罪であると単純化し、どこまでも日本の責任を追及したのは、韓国の民族主義でした。李ヨンナクのような両班の子孫が主体となった民族主義でした。朝鮮王朝の五〇〇年間、妓生の性を搾取した、その両班の端くれの反日感情が、妓生の系譜を継ぐ文玉珠を再び慰安婦として動員し、裸にしたのです。一個人の人生史など、どうでも良いこととして投げ捨てられました。女性のうちに秘められたもの、廉恥の思いなどは、眼中にもなかったのです。まさに暴力的心性でした。挺対協は、自らの功名心を満足させるために、自らの仕事に繋げるために、元慰安婦たちを前列に立たせたデモを、絶えることなく続けて来ました。次第に彼らは、誰も楯つけない、全体主義的権力として君臨するようになりました。

一九九六年、文玉珠が死亡すると、彼らは彼女を民族の聖女と持ち上げて、毎年、追悼式を行ないました。果たして彼女は民族の聖女だったのでしょうか？　彼女は自分の人生を愛し、自分の家族を愛し、極貧だった実家が自分に強要した妓生という職業を忠実に務め、さらには他人の子供を四人も育てた誠実で鋭敏で勇敢な女性でした。しかし、民族の聖女ではありませんでした。

彼女は、死ぬ少し前に彼女を訪れた森川万智子に、消え入りそうな声で自分の人生を整理しました（以下、要旨）。「私は、何も知らないで、ただ、一所懸命に慰安婦生活をしたの。何回も死にかけてたの。大邱に帰ってからも骨が折れるまで働いたの。どんなに家族を大事にしたか。死ぬ気でお金を集めたわ。男の人たちは、なぜか私のことが好きだったわ。男の人たちは言っていた。『あなたは、目が丸くてとても可愛い』。私の声は、高く澄んだ声で、高い音も良く出たわ。私の歌は日本の軍人を楽しくさせたの。私は軍人たちを楽しくさせることが嫌いじゃなかったわ。山田一郎は良い人だった。彼だけではないわ。良い人がとても多くいたの。皆、可哀想だった」。そのように、彼女は死ぬ日まで、決して日本のことを呪ったりしませんでした。両班の端くれ、職業的運動家たちの頭にある反日種族主義の敵対感情とは、かけ離れた精神世界でした。

参考文献

朴大根「慰安婦たちに対する社会医学的調査研究―群山地区を中心に―」（ソウル大学校保健大学院修士学位論文、１９６４年）
[朴大根 (1964),「慰安婦들에 대한 社会医学的 調査研究―群山地区를 中心으로―」, 서울대학교 보건대학원석사학위논문.]
安秉直翻訳・解題『日本軍慰安所管理人の日記』イスプ、２０１３年刊
[안병직 번역・해제 (2013),『일본군 위안소 관리인의 일기』, 이숲.]
＊朴裕河『帝国の慰安婦―植民地支配と記憶の闘い』朝日新聞出版、２０１４年刊
＊吉見義明『従軍慰安婦』岩波書店、１９９５年刊
＊森川万智子『文玉珠 ビルマ戦線楯師団の「慰安婦」だった私』梨の木舎、１９９６年刊
＊秦郁彦『慰安婦と戦場の性』新潮社、１９９９年刊
＊宋連玉「公娼制度から『慰安婦』制度への歴史的展開」（『「慰安婦」・戦時性暴力の実態』Ⅰ〔緑風出版、２０００年刊〕所収）
＊鈴木裕子・山下英愛・外村大編『日本軍「慰安婦」関係資料集成』上、明石書店、

２００６年刊
＊歴史学研究会・日本史研究会編『「慰安婦」問題を／から考える―軍事性暴力と日常世界』岩波書店、２０１４年刊
＊金富子・金栄『植民地遊廓―日本の軍隊と朝鮮半島』吉川弘文館、２０１８年刊
＊崔吉城『朝鮮出身の帳場人が見た慰安婦の真実―文化人類学者が読み解く「慰安所日記」』ハート出版、２０１７年刊
C. Sarah Soh (2008), *The Comfort Women*, The University of Chicago Press.

注65：2016年公開の、韓国国内で観客数が350万人を超えた大ヒット作。少女たちが日本の憲兵らに連行されて日本軍の従軍慰安婦になり、収容所のようなところに監禁されて毎日強姦され、最後は全員が銃で撃ち殺されるというストーリー。虐殺された慰安婦の魂は、天国にも地獄にも行けず、この世をさまよう。

21 解放後の四十余年間、慰安婦問題は存在しなかった

朱益鍾

長い間、慰安婦についての言及はなかった

今は日本軍慰安婦問題が韓日間の最大の、また最も難しい外交懸案です。その問題による韓国の反日主義が日本の嫌韓を呼び起こす、非常に険悪な状況です。しかし、一九九〇年以前は、そうではなかったのです。韓国人は慰安婦被害を認知せず、慰安婦問題はありませんでした。

一九九〇年以前に慰安婦問題は存在しなかったという私の主張は事実か、という疑問が湧くでしょう。そして、その主張が事実なら、なぜ以前は慰安婦の被害に言及せず、また、なぜ一九九〇年以降になって被害に言及し、賠償を要求するようになったのか、という疑問が湧いて来ると思います。今から、その答えを探して行きます。

まず、慰安婦については、日本に対して請求権を主張できる対象ではなかったのです。

一九五二年に始まり一九六五年に終わった韓日会談で、慰安婦被害問題が取り上げられたことはありませんでした。韓日会談の請求権協定は、植民支配の被害賠償を扱うものではなく、明白な民事上の債権債務関係を処理するものでした。会談では、植民支配の被害問題を正式には扱っていませんでした。もし慰安婦被害問題を植民支配の被害と認識していたなら、必ず会談で韓国側が言い出したはずです。韓国は、最大限の請求権を主張しようとしていたので、「日本は、このような被害を与えたので、我々が主張する通り賠償しなければならない」と主張したはずです。しかし、会談が続いていた一三年間、韓国政府は慰安婦問題を取り上げたことがありません。慰安婦を被害者と見ていなかったからです。

李承晩・朴正熙政権が日本に屈従的だったから、慰安婦被害を取り上げなかったのでしょうか？　答えはノーです。民間でも、慰安婦を植民支配の被害者と認識していませんでした。まず、韓国史の教科書を見ると、一九五〇～七〇年代に書かれた高校の国史教科書では、慰安婦に全く言及していません。一九五九年の検定高校国史教科書は、日帝末の労務動員と兵力動員にだけ言及しています。一九六三年、一九六八年の検定教科書も同様、一九七〇年代の国定国史教科書も同様です。一九八二～九六年に書かれた国定教科書で初めて「女性たちまで侵略戦争の犠牲にした」とし、慰安婦の存在をほのめかしただけです。

歴史教育が間違っていた、という批判もありませんでした。新聞も日本軍慰安婦にほとんど言及しませんでした。新聞記事の原文を提供してくれるネイバー・ニュース・ライブラリー（Naver News Library）で検索してみると、『東亜日報』と『京郷新聞』で一九四五～六〇年の一五年間に日本軍慰安婦に言及した記事は一件だけです。一九六〇～七〇年も、日本軍慰安婦の記事は、平均一年に一回出るかどうかです。一九七〇年代までは、慰安婦というと米軍慰安婦を意味し、それに関するニュースが非常に多かったのです。

当時は、日本軍慰安婦のほとんどが生きていて、そのことについて知っている人も多かったのですが、国史教科書でも取り上げず、新聞も同様だったということになります。なぜでしょうか？　おかしくありませんか？　当事者も、周りの人も、慰安婦被害に言及せず、日本政府にその被害賠償を要求もしなかったからです。言及もしなかったから、慰安婦問題はなかったと言えます。

慰安婦は、単に不幸で可哀想な女性

一九六〇年代以降に作られた映画や小説のような大衆文化の作品には、慰安婦を扱ったものがありますが、その取り上げ方には特異なものがありました。一九六五年に「サルウィン江に日が落ちる」という映画が上映されました。サルウィン江はビルマにある河です。日本軍の将校として参戦した朝鮮人がビルマ人の女性ゲリラと出会い恋に落ちるが、結局二人とも死ぬ、という悲劇的なストーリーです。この映画に慰安婦が脇役として登場します。この慰安婦は、当時の米軍慰安婦のイメージを借りています。

主人公の部隊に慰安婦が初めて配置されるシーンでは、西洋式のワンピース、パーマをかけた髪型、日本軍将校の訓示をからかって笑う態度、そして非常にセックスアピールする外見など、完全に米軍慰安婦、いわば「ヤンゴンジュ」（二六四頁注61参照）を連想させます。今、映画で日本軍慰安婦をこのように描写したら、命が危ないでしょう。一九六〇年代には米軍慰安婦を「ヤンゴンジュ」「ヤンセクシ」「ヤンガルボ」と呼び賤視しましたが、日本軍慰安婦もそのようなイメージでした。

次いで一九七〇年代には、慰安婦を主人公とした「女子挺身隊」という映画が封切られました。挺身隊は、日本の軍需工場に動員されて働いた少女たちのことで、韓国人慰安婦とは全く関係ないのに、韓国人たちは一九六〇年代から両者を混同しました。

写真21-1　「サルウィン江に日が落ちる」のポスター
提供：ヤン・ヘナム

映画の広告には、「補償してもらえぬ女性、数万の慟哭《どうこく》」というコピーがついていて、まるで慰安婦たちの痛みを表現した作品であるかのように見えますが、実を言うとこの映画は、当時大ヒットした「星たちの故郷」[注66]を真似したホステス映画の一種です。「星たちの故郷」に出るクラブのホステスのキョンアが純粋な人物だったのと同じく、日本の軍人を相手にした朝鮮人慰安婦が、一人の朝鮮人兵士と純粋で熱い恋に落ちる様子を描いたもので、植民支配の被害者としての慰安婦像ではありません。

一九七〇年代末から一九八〇年代初めにかけて登場する慰安婦も、不幸な女性としてしか描かれていません。以下は、若い頃、慰安婦だった女性たちがドキュメンタリーなどを通して紹介されたものです。

一九七九年、ある日本人が「沖縄のハルモニ（おばあさん）」というドキュメンタリー映画を作って公開しました。沖縄に住んでいた慰安婦出身の裵《ペ》ポンギハルモニにインタビューしたものです。このハルモニは一九一四年生まれの忠清南道出身の人で、家が貧しかったため、七歳のときに家族と離れて、他人の家の住み込み女中になりました。その後、結婚しましたが上手くいかず、全国を転々としました。一九四四年秋、簡単に稼げる仕事があるという言葉に騙されて、沖縄に行ったそうです。裵ハルモニは戦争が終わったあとも沖縄に居残りました。戦争中にしていたこと、すなわち慰安婦であったことが恥ずかしくて故国に帰れなかったのだそうです。

一九八四年には、タイの盧《ノ》スボクハルモニがKBS（韓国放送公社）の離散家族再会番組によって知られるようになりました。この人は一九二一年生まれで、慶尚北道の醴《イェ》泉《チョン》出身です。二二歳だった一九四二年から二年間、シンガポールで慰安婦生活を送り、一九四四年にはタイに移りましたが、やはり戦争が終わったあとも、故国に帰るのが恥ずかしくタイに残ったそうです。

同時期の一九八〇年代初めには、慰安婦を素材にした小説が発表され、映画も作られます。一九八二年には、尹静慕《ユンジョンモ》という作家が『おふくろの名前は朝鮮ピーだった』という小説を出版します。林鍾国（二一五頁注53参照）の『実録挺身隊』という本を参考にして書いたものです。この本は非常な人気を呼び、初めは人文堂という出版社から出されたのですが、別の二つの出版社からも出版されました。「朝鮮ピー」は「朝鮮の娼婦」という意味です。そう呼ばれたということです。

小説の主人公の母親は元慰安婦です。彼女は慶尚南道の晋州《チンジュ》出身で、兄が徴用に行かなければならなくなり、代わりに本人が挺身隊を志願してフィリピンで慰安婦生活を送ります。そこで一人の朝鮮人兵士と出会い、戦争が終わってから一緒に帰国します。釜山に落ち着いて暮らしを立てますが、主人公を産んでから別れます。父親が、過去の慰安婦生活を問題にして母親を苦しめ、家庭が壊れたという話です。

沖縄の裵ポンギハルモニ、タイの盧スボクハルモニ、そして尹静慕の小説『朝鮮ピー』の母親には、共通点があります。慰安婦生活が恥ずかしく、面目がなく、故国、故郷に帰れなかったということです。さらに尹静慕の小説では、兄の徴用に代わって犠牲になったにもかかわらず、父母兄弟がどう思うか分からず故郷に帰れない、と描写されています。そして、その過去を知った上で結婚した夫も、結局は彼女を捨てます。実在の人物である沖縄の裵ポンギハルモニやタイの盧スボクハルモニが注目を浴びたのは、慰安婦であったということそのものよりは、慰安婦という経歴のせいで四〇年も帰国できなかったその数奇な人生のためだ、と言うことができます。

要するに、大衆文化作品でも一九八〇年代初めまでは、慰安婦は不幸で可哀想な、自分または他人に恥ずかしい、面目がない女性たちでした。日本の植民支配の被害者ではありませんでした。米軍慰安婦を被害者とみなさないのと同様です。その理由から日本軍慰安婦は、国史教科書でも戦時強制動員の一つとしては言及されなかったのです。

それは、今の慰安婦への見方と全く異なります。昔の人々は慰安婦が何かを知らなくてそうだったのでしょうか？　いえ、逆に、慰安婦がどういうものかよく知っていました。同時代の人々なので、どのような人々が、どうやって慰安婦となったのか、よく知っていました。そのため、慰安婦を日本の植民支配の被害者と見ず、したがって、日本に賠償も要求しなかったのです。

ある日本人の詐欺劇と慰安婦についての誤った記憶

時が四〇～五〇年過ぎて、慰安婦がどういうものだったのか知っている人々がほとんどいなくなったあと、新たな記憶が作られて慰安婦問題が提起されるようになります。

新たな記憶というのは、日本が慰安婦を強制的に連れて行ったということですが、それには吉田清治という日本人の「慰安婦狩り」証言が決定的な役割を果たしました。

彼は山口県の労務報国会の動員部長を務めたそうで、慰安婦動員に関する二回目の証言録として、一九八三年に『私の戦争犯罪―朝鮮人強制連行』という本を出版しました。これが一九八四年にMBCテレビのドキュメンタリーになって放送され、一九八九年に『私は朝鮮人をこのように強制連行した』というタイトルで翻訳・出版されました。この本の第三章が「済州島の『慰安婦狩り』」です。タイトル通りここには、著者らが一九四三年五月下旬、済州島の城山浦などで民家や工場に女性たちが集まって作業しているところを包囲し、むやみやたらに二〇五人を強制連行した、と書かれています。夫や家族が遮ると銃床で殴り、軍刀で追い払ったそうです。本人がそうやったと告白したものなので、人々は本当だと信じ込みました。

ところが、済州島の現地では、そのことを覚えている人が誰もおらず、そのため『済州新聞』は、しばらくしてから、この証言はおかしい、と報道しました。日本でもその真偽の議論が起こり、結局二〇一四年八月、朝日新聞社は吉田の証言が虚偽だと判断して関連記事を取り下げるに至りました。簡単に言えば作り話だったのです。

しかし、この人の〝証言〟によって、日本軍が女性たちを、動物を狩るように慰安婦として連れて行ったというイメージが、人々の脳裏に焼きつきました。前述した尹静慕の小説は一九八二～九七年にかけ出版社を替えながら三回刊行されていますが、三回目

写真21-2　吉田清治の本『私の戦争犯罪―朝鮮人強制連行』（1983年刊）と『朝鮮人慰安婦と日本人』（1977年刊）

の刊行の際には、少女が銃剣を肩にしている日本の官憲によって両腕を掴まれて連れて行かれる絵が表紙になっています。これは志願して行ったという小説の内容とも合っていません。このようにして一九九〇年代末までには、図21-1のような、「少女」が日本の官憲に「強制的に」連れて行かれた、というイメージが定着しました。もちろん創られた架空の認識ですが、以降、韓国人は慰安婦と言えば、このイメージを思い浮かべるようになりました。このイメージは、二〇一六年に公開された映画「鬼郷」（三三二頁注65参照）にも、そのまま使われています。

一九八九年、吉田清治の本に大きな衝撃を受け、日本が「慰安婦狩り」をしたという主張が広まって行く中で、一九九〇年一一月、女性団体を中心に「韓国挺身隊問題対策協議会」、すなわち「挺対協」が設立されます。挺身隊を慰安婦と錯覚して「挺身隊」の言葉を使っただけで、実は慰安婦問題に関わる団体でした。「挺対協」が主導して、翌一九九一年八月に金学順という女性が、自分は慰安婦だった、と告白します。

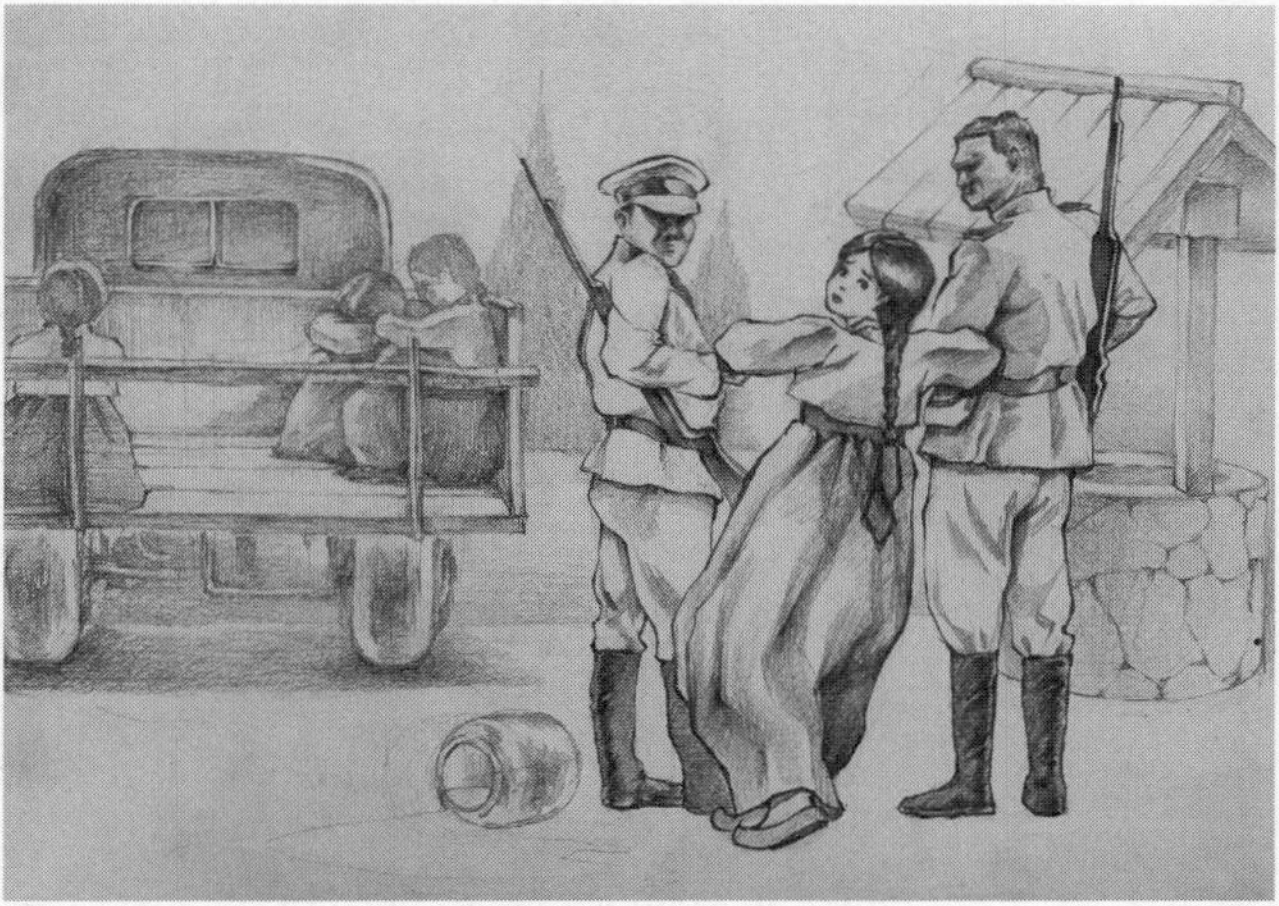

図21-1　井戸端で日本軍に強制連行される朝鮮人少女のイメージ（金明敍作）

金学順は一九二四年満洲吉林省の生まれで、家が非常に貧しい上に父親まで早くに亡くなったので、母親が彼女を平壌の妓生券番に売ったそうです。券番とは妓生組合のことです。三年間の券番生活を終えたあと、券番の継父に連れられて中国北部に行き、日本軍の小部隊に渡されて慰安婦生活を送るようになり、五カ月間、毎日四〜五人の日本の軍人を相手にしましたが、幸運にもある朝鮮人男性と出会い、脱出したのだそうです。

日本が、まるで狩りをするかのように朝鮮人女性を慰安婦として連れて行った、という加害者（吉田清治）の証言に続いて、その被害の当事者の証言まで出たために、韓国社会は沸騰しました。我々の姉妹を、婦女たちを、狩りをするように連れて行って日本軍の性の玩具にしたというのでは、黙ってはいられないでしょう。メディアも連日のように、関連する内容を報道し、慰安婦被害に対する関心が極度に高まって、日本は慰安婦に謝罪すると共に賠償する必要がある、という認識が拡散しました。

要約します。一九七〇年代まで慰安婦の実情をよく知る人たちが多数生きていたときには、慰安婦問題は提起されませんでしたが、時が四〇年以上も過ぎ、もうそういう人たちがいなくなってその記憶が薄れて来るや、架空の新たな記憶が作られ、慰安婦問題が登場したのです。解放後の四五年は、韓国人の頭に慰安婦に関する新たな記憶が作られるのに必要な時間だったのです。

参考文献

金チョンガン「慰安婦はどうやって忘れられたか?―1990年代以前の大衆映画の中の〝慰安婦〟再現」(『東アジア文化研究』71巻〔2017年刊〕所収)
[김청강 (2017),「위안부는 어떻게 잊혀졌나?—1990년대 이전 대중영화 속 “위안부” 재현」,『동아시아문화연구』71.]

尹静慕『おふくろの名前は朝鮮ピーだった』人文堂、1982年刊
[윤정모 (1982),『에미 이름은 조센삐였다』, 인문당.]

*吉田清治『私の戦争犯罪―朝鮮人強制連行』三一書房、1983年刊

注66：1974年公開。複数の男性との辛い過去を持つ女性キョンアが、画家との出会いのあと、路上で死を迎える

という物語。「暗闇の子供たち」「馬鹿宣言」「旅人は休まない」などのイ・ジャンホ（李長鎬）監督の初監督作品。原作はチェ・イノ（崔仁浩）の新聞小説。

22 韓日関係が破綻するまで
――挺対協の活動史

朱益鍾

挺対協の攻勢

一九九〇年頃から慰安婦問題がどのように展開したのかを見てみます。この問題には、三つの行為者、すなわちプレイヤーがいます。慰安婦運動団体である挺対協、韓国政府、そして日本政府です。この三者がどのように相互作用して慰安婦問題が展開されたかに注目してください。

一九九〇年一一月に挺対協が結成されました。メイン・メンバーとして、一九七〇年代以来、妓生観光を告発・批判してきた韓国教会女性連合会と、慰安婦問題を研究してきた梨花女子大の尹貞玉《ユンジョンオク》教授が挙げられます。彼女らは一九八八年から一緒に慰安婦問題を扱って来ました。妓生観光の元祖が慰安婦であるとの認識の下、慰安婦の足跡を探すということで、一九八八年二月と八月、そして翌年の一九八九年二月に沖縄、九州、北海道、東京、埼玉、タイ、パプアニューギニアなどを踏査しました。この調査結果はセミナーで発表され、また一九九〇年一月、『ハンギョレ新聞』に「挺身隊、怨魂の足跡の取材記」というタイトルで、四回にわたって連載されました。「怨魂」という表現は、「朝鮮人女性たちが日本軍によって戦争中に慰安婦として使役され、敗戦のときに虐殺された」という意味です。つまり、彼女らは慰安婦を挺身隊と間違えるほど事実関係を知らないのにもかかわらず、日本による慰安婦虐殺という先入観を持って出発しました。

彼女らは、挺対協を組織する前から日本政府に、慰安婦の強制連行に対する事実認定と謝罪を要求する書簡を出していました。日本政府が慰安婦の強制連行を否認すると、大々的に世論化する必要性を感じ、それゆえ〝挺身隊被害者〟の証言を企画したのです。原爆被害者を中心に慰安婦被害生存者を探し、金学順氏と出会いました。こうして一九九一年八月一四日、最初の被害者証言を発表することに成功します。次いで一二月には、文玉珠氏、金福善《キムボクソン》氏の証言を発表することに成功しました。済州島での慰安婦狩り云々の吉田清治の嘘が作った火種に、油を注いだようなものです。慰安婦問題はホット・イシューとなり、その記事が連日のように新聞の紙面を覆いました。

挺対協は、日本政府に対する抗議として、一九九二年一月八日から在韓日本大使館前で水曜集会を始めました。現在まで続き、世界での最長期集会記録を毎回塗り替えています。

日本政府の謝罪

さらに、この問題に一人の日本人研究者が加わりました。一九九二年一月一一日、日本の中央大学の吉見義明教授が日本軍文書に基づいて、日本政府が慰安婦の募集と慰安所の運営に関与した、と発表しました。それまでの日本政府の公式の立場を否定するものです。彼は、日本の防衛庁（現在の防衛省）の防衛研究所の図書館で、日本の陸軍省と中国派遣部隊の間で交わされた公文書六点を発見しました。一九三八年三月四日付の陸軍省が中国戦線の部隊に送った文書では、社会問題を起こさないような人物の中から慰安婦募集業者を選定するように、と指示されていました。この文書には、同年七月に陸軍省が各部隊に、直ちに性的慰安設備、すなわち慰安所を設置するよう指示した文書も添付されていました。また、中国戦線のある部隊が、慰安所を開業した、と陸軍省に報告した文書もありました。これで、日本軍が慰安婦の募集と慰安所運営に深く関与したということが初めて明らかになり、日本政府は大きな打撃を受けました。挺対協などは、日本政府の責任が明らかになった以上、謝罪と補償、それから徹底した真相調査を要求しました。

日本政府は、それに前向きな対応をします。一九九二年一月一六日に訪韓した宮沢喜一首相は、一七日、韓国の国会で慰安婦問題に対して次のように謝罪をしました。

私は、この間、朝鮮半島の方々が我が国の行為により耐え難い苦しみと悲しみを体験されたことについて、ここに改めて、心からの反省の意とお詫びの気持ちを表明いたします。最近、いわゆる従軍慰安婦の問題が取り上げられていますが、私は、このようなことは実に心の痛むことであり、誠に申し訳なく思っております。

以降、日本政府は調査作業を進め、同年七月に慰安婦第一次調査報告書を発表しました。軍慰安婦募集に日本政府が関与したことを認めながら、強制連行の証拠は発見されていない、という内容でした。日本政府の責任を認めながら、強制連行は否認していることが焦点でした。加藤紘一官房長官は次のように謝罪しながら、日本政府が何らかの措置をとることを明らかにしました。

いわゆる従軍慰安婦として筆舌に尽くし難い辛苦をなめられた全ての方々に対し、改めて衷心よりお詫びと反省の気持ちを申し上げたい。また、このような過ちを決して繰り返してはならないという深い反省と決意の下に立って、平和国家としての立場を堅持するとともに、未来に向けて新しい日韓関係及びその他のアジア諸国、地域との関係を構築すべく努力していきたい。

この問題については、いろいろな方々のお話を聞くにつけ、誠に心の痛む思いがする。このような辛酸をなめられた方々に対し、我々の気持ちをいかなる形で表すことができるのか、各方面の意見も聞きながら、誠意をもって検討していきたいと考えている。

日本政府は、同年一二月から第二次調査を実施し、一九九三年八月に報告書を発表しました。ここで日本政府は、軍部が慰安所の設置、経営、管理、そして慰安婦の移送に直接・間接的に関与したことを認めました。慰安所は、軍当局の要請によって設置されたもので、慰安所の設置・管理と移送に旧日本軍が関与したことを是認し、そのため、日本軍慰安婦たちに謝罪と反省の意を申し上げる、と発表しました。

慰安婦関係調査結果発表に関する河野内閣官房長官談話（河野談話、一九九三年八月四日）

今次調査の結果、長期に、かつ広範な地域にわたって慰安所が設置され、数多くの慰安婦が存在したことが認められた。慰安所は、当時の軍当局の要請により設営されたものであり、慰安所の設置、管理及び慰安婦の移送については、旧日本軍が直接あるいは間接にこれに関与した。慰安婦の募集については、軍の要請を受けた業者が主としてこれに当たったが、その場合も、甘言、強圧による等、本人たちの意思に反して集められた事例が数多くあり、更に、官憲等が直接これに加担したこともあったことが明らかになった。また、慰安所における生活は、強制的な状況の下での痛ましいものであった。

なお、戦地に移送された慰安婦の出身地については、日本を別とすれば、朝鮮半島が大きな比重を占めていたが、当時の朝鮮半島は我が国の統治下にあり、その募集、移送、管理等も、甘言、強圧による等、総じて本人たちの意思に反して行われた。

いずれにしても、本件は、当時の軍の関与の下に、多数の女性の名誉と尊厳を深く傷つけた問題である。政府は、この機会に、改めて、その出身地のいかんを問わず、いわゆる従軍慰安婦として数多の苦痛を経験され、心身にわたり癒しがたい傷を負われたすべての方々に対し心からお詫びと反省の気持ちを申し上げる。また、そのような気持ちを我が国としてどのように表すかということについては、有識者のご意見なども徴しつつ、今後とも真剣に検討すべきものと考える。（後略）

挺対協、日本政府の謝罪を拒否

しかし、挺対協は、日本政府が慰安婦募集の強制性を曖昧に認めただけだ、と反発しました。慰安婦が「公権力によって暴力で強要された性奴隷」であり、慰安所の運営が戦争犯罪であることを日本政府が認めていない、ということでした。挺対協は、慰安婦問題の国際問題化を図りました。挺対協は、意思を共にする日本人グループと協力しながら、日本人研究者たちと共に韓日合同研究会を作って調査活動を行ないました。そして、いわばアジアの諸被害国とアジア連帯会議を組織して、大会を開催しました。

挺対協は、国連にもこの問題を持ち込みました。国連人権委員会の内部には、専門家で構成された小委員会がありますが、挺対協は一九九二年八月、人権委小委員会の委員たちに日本軍慰安婦が「現代型奴隷制」であると宣伝・ロビー活動を行ないました。小委員会は、慰安婦問題を主題にして、一九九六〜九八年に「戦争中の組織的強姦、性奴隷制及び類似奴隷制」に関する報告書を発表しました。日本軍慰安所は「強姦センター」であり、これは強姦などを禁止する国際法に違反している、という内容でした。また、挺対協の宣伝の結果、国連人権委員会は女性暴力問題に関する特別調査報告官を任命し、この報告官が一九九六年、「戦争中、軍隊の性奴隷問題に関する調査報告書」を発表しました。その頃、ユーゴスラビア連邦共和国の解体・再編の過程でボスニア・ヘルツェゴビナ内戦などが起き、「民族浄化」と呼ばれるほどの殺傷、強姦と強制妊娠などが行なわれていて、戦争中の女性に対する性暴力、強姦が大きく国際問題化していました。セルビア系の兵士たちがボスニア系の女性たちを集団強姦した事件で、日本軍慰安所もそのようなものと一緒にされ、女性に対する戦争中の性暴力、戦争犯罪とみなされました。

その上、挺対協は、国際労働機関（ＩＬＯ）にも、日本軍慰安婦は戦争中の強制労働に該当すると訴え、この問題に対する調査を要請しました。挺対協は、ILOの専門家委員会に報告書を提出させることに成功し、次いで、慰安婦問題が総会の案件に挙げられるよう、執拗《しつよう》にロビー活動を行ないました。

日本政府、慰労金支給を試みる

挺対協とは違って、韓国政府は河野談話を肯定的に評価しました。慰安婦被害に対する補償、あるいは賠償に関しては、一九六五年の請求権協定によって過去史と関連した全ての請求権が整理されていたため、新たな対日補償は要求できない、という立場をとりました。金泳三政権は、日本政府に新たな補償を要求せず、自ら元慰安婦を支援することを決めました。一九九三年六月、「慰安婦被害者に対する生活安定支援法」が制定され、生存慰安婦申告者一二一人に対して、同年八月から生活安定金五〇〇万ウォンと、毎月の生活支援金一五万ウォン、永久賃貸住宅優先入居権を提供しました。

日本政府も、法的賠償ではない、道徳的責任という趣旨で慰労金を支給することを決定しました。これに関しては、一九九三年一一月の細川護熙《もりひろ》首相の訪韓のとき、韓日両国間に了解があったそうです。解放五〇周年になる一九九五年八月一五日、日本として は戦後五〇周年の終戦記念日に、自社さ連立政権の村山富市総理が談話を発表しました。いわゆる「村山談話」で、村山総理はこの中で、「植民地支配と侵略によって、多くの国々、とりわけアジア諸国の人々に対して多大の損害と苦痛を与えました。私は、未来に誤ち無からしめんとするが故に、疑うべくもないこの歴史の事実を謙虚に受け止め、ここにあらためて痛切な反省の意を表し、心からのお詫びの気持ちを表明いたします」と発言しました。この談話は、日本として過去の植民支配と侵略戦争を最も積極的に謝罪したものです。

その後、日本政府は「女性のためのアジア平和国民基金」(以下、「国民基金」と略称)を作りました。日本企業と国民から募ったお金で財団法人を組織し、その基金から慰安婦一人当たり二〇〇万円の慰労金を支給し、日本政府は政府資金で医療費を支給して財団運営費を支援する、というものでした。このように、元慰安婦たちに順次一時金を支給したあと基金を清算する、としました。官民合作による慰労金支給によって、公式賠償の代わりにしようとしたものでした。

しかし、挺対協はそれを拒否しました。日本政府が謝罪して賠償すべきであり、民間募金で支給する慰労金はけしからん、と突っぱねました。また、慰安婦被害者たちが国民基金を受け取ることを憂慮し、国民基金は被害者間、被害者と挺対協間の分裂を画策している、と非難しました。慰安婦を支援する挺対協が反対するので、韓国内では元慰安婦たちが公に日本の国民基金のお金を受け取りづらくなりました。そこで国民基金は、基金を受領した元慰安婦の名簿を公開しないことにし、一九九七年一月、七人に一人当たり二〇〇万円の慰労金を支給することから事業を始めました。しかし、激しい反対に遭って翌一九九八年に事業を中断、結局、二〇〇二年には韓国内での慰労金支給を終結しました。

問題は韓国政府でした。挺対協主導の世論に押された金泳三政権は、当初の了解を違《たが》え、日本の国民基金の支給に反対しました。韓国外交部は、一九九七年一月の最初の慰労金に対して「甚だしく遺憾」と表明しました。韓国政府は、国民基金以上の額の個別慰労金を支給することにしました。一九九八年に誕生した金大中政権は、慰安婦申告者一四二人に、一人当たり三一五〇万ウォンを支給しました（これとは別に挺対協は募金として一人当たり七六二万ウォンを支給）。その際、日本の国民基金を受け取っていた元慰安婦には韓国政府のお金は渡さないことにしました。韓国政府も元慰安婦たちに、日本の国民基金は受け取るな、と言ったわけです。

日本の国民基金は、二〇〇七年三月に解散しました。総計三六四人に慰労金を支給し、推定生存慰安婦七百余人のうち半分を超える成果を挙げた、と総括しましたが、支給比率は四〇パーセントに止《とど》まったという指摘もあります。国内の相当数の慰安婦生存者がこの慰労金を受け取ったと推定されます。基金の民間募金額は五億七〇〇〇万円ですが、総費用は四六億二五〇〇万円だったので、費用の九〇パーセントは日本政府が出したことになります。この基金は実質上、政府がお金を出した基金でした。結局、挺対協と韓国政府は、日本政府が出したお金を拒否したことになります。

挺対協の慰安婦世論作り

その後、挺対協は、慰安婦問題を国際問題化するための努力を続けました。挺対協は、日本軍の慰安所運営が戦時の女性に対する性暴力であり、戦時に女性を性奴隷とした反人道的戦争犯罪である、と広く宣伝しました。挺対協は、海外の人権団体と共に二〇〇〇年の東京模擬法廷で慰安婦国際戦犯裁判を行ないました。この法廷は、昭和天皇などに強姦と性奴隷犯罪の有罪判決を下しました。また、二〇〇七年には米下院と欧州議会で、日本政府に慰安婦問題解決を促す決議案を出させることにも成功しました。米下院は、日本軍が慰安婦に性奴隷を強制した事実を日本政府が公式に認めて謝罪することと、関連事実を日本の内外で教育することを勧告しました。挺対協の国際社会での世論作りは、成功を収めたのです。

挺対協は、国内でも慰安婦に対する世論作りを続けました。挺対協は、二〇一一年一二月には、水曜集会の一〇〇〇回目を記念してソウル市鍾路区所在の日本大使館前に慰安婦少女像を建て、日本政府に対する圧力を強めました。李明博政権は、それをやめさせるべきだったにもかかわらず、ぼうっとしていたのか、区庁の所管である、と傍観してしまいました。このような造形物は、一度建ててしまうと、事実上あとからは撤去できないという点で、非常に重大な失策でした。大使館の保護などを規定したウィーン条

〔右〕写真22-1　ソウルの日本大使館前の慰安婦少女像（2019年5月30日撮影）
〔上〕写真22-2　ソウル南山の旧統監官邸の敷地に造られた「日本軍慰安婦を記憶する処」（2016年8月29日造成）

約二二条二項には「接受国は、侵入または損壊に対し使節団の公館を保護するためおよび公館の安寧の妨害または公館の威厳の侵害を防止するため適当な全ての措置を執る特別の責務を有する」と規定されていますが、日本大使館の安寧が妨害され、威厳が侵害されたという点で、韓国政府がこの規定に違反したのは明らかです。

　二〇一六年八月にはソウル市が、南山《ナムサン》の旧統監官邸の敷地に「日本軍慰安婦を記憶する処」を造成しました。統監及び総督官邸があったところなら、植民地期の歴史に関わる、より意味のある公園に造成するほうがよかったのではないかと思います。そして二〇一六年末、釜山の日本総領事館前にも少女像が建てられ、次いで慰安婦と何の関係もない、若者たちの街であるソウルの弘益大学前にも、少女像が建てられようとしました。これからも全国各地に慰安婦の造形物が建てられ続けるでしょう。このままだと、どこに行っても慰安

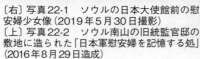

婦の造形物を見るようになるに違いなく、まさに狂気の沙汰としか言いようがありません。

挺対協と文在寅政権、二〇一五年の慰安婦合意も廃棄

一方、二〇〇六年に元慰安婦たちは、韓国政府が日本軍慰安婦の賠償請求権問題の解決を図って来なかったことは基本権侵害で憲法違反だ、と憲法裁判所に訴えて出ました。五年後の二〇一一年に憲法裁判所は、「韓国政府が日本軍慰安婦の賠償請求権に関する韓日間紛争を解決しようとしなかったのは違憲」という判決を下しました。

そこで朴槿恵政権は、この韓日間紛争を解決するために動きました。朴槿恵政権は、日本側との水面下での交渉を通して二〇一五年末に、外交部長官と日本の外務大臣の名義で慰安婦合意案を発表しました（韓日合意。韓日外相会談で発表したあと、同夜に安倍晋三首相、朴槿恵大統領が首脳会談で合意を確認）。合意の発表の際、日本は慰安婦問題に対し「軍の関与の下に、多数の女性の名誉と尊厳を深く傷つけた問題」であり、「責任を痛感し」、慰安婦被害者の「苦痛」と「傷」に対して「おわびと反省の気持ちを表明する」としました。韓国政府は、日本政府から一〇億円の慰労金を貰って財団を設立し、個別被害者に慰労金を支給し、これを以て慰安婦問題は韓日両国間で「最終的かつ不可逆的に解決されることを確認」し、「国際社会において、本問題について互いに非

難・批判することは控える」と約束しました。

この合意に対して、密室外交であり、被害当事者との合意がなかった、と挺対協が強く反発しましたが、朴槿恵政権は二〇一六年に「和解・癒やし財団」を設立し、被害者個人に対する慰労金支給を実行に移しました。相当数の元慰安婦と遺族が一人当たり一億ウォンの慰労金の支給を受けました（韓国政府が財団解散決定を発表した二〇一八年一一月の時点で、癒やし金を受け取った元慰安婦は三四人、約二〇〇〇万ウォンの慰労金を受け取った遺族は五八人）。しかし、挺対協は反発を続けました。そして、朴槿恵政権が倒れたあとに登場した文在寅政権は、この合意は間違ったものだとし、二〇一八年一一月に「和解・癒やし財団」の解散を決定しました。二〇一五年の合意を正式に廃棄し、再交渉も要求せず、曖昧に無効化したのです。

二〇一六年一二月、一部の元慰安婦と遺族の二〇人は、「精神的かつ肉体的苦痛を強要された」と、日本政府に対して総額三〇億ウォンの損害賠償を求める訴訟をソウル中央地方裁判所に起こしました。これに対し日本政府は、「国家は、同意なしに他国の裁判所で被告になることはない」という国際法上の主権免除の原則に基づいて拒否しました。しかし、二〇一九年五月初め韓国の裁判所は、当該書類を裁判所に掲示して公示送達の効果を果たしたとし、審理を開始することを決定しました。今後、韓国の裁判所が日本政府に賠償を命じる判決を下す可能性が大きくなりました。韓国政府と司法がとったこういう措置によって、慰安婦問題は出口が見えなくなりました。

強制動員？

挺対協は、慰安婦を「国家公権力が暴力により強制した性奴隷」と規定しています。日本の官憲が婦女子を「狩り」をするように強制的に連れて行って、慰安所に監禁し、慰安婦の生活を強要した、ということです。まず慰安婦動員は、日本政府が徴兵や徴用のように婦女子を強制的に連れて行ったものではありません。慰安婦募集と輸送には、日本政府と日本軍が関与しました。しかし、日本軍が慰安所店主を選定し、また店主から委任された募集業者が朝鮮人の婦女子を日本軍駐屯地に連れて行くのに日本の官憲が便宜を提供したのであって、日本の公権力が強制的に婦女子を慰安婦として連行したのではありません。

慰安婦の証言録を検討すると、極貧家庭の娘が良い仕事があるという言葉に騙されて募集業者について行ったり、同様の理由で親が前借金を受け取って娘を募集業者に渡したり、あるいは、他人の家に送られてそこで女中生活などをしたあと募集業者に引き渡されたり、といったケースがほとんどです。挺対協の研究チームが元慰安婦にインタビューして出した本があります。『強制連行された朝鮮人軍慰安婦たち』シリーズです。その一～四巻によると、インタビューした五四人のうち、就業勧誘や家族などの身内の人身売買によって慰安婦になった、と答えた人が三六人で、誘拐、略取、拉致によって慰安婦になった、と答えた一八人の二倍でした。さらに表22-1で分かるように、一九九〇年代も後半になればなるほど、インタビューで誘拐、略取、拉致によって慰安婦になったと答えた人の比率が高くなります。それは、慰安婦運動が展開されればされるほど、応答者である元慰安婦が質問者（インタビュアー）の挺対協側の研究者が期待する方向に、すなわち「強制連行された」と答えた結果である可能性があります。実際に誘拐、略取、拉致で慰安婦になった比率は、この集計上の三分の一という数値より低かったはずです。

慰安婦証言録	刊行年度	就業勧誘、前借金	誘拐、略取、拉致
1巻	1993	15	4
2巻	1997	9	5
3巻	1999	9	5
4巻	2001	3	4

表22-1　インタビューを行なった年度別の、慰安婦になった経緯に対する答え

解放前の植民地朝鮮では、女性の人身売買が横行していました。貧しさのため、自分の娘を売ったり夫が妻を売ったりしましたが、それは犯罪ではありませんでした。もちろん、慰安婦の募集過程で拉致、暴力があまりなかったとはいえ、当該の婦女子が自ら進んで慰安婦になったと言うのではありません。世の中で慰安婦になりたいと思う人はいないでしょう。極貧家庭の娘が前借金を受け取った親や身内などの決定に従い、宿命と思って募集業者について行くか、家庭からも見放された婦女子が、行くところがなくて募集業者について行ったケースがほとんどです。慰安所に到着して、慰安婦に

ならなければならないことが分かったときは、もう取り返しがつかず、抵抗もできませんでした。そのため、業者があえて暴力をふるわなくても慰安婦を募集できたのです。

このように、慰安婦募集過程の実情が明らかになって、挺対協の関係者たちも強制連行を云々《うんぬん》しなくなりました。彼らは今では、動員の強制性を主張しない代わりに、「どのように動員されようが、日本軍慰安所制度の被害者である事実は変わらない」と言っています。

日本軍慰安所の運営は、性奴隷への強姦犯罪？

それでは慰安婦は、慰安所に監禁されたまま軍人たちを性的に慰安するよう強要されたのだから性奴隷だった、と見るべきでしょうか？　そして、この慰安所を運営した日本軍は、戦争中、女性に対する性暴力、強姦などの反人権倫理の戦争犯罪を犯したのでしょうか？　前述した『強制連行された朝鮮人軍慰安婦たち』には、彼女たちは外出の自由もなく監禁され、報酬も貰ったことがなく、店主や軍人から甚だしい暴行を受けた、という話が続出します。多くの元慰安婦が、日本の降伏によりやっと慰安婦生活を清算して帰ることができた、とも証言しています。

一九九六年、国連人権委の特別報告官は、このような証言を集めて慰安婦は性奴隷だったとする報告書を出し、この性奴隷説が広められました。この報告書で言う「奴隷」

とは、所有権に基づいて一人の人間を全面的に支配するという、伝統的な意味での奴隷ではありません。それは、戦時、日本軍慰安婦が「売春を強要され、性的に隷属させられ、虐待された」という日常的な集団強姦と深刻な身体虐待を指します。

性奴隷制をそのように定義すれば、日本軍慰安婦は、それに該当すると見ることもできます。しかしまず、当事者の証言だけで慰安婦の実情をこうだと断定するのは早計です。人間の記憶は不正確で歪曲されやすく、また、インタビューのときに質問者が意図的に偏向的な質問を投げかけ、応答者がその質問者の意図に合わせて答えたりするからです。証言が事実であるかどうかは、他の資料を以て検証されるべきです。

第二〇章で李栄薫教授が紹介した、シンガポールで慰安所の帳場人を務めた朴治根の日記を見ると、その慰安所にいた二〇人程度の慰安婦のうち、一九四四年の一年間で一五人が慰安所を出て行きました。一年以内に四分の三が出て行ったようなものですが、慰安所の経営悪化のためではありませんでした。慰安所は本来、慰安婦が頻繁に出て行き、また新たに入って来るような、非常に流動性の高いところでした。契約期間が満了したり、目標にしていた金額が稼げたり、あるいは前借金の債務を清算したら、多くの慰安婦が慰安所を出て行きました。毎日が記録されたこの日記には、約半世紀後に行なわれた証言よりも、より正確な情報が含まれていると思います。挺対協の研究者のインタビューに応じた多くの元慰安婦たちは、報酬は貰っていないと答えましたが、シンガポール慰安所の帳場人は、よく慰安婦たちに頼まれて、日本の銀行を通して慰安婦たちのお金を実家などに送りました。ビルマに渡った慰安婦の文玉珠氏も、一九四三年三月から郵便貯金を始め、一九四五年九月二九日までに、途中で自分の母親に五〇〇〇円を送金した上に、二万六三四二円を貯金しました。文玉珠氏は、マンダレーでの最初の七～八カ月間は軍人たちからたっぷりチップを貰い、一日に普通三〇～四〇円、日曜日には七〇～八〇円を稼いだそうです。

もちろん慰安婦は、慰安所にいるとき、店主や軍から厳しく統制されました。慰安所は軍専用施設である場合が多く、駐屯地の民間人は利用できず、慰安婦の外出も厳しく規制されました。特に東南アジアなどの新占領地では、安全上の問題もありました。しかし総合して見ると、慰安婦たちは、米国の綿花畑の黒人奴隷のような、慰安所に監禁され決して出て行くことのできなかった奴隷ではありませんでした。最初は債務に縛られていましたが、前借金を償還したら、朝鮮に帰るか、他のところに移ることができたという点で、慰安婦は性奴隷というよりは、性労働者と見るのが正しいのです。

それでも債務に縛られていた間は望まない性的義務を提供しなければならなかった、だから日本軍慰安婦制は性奴隷制だった、と言うのなら、植民地朝鮮の公娼制も性奴隷制と言うべきです。ひいては、解放後の韓国軍慰安婦や米軍慰安婦、民間慰安婦も性奴隷制です。日本軍慰安婦だけを切り離して性奴隷と批判できる根拠はありません。

多くが貧困にあえぎ、人権意識が薄弱なところでは、どこでもこのような「性奴隷」が蔓延していました。問題は、一国の政府が、その軍隊が、慰安婦を戦争遂行機構の一部として活用したところにあります。一国の軍が戦場に慰安所を造り、軍人たちにその慰安婦を対象に性欲を解消させたこと自体は、今の基準から見ると、あってはならないことです。今は、誰が見ても野蛮な制度と言うでしょう。挺対協は、この弱点を攻撃することで国内外からの怒りを呼び起こしたのです。そのため、日本政府も謝罪と慰労を表明するしかありませんでした。

韓日関係の破綻が目的

しかしながらそれは、二〇世紀末の基準を二〇世紀前半に投射した結果でしかありません。今では、交戦中に一方の軍隊が占領地の女性を強姦することは犯罪です。しかし、第二次世界大戦でドイツが敗れたとき、ドイツに攻め入ったソ連軍だけで最少五〇万人から最大一〇〇万人のドイツ人女性が強姦されました。ベルリンだけで一一万人の女性が強姦されたそうです。それでもこの集団強姦は、当時は何の問題にもならず、その後も冷戦などの複雑な理由のため、そのまま歴史の中に埋もれました。世界大戦を引き起こしユダヤ人を虐殺した国だから仕方がない、と言ってはいけません。ドイツが戦争を起こしたとしても、ドイツ人女性が強姦されてよい理由などないのです。ドイツ降伏直後の、ドイツ人女性に対する連合軍側の集団強姦が当時問題にならなかったように、日本軍慰安所も当時は問題ではなかったのですが、二〇世紀末から新たに問題になりました。

事情がそうであっても、日本政府が土下座するまでは諦めない、というような挺対協の姿勢は実に問題が多く、危険な感じまでします。日本政府は、何回も謝罪をし、また慰労金を支給して問題を解決しようとしました。その謝罪は一々列挙する必要もないほどです。過去の「女性のためのアジア平和国民基金」の場合は、計画上は民間から募ったお金で慰労金を支給する、としましたが、実際には、政府資金を支給したものでした。さらに、二〇一五年の韓日慰安婦合意のときは、日本政府の予算で慰労金を支給しました。日本政府自ら、自身の責任を認めたのです。

それでも挺対協は、それは本当の謝罪ではないと言い、日本に「戦争犯罪を認め、公式謝罪をし、法的賠償をし、戦犯者を処罰し、日本の歴史教科書に記録して、追悼碑と資料館を建てろ」と言っています。日本がとうてい受け入れられない要求です。日本軍が慰安所を設置し、その運営及び慰安婦動員に関与したことに対しては日本政府に責任がありますが、それは挺対協が主張するような責任ではありません。

しかも韓国は、一九六五年の韓日国交正常化の際、「今後、韓日両国とその国民はいかなる請求権も主張することはできない」という合意を日本と交わし、協定に明文化しました。個人請求権が有効であるかどうかは法学界でも論争中ですが、この条項は、将来、個人請求権問題が提起されることを予想して作成されたものと言えます。国家間の協定で個人請求権が消滅しないにしても、両国政府が請求権協定を締結し、それを両国の国会が批准し数十年にわたって守って来たなら、その個人請求権は、自国政府を相手に行使するのが妥当です。韓国政府は、日本政府から請求権資金を貰い、国内個人に対する補償、支給は自ら行なうという立場を堅持して来ました。

戦争で勝敗を決めない限り、外交問題において相手に一〇〇パーセント完勝しようとしたり、相手を土下座させたりすることはできません。ＴＨＡＡＤ《サード》（高高度迎撃ミサイル）の配備問題で韓国に報復したときの中国の態度はそのようなものでしたが、国際社会では、そういうやり方が標準ではありません。二〇一五年の朴槿恵・安倍合意は、過去より一歩進んだものだったのに、それも蹴ってしまいました。文在寅政権も挺対協と同様の立場です。真面目に慰安婦問題を解決するのではなく、この問題を利用して韓日関係を破綻させるのが彼らの本当の目的でしょう。韓米日の三角協力体制を崩すことができるからです。

我々が過去の多くの外交問題の中で、これほど攻撃し続けた問題はありません。韓国戦争を起こした北朝鮮に対して戦争責任を追及したことがありますか？　中国のＴＨＡＡＤ報復に一言でも反論しましたか？　完全にバランスが崩れています。

本当に元慰安婦たちが経験した苦痛と悲しみに共感し、彼女たちを慰めたいなら、日本を攻撃するより、まず一九九〇年までの我々の四五年間を、それ以降も含めた解放七十余年を反省すべきです。娘を売ったのも、貧しい家の女性を騙して慰安婦にしたのも、また、その女性たちが故国に帰って来れないようにしたのも、帰って来たとしても社会的賤視で息を殺して生きて行くしかないようにしたのも、我々韓国人ではありませんか？　五〇年近く、あまりにも無関心だったのではないでしょうか？　五〇年過ぎて新たな記憶を作り出し、日本を攻撃し続けて、結局韓日関係を破綻寸前にまで持って行ったこと、まさにこれが一九九〇年以降の挺対協の慰安婦運動史でした。我々は、この慰安婦問題の展開の中に最も極端な反日種族主義を見ます。

参考文献

韓国挺身隊問題対策協議会『強制連行された朝鮮人軍慰安婦たち』1〜4巻、ハヌル／草色、1993年、1997年、1999年、2001年刊
[한국정신대문제대책협의회 (1993,1997,1999,2001), 『강제로 끌려간 조선인 군위안부들』1 ~ 4권, 한울, 풀빛.]

韓国挺身隊問題対策協議会『日本軍〝慰安婦〟問題の真相』歴史批評社、1997年刊
[한국정신대문제대책협의회 (1997), 『일본군 "위안부" 문제의 진상』, 역사비평사.]

金ヘウォン『娘たちのアリラン―物語風に書いた〝慰安婦〟運動史』ホウォンメディア、2007年刊
[김혜원 (2007), 『딸들의 아리랑—이야기로 쓴 "위안부" 운동사』, 허원미디어.]

申ヨンスク「〝女性のためのアジア平和国民基金〟と日本社会の認識」（『平和研究』16巻1号〔2008年刊〕所収）
[신영숙 (2008), 「"여성을 위한 아시아평화국민기금"과 일본 사회의 인식」, 『평화연구』16 (1).]

吉見義明『日本軍〝慰安婦〟その歴史の真実』歴史空間、2013年刊

[요시미 요시아키(2013),『일본군 "위안부" 그 역사의 진실』, 역사공간.]

韓国挺身隊問題対策協議会20年史編纂委員会『韓国挺身隊問題対策協議会20年史』ハヌル、2014年刊
[한국정신대문제대책협의회 20년사 편찬위(2014),『한국정신대문제대책협의회 20년사』, 한울.]

＊板垣竜太・金富子『増補版　Q&A　朝鮮人「慰安婦」と植民地支配責任　あなたの疑問に答えます』御茶の水書房、2018年刊

エピローグ　反日種族主義の報い

李栄薫

憂鬱な日々

今この国は経済、政治、社会の全ての方面で危機です。いつ可視化するか分からない潜在的危機です。経済成長が減速の傾向を見せて二〇年です。企業の投資が徐々に萎縮して来ています。潜在的危機なのに、どこの誰が投資しようとするでしょうか。そのため青年たちの良質な働き場所が減って来ています。最低賃金の過激な引き上げは、自営業者と零細商工業者の存立を脅かしています。庶民の暮らし向きはさらに困難になっています。政府はこの全ての結果を十分に予測し得る拙劣《せつれつ》な政策に固執しています。韓国経済の実態と特質を理解できないアマチュア執権勢力が、分配指向と規制一辺倒の政策に固執しているためです。

政治状況はさらに暗鬱です。二〇一四年にセウォル号が沈没して以来、韓国の自由市民は、想像もできない、とてつもない災難を経験しました。今もそれらの事柄を回顧すると、気持ちが混乱するばかりです。大統領の弾劾へと続く一連の政治過程は、無能で無責任な政治家が権力を握ったとき、どれほど大きな混乱を招くかを教科書的によく表わしています。権力が弱点を見せると、大衆はどれほど残忍だったでしょうか。女性大統領の衣服を剝ぎ、縛り、首を斬り、死体を運ぶパフォーマンスが、白昼の広場で強行されました。政治家たちはどれほど卑劣だったでしょうか。大統領を裏切り弾劾を主導した勢力は、個人的怨恨に引きずられた小人《しょうじん》の輩《やから》でした。容疑を慎重に追及する国会の調査過程は、ほとんど省略されました。裁判官たちは、首に刀をあてがわれたとしても犯してはならないことをしました。彼らは政治的に裁判を行ないました。弾劾の判決が下された日、国民の半分は祝杯を挙げましたが、半分は悲痛の涙を流しました。国民の心はビリビリに引き裂かれました。これは、これから何年も続くであろう、とてつもない葛藤とそれによる破局を予見させます。

社会はどうでしょうか。プロローグで紹介したように、この国は嘘の天地です。偽証罪と誣告罪が日本の数百倍にもなります。各種保険詐欺がアメリカより一〇〇倍も横行しています。政府支援金の三分の一が詐欺で横取りされています。民事訴訟の人口当たりの件数は世界最高です。韓国人の息づかいには嘘が染み付いていると言われます。このような主張に、大部分の韓国人は即座に同意します。日々、それによる苦痛の中に生きているからです。嘘をつくことに寛大な堕落した精神文化は、この国の政治と経済を混乱と停滞の淵《ふち》に引きずり込みます。ゲームに公正な規則や大きな約束がないからです。二〇一九年は皆にとって憂鬱な日々です。

見知らぬ異邦人

何年か前に歴史学界は、この国の政治体制は「自由民主主義」である、という通説を否定し、「自由」の二文字を削除しなければいけない、と主張しました。二〇一七年、ロウソク革命で政権を取った文在寅大統領と彼の支持勢力は、憲法から「自由」を削除する改憲案を準備しました。世論の反発が激しく、撤回するにはしましたが、条件が整えばまた推進する意思を隠さずにいます。彼らは「自由」に対し敵対的です。自由を個人の軽薄な利己心だと考えています。「自由理念を受け入れた旧韓末（韓日併合前の大韓帝国末期）の開化勢力は、その後親日派に変身し、解放後彼らは、既得権を守るため新しい帝国主義国アメリカにくっついた。そうやって造られた国が大韓民国だ。今も自由云々と言っている者たちは軽薄な個人主義者であり、親米、親日の後裔たちだ」。現執権勢力の自由に対する理解は、大まかに言って、このようなものです。

私はいろいろな歴史関連学会の会員です。たくさんの学会誌に論文を掲載して来ました。歴史学者たちは私の同僚でした。執権勢力との関係も彼らと同様でした。一九七一年、私は朴正熙大統領の学園弾圧に抵抗し、大学から追放されました。いわゆる「民主化勢力」のメンバーシップの保有者です。私は彼らの主義と主張を内面において理解して来ました。しかし「自由」を削除しようという主張に接し、私ははっきりと目覚めました。彼らは私の同僚ではない、見知らぬ異邦人である。いえ恐ろしい異教徒である。他の人々の霊魂を否定し冒瀆する異教徒とは、共和を成すことはできません。

「民主主義」ほど誤解され誤用される言葉もないと言われます。もともとデモクラシーdemocracyを「民主主義」と翻訳したのが大きな誤りだったという指摘もあります。その反対語であるオートクラシー autocracyを「専制政治」と翻訳したように、「民主政治」または「民主制」とすべきだったと言うのです。民主主義は、多数決の原理によって集団の意思を決定したり、権力機構が形作られる政治過程を機能的に代弁したりするに過ぎません。それで、世界で一番民主主義が発達したアメリカの憲法にさえ「民主」とか「民主主義」という言葉がありません。隣の国日本の憲法を見ても同様です。それと違ってこの国の憲法に「民主」や「自由民主」という言葉が何度も出て来るのは、実は民主主義が何なのかよく分かっていなかったためです。

民主主義というのは、利害関係が違う個人を国家という秩序体に統合し、さらには繁栄と平和に導く、という政治哲学ではありません。そのような水準にある大きな理念は、まさに「自由」です。したがって、自由民主主義のほかに我々が指向する本当の民主主義はありません。政治学者たちは民主主義を権力の様態によって、大統領民主主義、議会民主主義、社会民主主義、参与民主主義、権威主義等と区分しています。しかしその全ては、自由民主主義から派生したものです。「自由」の削除を主張する人々は、我々の行く道はドイツや北欧の国々のような社会民主主義であって、自由民主主義は必要ない、と主張しています。彼らは、今日のドイツや北欧諸国の政治体制がどれほど強固な自由民主主義なのか理解できていません。彼らは、国ごとに文化の差によって生ずる政府と市場形態の差を、人間と社会を統合する理念の差と誤解しました。

世界史を振り返ると、民主主義を詐称する勢力がありました。プロレタリアート階級独裁を民主主義であると騙した共産主義勢力です。彼らは、労働者・農民の勤労階級が主導する政治体制を「人民民主主義」または「新民主主義」と呼びました。今日の北朝鮮の世襲王政体制が「朝鮮民主主義人民共和国」を称しているのが、そのいい例と言えます。共産党が支配する中国も同様です。中国の国家理念である毛沢東主義によると、今日の中国の政治体制は新民主主義です。したがって歴史上民主主義は、大きく言って自由民主主義と人民民主主義または新民主主義しかありません。前者が真の民主主義なら、後者は偽の民主主義です。そのような真と偽の対立は、我々の韓国史において模範事例として繰り広げられて来ました。大韓民国の自由民主主義が真の民主主義なら、北朝鮮の人民民主主義は偽の民主主義です。

ところが、この国の歴史学界と現執権勢力は、我々の憲法が明示する「自由民主的秩序」から「自由」の二文字を削除しよう、と主張しました。彼らは、自由が抜け落ちた民主主義が何なのか分からないほど無知です。これは、それこそ善意の解釈かもしれません。彼らの一部は、「自由」を削除した民主主義であってこそ民族史の正統を継承した北朝鮮の人民民主主義と統一することができると考えています。このような推測は、現執権勢力と支持勢力の言行を見ると、事実である可能性が大です。どうしてこの国は、こんな状況になってしまったのでしょうか。悲しいことに、この国の自由民主体制はこの国の低級な精神文化が管理できる力量外の贅沢品だ、という考えを拭い去ることができません。

李承晩の自由論

一九〇四年二月、日本とロシアが戦争を始めました。大韓帝国を餌とする戦争でした。大韓帝国はどちらにしても、戦争が終われば戦勝国の支配を受け、滅びる運命でした。国事犯として漢城監獄に閉じ込められていた李承晩は、断腸の思いでした。「どうしてこの国は、こんなにまでなってしまったのか」。彼は狂ったように、ある一冊の本を書き始めました。四カ月で脱稿したのが『独立精神』です。彼は、国が滅びた原因を独立精神の欠如に見つけました。独立と自由は同義反復です。つまり、自由精神の欠如こそが大韓帝国が何の対策も打てずに滅んだ根本原因でした。

李承晩の自由論を紹介します。神は人間を尊い存在として創造されました。他人に頼らずに自分の力で生きて行き、世の中で貴重な役立つ存在になるように、という神の召命を実践する人が自由人です。自由とはこのような存在感覚を言います。自由人が自然に働きかけ生産した財物は、国家も勝手に奪って行くことができない彼の権利です。自由人は、自分の囲いの中だけで全ての生活材料を工面することはできません。自由人は隣の人、隣の村、隣の国と通商をしないわけにはいきません。通商は、その範囲が広いほど財貨の質を高め、量を豊かにしてくれます。神がこの地球をあまりにもすばらしく創造されたためです。つまり、資源と知識を広く多様にちりばめました。そうであるから通商は、学問と技術を発達させます。通商はまた、競争を触発します。競争は、他人を害そうという心から生ずるものではなく、他より先を行こうとする、自分の能力を発現しようとする、美しい過程です。

このような自由が花開いた所が、宗教改革以後の西洋でした。西洋人は地球が丸いということを知り、五大洋・六大州を駆け巡り、通商しました。これが今日、西洋が全ての面で東洋を圧倒した原因です。将来世界は通商を通して一つになるでしょう。多様な人種が自由な世界家族として統合されるでしょう。戦争がなくなり、永久の平和が訪れるでしょう。これは、どの国も逆らうことのできない神の摂理です。私のものが一番だと言って門戸を閉ざし、自らの国民を奴隷として使役し、外の世界との交渉を拒否する国と人種は、消滅するでしょう。

以上が、李承晩が『独立精神』で披瀝《ひれき》した自由論です。要約すると、自由とは通商であり、学問であり、競争であり、文明開化であり、永久平和です。『独立精神』を読み進む中で私は、トーマス・ホッブズ、ジョン・ロック、アダム・スミス、イマヌエル・カント、トーマス・ジェファーソンの顔がちらつきました。李承晩は漢城監獄での五年七カ月間、膨大な量の読書を通し、西洋の歴史、宗教、政治について高い水準の知識を蓄積しました。彼は、将来世界は、アメリカが主導する自由の道につき従い、繁栄し、平和を享受するようになる、と信じました。彼は、すでに滅亡の道をたどっている彼の同族を、自由の道に導いて蘇生させようと決意しました。「将来復活する韓国人の国は自由人の共和国だ。その国は自由な世界家族の一員として、世界に向かって大きく開かれた商業地域となるだろう」。李承晩の生涯は、この一筋の道を追い求めた巡礼の行軍でした。彼の熱い望みは、ついに大韓民国の建国で実現されました。彼の予言通りこの国は、過ぎし七〇年間、自由な世界家族の一員として大きな成果を収めました。このような歴史が、二〇世紀を貫いた韓国史の主流でした。韓国史をその一部に組み入れた世界史の主流でもありました。

精神文化の蒙昧

今日、韓国の政治家や歴史学者の中で、李承晩の『独立精神』を読んだことのある人が何人いるでしょうか。一〇人のうち一人もいないでしょう。内容を深く理解した人が何人いるでしょうか。一〇〇人のうち一人もいないでしょう。李承晩研究で有名な何人かの本を検討してみても、彼らが『独立精神』をきちんと理解した痕跡は見出せません。彼らは李承晩を、権力欲に忠実な、時勢に明るい親米主義者だ、と規定しているだけです。李承晩の自由論に対する理解は、彼らの知力の外にありました。

その当然の帰結として、この国の歴史家たちは今も、大韓帝国がなぜ滅びたのか分かっていません。中・高校の教科書を見てください。李完用《イワニョン》[注67]など五人の売国奴のせいで国が滅びた、と言っているではありませんか。一九〇五年当時の韓国人たちはそのようなことを言いました。その言葉を一一四年経った今も繰り返しているのです。国というものは、詐欺で売られてしまうような不動産でしょうか。長い間、外に対して閉ざされて来た中、専制政治の暴圧を受け、大多数の国民が奴隷根性に染まり、精神文化が堕落し、嘘をつくという悪習が横行し、官吏はひたすら王に従順であることだけが忠誠であると考え、王が卑怯《ひきょう》で愚かだったせいで、国が滅びたのです。一言で言えば、自由と独立の精神を知らなかったため、国が滅びました。李承晩が漢城監獄で断腸の思いで指摘したその事実に、未だにこの国の歴史家たちは気づいていません。このことを日帝下の崔南善は「我々朝鮮は滅びることにも失敗した」と言いました。

崔南善の話法を借りれば、我々韓国人は国を建てるのにも失敗したのかもしれません。この国、大韓民国が二〇世紀の世界史の主流に乗って建てられた、自由人の共和国であることを、未だに理解し得ていないからです。解放後、韓国人が行くべき道を知らず彷《ほう》徨《こう》していたとき、ある先覚者が自由の道に導いたことを、未だに認めていないからです。

彼らは無茶苦茶にも大韓民国の建国を、権力欲と既得権に忠実な反民族勢力がもたらした災難だった、と批難しています。彼らは、たとえ共産化しようとかまわない、南北協定を通して統一国家を造らなければいけない、と叫んでいます。彼らは、自由が欠如した朝鮮王朝の歴史が、それによってもたらされた歴史の悲劇が分からずにいます。韓国の歴史学界と現執権勢力が我々の憲法から「自由」の文字を削除しようと主張するのは、このような精神文化の蒙昧からです。

種族主義の勃興

自由人の共和国が建てられてから、もう七〇年です。その間、この国が成した経済の発展は世界が高く評価していますが、どういうわけでこの国の精神文化は、そんなにも低い水準でさ迷っているのでしょうか。この本がそれに対する答えです。ほかでもない、反日種族主義こそがまさにその主犯です。一九四八~六〇年の李承晩の時代は、共産勢力の侵略を受け、国を防衛し、復旧する時代でした。一九六一~七九年の朴正熙の時代は「祖国近代化」の時代でした。二つの時代は共に動員の時代でした。反共、勤勉、自助、協同のような一次元の理念が支配した時代でした。人々は自分の生命と財産を守るため反共の戦線に立ち、永劫《えいごう》の貧困を振り払うため高度成長の隊列に身を投じました。その間、個人と社会と国家を一つの秩序として捉える、精神文化の領域においての目を見張るだけの改善というものはありませんでした。そういう余裕のない時代でした。どんなに見回してみても、時代の木鐸《ぼくたく》として精神文化を高みに導いた哲人を見つけ出すことができません。

李承晩大統領が不名誉に下野したあと、誰一人として彼の自由論を継承しませんでした。大多数の韓国人にとって「自由」は未だに見馴れぬ異邦人でした。そのためその時代は、反共主義と祖国近代化のスローガンと共に、物質主義が巨大なうねりとなって押し寄せた時代でした。

お金と地位を最高の価値とする精神文化が物質主義です。いつからか韓国人の精神文化は物質主義にからめとられました。たぶん一五世紀以来の朝鮮王朝時代からではないかと思われます。ソウル大の金炳椽《キムビョンヨン》教授は、いろいろな資料を比較した結果、「韓国人の物質主義の程度は、世界的に類例がないほど高いとされている」と言っています。物質主義は嘘をつくことに寛大です。最高の価値であるお金と地位を追求する上で、嘘をつくことはしばしば避けることができません。みながそのことに納得しているため、嘘をつくことに寛大なのです。物質主義は性的快楽を追求する肉体主義でもあります。この本の第一八章で紹介しましたが、一九六六年、二〇代の女性の八・一パーセントが、長いか短いかの差はあれ、ある期間、性売買に従事しました。

動員の時代が過ぎ、一九八〇年から自律の時代が幕を開けました。一九八五年から学問と思想の自由が許されました。カール・マルクスの本を小脇に抱え町を闊歩《かっぽ》できる時代になりました。以後、動員の時代に押さえ付けられていた、伝統文化としての物質主義が爆発しました。私はその因果を、第一七章で説明したように、韓国の文明史に古くから存在するシャーマニズムに見出しました。

シャーマニズム、物質主義、種族主義は、お互い深く通じ合っています。シャーマニズムの世界では、両班は死んでも両班であり、奴婢は死んでも奴婢です。私は朝鮮の奴婢制度を研究する中で、このような生と死の原理に気づくようになりました。そう気づいてから、韓国の文明史について多くの点を新しく考え直すようになりました。このような生と死の連鎖の中で、善と悪の絶対的区別や死後の審判は成立しません。どんなことをしてでも両班になるのは、一人の人間の霊魂が永遠の救済に至る道です。それで両班の身分に昇格するため、必要ならば嘘をつくことも、不法にお金を儲けることも、みな正当化される物質主義社会が成立しました。シャーマニズムと物質主義の関連は、このようなものです。

物質主義社会で政治的に対立する集団の間には、共有する真理や価値観はありません。二つの集団が衝突する場合、これを調整する客観的な弁論は許されません。一方の集団はその物質的成就のため、もう一方の集団を排斥し、敵対視します。その集団に「自由な個人」という要素は存在しません。個人は全体に没我的に包摂され、集団の目標と指導者を没個性的に受容します。このような集団が種族です。このような集団を単位にした政治が「種族主義」です。私は、韓国の政治はこのような種族主義の特質を強く帯びていると考えています。この国の政治を左右する地域感情がそのいい例です。例えば、毎回の大統領選挙で湖南《ホナム》（全羅道）は一つの種族として団結します。ほとんど九〇パーセント以上が単一の選択を見せます。多少の差はありますが、他の地域も同様です。このような現象は、種族主義の原理でしか説明できない特殊なものだと考えています。

　このような韓国の政治文化が、対外的に日本との関係に至ると、非常に強い種族主義として噴出します。古い昔から日本は仇敵の国でした。反日種族主義の底辺には、そのように歴史的に形成された敵対感情が流れています。中国に対する敵対感情は歴史的に稀薄でした。そのため、反中種族主義というほどのものはありません。むしろ中国に対しては、朝鮮王朝がそうしたように、事大主義の姿勢を取ることが多いのです。中国がひどいことを言っても憤らず、ひどいことをしても我慢して過ごします。韓国の民族主義には、自由な個人という範疇がありません。二つの国に対する態度も、その未熟な世界観によって顕著に不均等です。それで私は、韓国の「民族主義」は「種族主義」と呼び変えるのが正しい、と主張するのです。

　反日種族主義は一九六〇年代から徐々に成熟し、一九八〇年代に至り爆発しました。自律の時代に至り、物質主義が花開いたのと軌を一にしました。反日種族主義に便乗し、韓国の歴史学界は数多くの嘘を作り出しました。この本が告発したいくつかは、そのほんの一部に過ぎません。嘘はまた反日種族主義を強化しました。過ぎし三〇年間、韓国の精神文化はその悪循環でした。その中で韓国の精神文化は、徐々に低い水準に堕《お》ちて行きました。

亡国の予感

いくつかの適当な例がありますが、この二八年間、日本との関係を最悪の水準に導いている慰安婦の問題について、もう一度言及しておこうと思います。何人かのアマチュア社会学者たちが、何人かの職業的運動家たちが、この国の外交を左右しました。全国民が彼らの精神的捕虜となりました。全国が、彼らが巫女《みこ》となって繰り広げる鎮魂グッ（死霊祭）の会場になりました。シャーマニズムの賑やかなお祭りでした。至るところに慰安婦を形象化した少女像が建てられました。誰もおかすことのできない神聖なトーテムでした。この本に載せた私の慰安婦関連の三つの章は、その全ての騒動がいかに軽薄な精神文化に立脚したものなのか、学術的に見ていかに実証からほど遠い虚偽に基づいたものなのかを暴露しました。その偽善のありように、書いている私も背筋が寒くなるほどでした。

二〇〇二年、女性部（女性省）は刑事政策研究院に性売買の実態を調査させました。このとき全国の六八カ所の集娼村で、九〇九二人の女性が専業で性売買に従事していました。一九六〇年代までの公式呼称は慰安婦でした。調査結果によると、その慰安婦が一日に迎える客は平均七人でした。これ以外に、喫茶店などの性売買を兼ねている六種の業所の女性たちの総数は、二四万人に達しました。このような調査結果を基に合理的に推測した性売買従事者の総数は、最少三三万人とされました。二〇～三〇代の女性の就業人口の八パーセントにも達する数値です。同年、全羅北道群山市の集娼村で大火事が発生し、一二人の慰安婦が亡くなりました。抱え主（売春宿の主人）が女性たちが逃亡しないよう部屋に監禁し、閉じ込めていたからでした。

二〇〇〇年代まで続いている「我々の中の慰安婦」の実態は、このようなものです。もう一度、日本軍慰安婦問題に従事している研究者と運動家の方々に問いたいと思います。労働の強度、所得水準、健康状態、店主との関係など、さまざまな側面を総合したとき、どちらがより悲惨だと言えるでしょうか。募集過程に本質的な差はありませんでした。若干の差はありましたが、それだけを誇張しないよう願います。私の答えは第二〇章にありますが、皆さんの答えはどうでしょうか？　皆さんは人権運動家でしょうか？　そうであるならなぜ、解放後さらにひどくなり、広がって行った「我々の中の慰安婦」に対しては沈黙するのでしょうか？

どんな国であれ、数人の巫女が繰り広げる鎮魂グッに全国民が動員される精神文化に縛られているとしたら、その国に希望はあるでしょうか。そんな水準の外交で一貫していたら、その国は激動する国際社会で生き残ることができるでしょうか。反日種族主義は、この国を再び亡国の道に引きずり込んで行くかもしれません。一〇九年前、国を一度失った民族です。その民族が未だにその国を失った原因が分からずにいるのであれば、もう一度失うのは大して難しいことではありません。憲法から「自由」を削除しようと叫ぶ勢力が政権を握っているではないですか。半数の国民が、彼らを支持しているではないですか。亡国の予感を拭い去ることができないのは、その原因を作っている反日種族主義の横暴に対し、この国の政治と知性があまりにも無気力なためです。

ミネルバの梟《ふくろう》は夕陽に鳴くと言います。亡国の予言は亡国の現実がいよいよ明瞭になったあとに耳に入って来る、という意味なのでしょう。この本がその梟になることを願いません。反日種族主義の報いがあまりにも深甚であるので、大きく鳴いてみました。まずは始めることです。始めるのに遅いということはありません。遅ればせでも大きな討論が起きるなら、天のくださった祝福です。もしも大きな騒動が起こるなら、我々の実証と理論が我々を護る槍と楯になるでしょう。我々の拠って立つところは自由です。建国の父、李承晩が生涯をかけて歩んだ巡礼のその道です。

参考文献

韓国刑事政策研究院『性売買の実態及び経済規模に関する全国調査』女性部、２００２年刊
[한국형사정책연구원 (2002),『성매매 실태 및 경제규모에 관한 전국조사』, 여성부.]
李承晩『韓国教会迫害』青メディア、２００８年刊
[이승만 (2008),『한국교회핍박』, 청미디어.]
李栄薫編『韓国型市場経済体制』ソウル大学校出版文化院、２０１４年刊

[이영훈 엮음 (2014), 『한국형 시장경제체제』, 서울대학교출판문화원.]

金炳椽「韓国の市場経済：制度の不整合性と価値観の混乱」（李栄薫編『韓国型市場経済体制』（ソウル大学校出版文化院、２０１４年刊）所収）
[김병연 (2014), 「한국의 시장경제 : 제도의 부정합성과 가치관의 혼란」, 이영훈 엮음, 『한국형 시장경제체제』, 서울대학교출판문화원.]

李承晩著、朴琪鳳校正『独立精神』比峰出版社、２０１８年刊
[이승만 지음, 박기봉 교정 (2018), 『독립정신』, 비봉출판사.]

注67：朝鮮王朝期から大韓帝国末期にかけての官僚（１８５８～１９２６）。１９０５年の韓日保護条約（乙巳条約とも言う）締結の際、学部大臣（文部大臣）として賛成したことから、賛同した他の４人の閣僚と共に「乙巳五賊」に数えられる。10年、韓日併合条約に韓国側を代表して調印。併合後は朝鮮貴族に列せられた。親日派の代名詞ともなっている存在。

解説

「反日種族主義」が問いかける憂国

久保田るり子
（産経新聞編集委員）

「反日種族主義」とは、内なる病根に目を向け容赦なく批判する覚悟が示された、著者による比類のないネーミングである。李栄薫氏がこの概念にたどりつくには、実に一九七〇年代末からの長い研究生活の歳月があった。本書の向こう側には李栄薫氏の格闘してきた姿がある。「嘘つきの国」と言い切る強さの底流には、研究者の矜持《きょうじ》と深い祖国愛が流れている。その「李栄薫の物語」を紹介したい。

韓国の民族主義が捏造してきた記憶の誤りを実証主義で指摘し、歴史に耐えうる韓国史に書き直す。その試みは経済史学者としての最初の研究から始まった。

経済史学者としてのスタートは朝鮮後期の土地制度や農業史だった。日本が朝鮮の土地の四〇パーセントを奪ったとする「土地収奪説」が常識の一九八〇年代、朝鮮総督府による土地調査事業の実態についてフィールドワークを手掛けた。この時代の土地所有と総督府による記録を比較した。韓国中部、忠清南道七郡の膨大なデータベースを作り比較したところ、収奪されて日本人のものとなったはずの土地がほとんどない。日本人の土地は日本の資本が開発した川の流域や沿岸部だけだった。土地調査事業が土地行政を行うための所有権確定作業だったのは明らかだった。

仲間とともに、慶尚南道の金海郡庁の資料室に眠っていた大量の文書を発見したこともあった。テント布で覆われていたが、剝いでみると当時の土地調査簿だった。そこには農民たちが熱心に土地を申告し、総督府が相続などの紛争審査を公正に行おうとした証拠があった。この史料発見で仲間二人が博士号を取った。しかし「収奪論」は国史教科書に堂々と掲載されていた。「作られた記憶」に突き当たった原点の体験である。

一九九二年、土地調査事業検証の論文を発表すると激しい反発を受けた。成果は『朝鮮土地調査事業の研究』（共著、一九九七年）として出版されたが、李栄薫氏は韓国の国史学界から「親日派」と呼ばれ、以後およそ一〇年間、たびたび否定と批判を浴びることになった。

日本統治を象徴する韓国人の歴史観は「収奪」である。土地、食糧（米）、労働力（強制連行）、女性の性（慰安婦）すべてが奪われたとする。韓国の国史教科書には「日本は悪辣な方法で我が国の民族を抑圧し収奪した」と書かれている。本書で李栄薫氏と執筆グループはこの「抑圧と収奪」がいかに政治的、人為的に捏造された歴史なのかを白日の下に晒したが、一方で李氏はじめ共同執筆者ほど、日本の朝鮮半島統治の本質を的確に分析し批判してきたグループは韓国に見当たらない。

　李栄薫氏、金洛年氏、朱益鍾氏、李宇衍氏は李栄薫氏の指導教授、安秉直《アンビョンジク》氏を師として近年の植民地近代化論をリードしてきた。この近代化論は日本統治下で朝鮮経済が近代化し、米増産、人口増加をともなう成長を遂げたとする研究で、『韓国の経済成長一九一〇〜一九四五』（二〇〇六年）が集大成の論文集だ。近代化論は学界から「日本の朝鮮支配を美化するもの」と反発も受けたが、日本が「永久併合」の目的のため朝鮮の精神文化を破壊し日本方式を移植する帝国主義だったと的確に指摘していた。この研究者たちが本書の執筆陣の中核をなしているのは偶然ではない。彼らの考察は、ほかでもない収奪論の欺瞞《ぎまん》と虚偽に向き合う作業でもあったからだ。

　韓国は金大中政権を経て対北融和の政治勢力が政界はじめ社会全般に伸張していった。二〇〇三年三月一日（独立運動記念日）の盧武鉉大統領（当時）の演説を李栄薫氏は決して忘れない。それは「我々の近現代史は先人たちの尊い犠牲にもかかわらず、正義は敗北し、機会主義者だけがはびこった」と、大韓民国の建国史を全面的に否定するものだった。大学や論壇にもこうした論調が広がった。つまり日本統治時代の親日勢力が米国にすりよって作った現在の大韓民国の建国は間違っている――との主張だった。李氏は、このときから憤然と活動を開始した。

まず親日批判と左傾化偏向が目立っていた近現代史教科書を是正する運動「教科書フォーラム」を立ち上げた。二〇〇五年一月に正式発足し、李氏は三人の共同代表の一人となった。翌年一一月、現行教科書に代わる「代案教科書」制作を発表したところ、翌日のシンポジウムには反対派が押しかけて乱闘騒ぎまで起きた。

李氏はもうひとつ挑戦的行動に出た。国内外のすぐれた学術論文を集めた『解放前後史の再認識』（二〇〇六年）を編集したのだ。韓国では一九八〇年代、累計一〇〇万部という空前のベストセラーとなった『解放前後史の認識』（一九七九～八九年、全六巻）というシリーズ本がある。この本は親日批判、建国批判、民族解放を謳った革命思想の論文集で、学生運動世代、いわゆる三八六世代（九〇年代に三〇代で、八〇年代に大学生だった六〇年代生まれ）の教科書だった。盧武鉉政権は三八六世代の支持で誕生していた。大統領府にまで及んだ左派伸長に危機感を抱いた李氏は「認識」を論破するべく「再認識」の論文集を作ったのである。

「再認識」をかみ砕いて解説した著書が『大韓民国の物語』（二〇〇七年）で、日本語版は文藝春秋から二〇〇九年に出版されているが、そこにはつぶやきのような一文がある。「職業が歴史研究であるゆえ、ことさらにそう感じるのかも知れませんが、私は大韓帝国の滅亡という疼《うず》く傷を、今も胸の奥の痛みとして感じつつ日々暮らしています」。

反日によって歪《ゆが》められ、左派によって浸食される歴史観の錯綜と混乱を目前に、その源流にある祖国喪失を思う、あふれる心情が滲《にじ》んでいる。

李栄薫氏は韓国経済史学会会長を務めたほか、自ら韓国古文書学会を立ち上げた近代経済史学を代表する研究者であり保守派の論客だが、同時に果敢な行動派でもある。二〇一二年、かねてからの仲間である古文書調査チームから「韓国北西部、京畿道坡州に個人博物館があり慰安婦の資料もある」と調査の誘いがあった。「私も行くよ」と即答、ここでみつけたのが、ビルマ（現ミャンマー）やシンガポールで慰安所の帳場人をしていた朴治根の一九二二年から一九五七年までの日記だった。

一九四三〜四四年の日記には慰安所経営に関する詳細な記述があった。日記には、慰安婦たちは自分の意思で廃業して故郷に戻っていたことや、朴氏らが慰安婦募集をしていた実態が赤裸々に描かれていた。慰安婦は性奴隷などではなく、小規模の営業者、自分が主体の個人だったことを確信した。さっそく落星垈経済研究所での慰安婦研究を決意し、所属の研究員らと約一年間にわたって週一回のゼミを開いた。日本軍慰安婦だけでなく米軍慰安婦、韓国軍慰安婦、民間慰安婦についても調査を進め、その成果が本書の第3部「種族主義の牙城、慰安婦」に収められた。

種族主義（トライバリズム）は、過激な白人至上主義者などが自分たちと異なる考えを持つ他者を拒絶し攻撃する不寛容な主義主張として近年、特に欧米で問題視されているが、李栄薫氏が自国の歴史観の背景に「反日種族主義」を見出したのは、朝鮮半島の古代史から現代まで実証主義で再分析した『韓国経済史』という自身の大著に取り組んできた研究のさなかのことであったという。近代的な学問とはあまりにもかけ離れた反日の歴史観は一体どこから来たのか。それは、政治や民族といった概念だけではない、もっと根本的な精神文化の問題があるのではないか。

思索のなかから辿り着いたのは、伝統的なシャーマニズムや宗教観からくる韓国特有の偏執的な精神現象、集団的な心性だった。李氏は、「それは種族主義だと気付いたのです。そして、われわれ韓国人の集団的な心性を分析することには非常に意味がある、とこの本の構想を練り始めました」と語る。さらに「慰安婦問題こそが反日種族主義の核心なのです」と言明する。本書の「我々の中の慰安婦」で明らかにされている、韓国女性の苦しみの歴史を知れば知るほど、自らの歴史にこれだけの悲惨を抱えているにもかかわらず、日本軍慰安婦のみを政治問題化し日韓関係を悪化させてきたことに種族主義をみるからだ。「慰安婦問題で韓国政府は内部から解体されたと思います。徴用工と慰安婦の種族主義は危険です。私は研究者として、このことを国民に告発したいのです」としめくくった。

本書は二〇一九年七月に発売され、社会現象ともいえる注目を集めたベストセラーとなった。それはこの本が、慰安婦問題や徴用工賠償判決で一九六五年の日韓基本条約、請求権協定を否定した韓国文在寅政権に真っ向から挑む歴史観批判であったからだ。韓国の政治に危機感を覚えている人々が読者である。政権側からは、李栄薫氏とソウル大で同僚でもあった曺国《チョグク》前法相（当時）が「吐き気がする親日」と感情的に反応したが、李氏は「公開質問状」を出して論争を呼びかけた。慰安婦問題などで「作られた記憶」の側に立ってきた韓国の大手メディアは李栄薫氏らを批判する専門家を盾に反論を展開したが、自らを検証することはなかった。李栄薫氏と執筆陣は、守旧のこうした反論に正面からの論争を仕掛けている。

附記

韓国では本書の出版で、ふたつの現象が起きた。

まず、「日本がすべてを収奪した」とする反日教育で育った若い世代に衝撃を与えた。学生や若者はネットやあらゆる日常で日本文化をよく知っている。彼らは「シャイな親日」だが、そうした世代がこの本で虚飾に満ちた自国の歴史観を批判する客観的史実に触れて目を覚ました。本書の執筆陣は積極的にシンポジウムなどを開催してそうした若者たちとの交流を行っている。

そして他方では、反日に限らず文在寅政権の民族主義に対する批判を行ってきた保守政治勢力の結集の原動力にもなった。文政権批判の論理や検証、批判能力に貢献した。『反日種族主義』原書刊行から約一年後の二〇二〇年五月、続編である『反日種族主義との闘争』（日本語版は同年九月）が出版された。『闘争』は『反日種族主義』が韓国の学界やメディア、法廷（判決）などから受けたあらゆる批判や罵倒に真正面から反論した論文集である。本書と続編の『闘争』が韓国の反日史観への手痛い一撃となったことは間違いない。

著者のひとり李宇衍氏は、弁護士の金基洙氏と「反日銅像真実糾明共同対策委員会」を立ち上げた。二〇一九年一二月から在ソウル日本大使館前で慰安婦支援団体「正義記憶連帯」（旧・韓国挺身隊問題対策協議会）の日本糾弾「水曜集会」に対抗する「水曜集会中止集会」を開いている。この活動を一人デモから始めた李氏は、過激な反日主義者の暴漢に襲われたこともあったが全く動ぜず、いまでは複数の右派グループによる「集会反対派」が水曜集会派をしのぐ勢いになった。

李栄薫氏は他の執筆陣とともに元慰安婦らからの名誉毀損訴訟を二件抱えている。李氏が文政権の大統領側近、曺国元法相を侮辱罪で、政権与党幹部らを名誉毀損で訴えた告訴は却下された。反日陣営から出版された「反日種族主義」全否定本は八冊に及ぶが、彼ら反日の既成勢力は、公開の席で討論しようと提案してきた李栄薫氏の呼びかけに一切、応じようとしていない。

彼らの批判は遠吠えのようだ。しかし、その情念は根深く声は強く暗い。「日帝時代に虐殺された韓国人は三〇〇万人」などと主張する小説『アリラン』の著者、趙廷来氏は二〇二〇年一〇月、作家生活五〇周年の記者懇談会で「李栄薫という人は新種の売国奴で民族反逆者だ」と述べた。そして「私が書いた歴史的資料は客観的だ。国史編纂委員会で発行したものや進歩的意識を持つ人々が書いた本を中心とした明確な資料だ」として、「一五〇万人ほどいる親日派を断罪しなければならない。その秩序なしに未来はない。日本留学に出れば無条件で親日派になる」と語り、現在の韓国歴史学界や文学界における反日種族主義の存在を印象付けた。

文在寅政権の施政は後世の韓国政治史にどう評価されるだろうか。文政権は自らの出立を「ロウソク革命」と名付けた。強大な大統領権力で韓国司法を使って慰安婦問題、徴用工問題で日韓を断裂させた。南北関係は従北一色で、韓国情報機関を北朝鮮との秘密交渉機関に豹変させた。軍事境界線では、南北融和の美名のもとで自らが〝武装解除〟を進め、公務員が北朝鮮軍に射殺されても事故扱いとし、北朝鮮を覚醒させようとする脱北者たちの口を「北ビラ禁止法」で封じた。文政権は米朝首脳会談の仲介に奔走し、会談が米国の厳しい対応で中断したあとは大統領自身が国際社会に朝鮮戦争の「終戦宣言」を訴え続けた。

幻想の平和を夢想し続けた文政権の「革命」は日米韓という価値同盟を危うくし、自ら北朝鮮に屈しただけだった。その文政権にとって、日本統治を略奪史とし日韓国交正常化を屈辱の売国と否定する「反日」は、韓国保守を全否定するためのイデオロギーの核心だった。

韓国は、李承晩政権が李ラインを敷き竹島を不法占拠した建国史からの反日の歴史を持つが、文政権は歴代政権も及ばない「反日の聖域化」を行った。そのシンボルが慰安婦、徴用工で、慰安婦像は少女の性奴隷、徴用工像はあばら骨の浮き出た悲惨な強制労働のアイコンだ。文政権は慰安婦、徴用工の「捏造された歴史」を法治国家の「聖域」である法廷を使い正当化した。この壮大な虚構を前に、「それは真っ赤な嘘だ」と事実を突き付ける行為がいかに挑発的で無謀だったことか。それを日本で想像するのはなかなか難しい。種族（tribe）と本能的な集団のイメージを使って朝鮮民族の感情を捉えた本書は、私たち日本人に韓国における反日の闇の深さを教えてくれる。

二〇二二年一月一〇日

久保田るり子

著者プロフィール

李 栄薫（イ・ヨンフン）

ソウル大において韓国経済史研究で博士学位を受ける。韓神大、成均館大を経てソウル大経済学部教授に就任。定年退職後は、李承晩学堂の校長として活動している。『朝鮮後期社会経済史』（ハンギル社、1988年刊）、『数量経済史で捉え直す朝鮮後期』（共著、ソウル大学校出版部、2004年刊）、『大韓民国の歴史』（キパラン、2013年刊）、『韓国経済史』Ⅰ・Ⅱ（一潮閣、2016年刊）などの著書がある。

金 洛年（キム・ナクニョン）

東京大において日帝下朝鮮経済史研究で博士学位を受ける。現在、東国大経済学科教授、落星垈経済研究所理事長。近代以後の韓国の長期統計を整備する作業と、韓国の経済成長や所得と富の分配に関する研究を行なっている。『日本帝国主義下の朝鮮経済』（東京大学出版会、2002年刊）、『植民地期朝鮮の国民経済計算1910-1945』（編著、東京大学出版会、2008年刊）、『韓国の長期統計』Ⅰ・Ⅱ（共編著、図書出版海南、2018年刊）などの編著・著書がある。

金 容三（キム・ヨンサム）

中央大文芸創作学科、慶南大北韓大学院で学を修め、朝鮮日報社の『月刊朝鮮』記者となり、現代史を担当。現在、ペン&マイクの記者、李承晩学堂教師。近現代史研究者として活動している。『李承晩と企業家時代』（BOOK&PEOPLE、2013年刊）、『大邱10月暴動、済州4.3事件、麗順反乱事件』（百年の間、2017年刊）、『朴正熙革命』1・2（チウ、2019年刊）などの著書がある。

朱 益鍾（チュ・イクチョン）

ソウル大において日帝下朝鮮経済史研究で博士学位を受ける。ハーバード大訪問学者と大韓民国歴史博物館学芸研究室長を経て、現在、李承晩学堂理事として韓国近現代史を研究するかたわら、教育業務を引き受けている。教科書フォーラムの『代案教科書　韓国近現代史』（キパラン、2008年刊）の編纂に加わったほか、『大軍の斥候』（青い歴史、2008年刊）、『高度成長時代を開く』（共著、図書出版海南、2017年刊）などの著書がある。

鄭 安基（チョン・アンギ）

京都大において日本経済史研究で博士学位を受ける。日本学術振興会（JSPS）特別研究員、立命館大講師、高麗大研究教授などを歴任。東アジアの近現代史を研究している。『満洲、東アジアの融合と空間』（ソミョン出版、2008年刊）と『近代満洲資料の探索』（東北アジア歴史財団、2009年刊）の編纂に加わったほか、著書『忠誠と反逆』（趙甲濟ドットコム、2020年刊）や、『国際経営史』（ハヌルアカデミー、2010年刊）などの訳書がある。

李 宇衍（イ・ウヨン）

成均館大において朝鮮後期以来の山林とその所有権の変遷に対する研究で博士学位を受ける。ハーバード大訪問研究員、九州大客員教授を歴任。現在、落星垈経済研究所研究委員。『韓国の山林所有制度と政策の歴史　1600-1987』（一潮閣、2010年刊）、“Commons, Community in Asia.”（共著、National University of Singapore Press, 2015）などの論著がある。

単行本　二〇一九年一一月　文藝春秋刊

図表作成・ＤＴＰ：エヴリ・シンク
編集協力：久保田るり子、西岡力
編集補助：嶋津弘章、小石淑夫

文春文庫

反《はん》日《にち》種《しゅ》族《ぞく》主《しゅ》義《ぎ》
日韓《にっかん》危《き》機《き》の根源《こんげん》

定価はカバーに
表示してあります

2022年3月10日　第1刷

編著者　李《イ》 栄《ヨン》 薫《フン》

発行者　花田朋子
発行所　株式会社　文藝春秋

東京都千代田区紀尾井町 3-23　〒102-8008
TEL　03・3265・1211(代)
文藝春秋ホームページ　http://www.bunshun.co.jp
落丁、乱丁本は、お手数ですが小社製作部宛お送り下さい。送料小社負担でお取替致します。

印刷製本・大日本印刷
Printed in Japan
ISBN978-4-16-791849-1